校企（行业）合作
系列教材

期货投资实践教程

主　编：阮其华

副主编：林　玲　宋丽平　陈海峰　江　良　张新军

参　编：房世辉　蒲劲松　陈明智　邓群英　林　琦

厦门大学出版社　国家一级出版社
XIAMEN UNIVERSITY PRESS　全国百佳图书出版单位

图书在版编目(CIP)数据

期货投资实践教程/阮其华主编.—厦门:厦门大学出版社,2019.7
ISBN 978-7-5615-7489-8

Ⅰ.①期…　Ⅱ.①阮…　Ⅲ.①期货交易—教材　Ⅳ.①F830.9

中国版本图书馆 CIP 数据核字(2019)第 157432 号

出版人	郑文礼
策划编辑	张佐群
责任编辑	郑　丹
封面设计	蒋卓群
技术编辑	许克华

出版发行　**厦门大学出版社**
社　　址　厦门市软件园二期望海路 39 号
邮政编码　361008
总　　机　0592-2181111　0592-2181406(传真)
营销中心　0592-2184458　0592-2181365
网　　址　http://www.xmupress.com
邮　　箱　xmup@xmupress.com
印　　刷　厦门市金凯龙印刷有限公司

开本　787 mm×1 092 mm　1/16
印张　12.5
插页　1
字数　306 千字
版次　2019 年 7 月第 1 版
印次　2019 年 7 月第 1 次印刷
定价　52.00 元

本书如有印装质量问题请直接寄承印厂调换

厦门大学出版社
微信二维码

厦门大学出版社
微博二维码

FOREWORD
前 言

自2018年2月《期货投资分析通则》出版以来,其作为期货投资学习理论教材,充分发挥了高素质、高技能金融人才培养的作用,得到了金融工程专业师生和期货业界人士的高度赞扬与肯定。但《期货投资分析通则》作为学习教材而言相对理论化,特别是在期货实战交易中指导性并不强,以致在理论学习和实战交易中可能会出现理论与实践脱节的现象。所以在学院同仁和业界人士的一致倡议下,续编了《期货投资实践教程》一书以作为对《期货投资分析通则》在实战交易环节的指导性补充。

《期货投资实践教程》由八章内容构成,其中大部分案例由江西瑞奇期货有限公司、福能期货股份有限公司、量化投资(莆田)有限公司、易汇融(福建)网络服务有限公司等校企合作单位提供。在本书编写之初就已经会同四家校企合作单位进行了充分的讨论沟通,结合四家公司在金融领域丰富的投资实践经验及不同方向的专业优势对整本书的内容编排进行分工。基于江西瑞奇期货有限公司在期货衍生品技术分析方面拥有强大的分析团队,同时我院张新军老师在分析理论及各项指标的优化方面有过硬的理论功底,所以本书中的期货交易技术分析内容由江西瑞奇期货有限公司林玲和我院张新军共同完成编写;在期货交易策略方面,福能期货股份有限公司有着丰富的实践经验,而我院宋丽平老师在投资策略方向具有独特造诣,能通过行为金融剖析金融市场运行的本质,所以本书中的期货交易策略内容由我院宋丽平和福能期货蒲劲松共同完成编写;量化投资(莆田)有限公司在期货期权定价及套期保值方面有很强的策略经验,能通过大数据多因子进行定价分析,而我院江良老师在大数据分析及计量分析领域独树一帜,所以由量化投资(莆田)有限公司陈海峰和我院江良博士共同完成本书中的期货期权策略内容编写;在期货程序化交易版块,易汇融(福建)网络服务有限公司拥有程序编程方面的专业优势,而本人与我院宋丽平老师都具有策略编程基础,所以由我和宋丽平博士及易汇融(福建)网络服务有限公司陈明智共同完成本书中的程序化交易策略内容编写。

本书共划分为五个板块。一是期货交易基本技能板块,包括"期货交易软件使用技巧"和"期货投资分析报告编写技巧"两章,这部分内容是期货交易的必备技能和熟练进行期货交易的关键,由阮其华、陈海峰编写;二是期货交易策略构建板块,包括"期货看盘内容与跟踪技巧"和"期货交易策略构建与技巧"两章,剖析了期货交易看盘内容、主力机构常用的几种操盘手法和散户跟踪技巧,并对日内交易策略和中长线交易策略的构建及应用进行了详细、系统的阐述，由宋丽平、蒲劲松编写；三是期货交易技术分析板块，包括"常用理论分析选析"和"常用指标分析选析"两章，着重挑选了切线理论、形态理论、均线指标和 MACD 指标对期货交易进行实质性的应用指导，由林玲、张新军编写；四是期权策略板块，即"期权交易策略与套保技巧"，这部分内容主要有期货期权的交易策略和套期保值在交易中的应用，由陈海峰、江良编写；五是程序化交易板块，即"期货程序化交易策略与编程技巧"，重点介绍了几种较为经典、常用的程序化交易策略模型，并提供了几种算法交易策略的模型编程案例，由阮其华、宋丽平、陈明智编写。全书由阮其华统稿、定稿。希望本书的结构安排能帮助读者整体把握和系统理解相关知识，进而提高学习效率。

本书的出版得到了金融数学福建省高校重点实验室和莆田学院应用型课程（外汇与期货模拟交易）建设项目的大力支持，在此深表感谢！在此，我要对所有在本书编写和出版过程中给予大力支持的数学与金融学院同仁宋丽平、江良、张新军和期货业界人士江西瑞奇期货有限公司林玲、福能期货股份有限公司蒲劲松、量化投资（莆田）有限公司陈海峰、易汇融（福建）网络服务有限公司陈明智表示衷心的感谢！由于编写时间紧迫，书中难免有错误和疏漏，恳请业内人士和读者批评指正！

莆田学院数学与金融学院　阮其华
2019 年 7 月 15 日

期货专业术语释义

1. 期货交易：期货合约的买卖，它由现货交易衍生而来，是与现货交易对应的交易方式。
2. 期货合约：由期货交易所统一制定的、规定在将来某一特定的时间和地点交割一定数量标的物的标准化合约。
3. 商品期货：标的物为实物商品的期货合约。
4. 金融期货：标的物为金融产品的期货合约。
5. 保证金制度：交易者在买卖期货合约时按合约价值的一定比率缴纳保证金（一般为5%～15%）作为履约保证，即可进行数倍于保证金的交易。
6. 当日无负债结算：也称为"逐日盯市"，是指结算部门在每日交易结束后，按当日结算价对交易者结算所有合约的盈亏、交易保证金及手续费、税金等费用，对应收应付的款项实行净额一次划转，相应增加或减少保证金。如果交易者的保证金余额低于规定的标准，则须追加保证金，从而做到"当日无负债"。
7. 交割仓库：是指经交易所指定的为期货合约履行实物交割的交割地点。
8. 交易单位：也称为合约规模，是指在期货交易所交易的每手期货合约代表的标的物的数量。
9. 最小变动价位：是指在期货交易所的公开竞价过程中，对合约每计量单位报价的最小变动数值。在期货交易中，每次报价的最小变动数值必须是最小变动价位的整数倍。
10. 每日价格最大波动限制：是指期货合约中规定的在一个交易日中的交易价格波动不得高于或者低于规定的涨跌幅度。
11. 涨停板：是当日价格上涨的上限，由期货合约上一交易日的结算价加上允许的最大涨幅构成。
12. 跌停板：是当日价格下跌的下限，由期货合约上一交易日的结算价减去允许的最大跌幅构成。
13. 合约交割月份：是指某种期货合约到期交割的月份。
14. 最后交易日：是指某种期货合约在合约交割月份中进行交易的最后一个交易日，过了这个期限的未平仓期货合约，必须按规定进行实物交割或现金交割。
15. 交割日期：是指合约标的物所有权进行转移，以实物交割或现金交割方式了结未平仓合约的时间。
16. 持仓限额制度：是指交易所规定会员或客户可以持有的、按单边计算的某一合约投机头寸的最大数额。
17. 大户报告制度：是指当交易所会员或客户某品种某合约持仓达到交易所规定的持

仓报告标准时,会员或客户应向交易所报告。

18. 强行平仓:是指按照有关规定对会员或客户的持仓实行平仓的一种强制措施,其目的是控制期货交易风险。强行平仓分为两种情况:一是交易所对会员持仓实行的强行平仓;二是期货公司对其客户持仓实行的强行平仓。

19. 下单:是指客户在进行每笔交易前向期货公司业务人员下达交易指令,说明拟买卖合约的种类、数量、价格等的行为。

20. 开仓:也称为建仓,是指期货交易者新建期货头寸的行为,包括买入开仓和卖出开仓。

21. 持仓:是指交易者开仓以后手中持有头寸的情形。若交易者买入开仓,则构成了买入(多头)持仓,反之,则形成了卖出(空头)持仓。

22. 平仓:是指交易者了结持仓的交易行为,了结的方式是针对持仓方向作相反的对冲买卖。

23. 市价指令(Market Order):是指按当时市场价格即刻成交的指令。客户在下达这种指令时无须指明具体的价位,而是要求期货公司出市代表以当时市场上可执行的最好价格达成交易。

24. 限价指令:是指执行时必须按限定价格或更好的价格成交的指令。下达限价指令时,客户必须指明具体的价位。

25. 停止限价指令:是指当市场价格达到客户预先设定的触发价格时,即变为限价指令予以执行的一种指令。

26. 止损指令:是指当市场价格达到客户预先设定的触发价格时,即变为市价指令予以执行的一种指令。客户利用止损指令,既可以有效地锁定利润,又可以将可能的损失降至最低限度,还可以相对较小的风险建立新的头寸。

27. 触价指令:是指在市场价格到达指定价位时,以市价指令予以执行的一种指令。触价指令一般用于开新仓。

28. 限时指令:是指要求在某一时间段内执行的指令。如果在该时间段内指令未被执行,则自动取消。

29. 交易保证金:是会员(客户)在交易所(期货公司)专用结算账户中确保合约履行的资金,是已被合约占用的保证金。

30. 结算价:是当天交易结束后,对未平仓合约进行当日交易保证金及当日盈亏结算的基准价。

31. 交割:是指期货合约到期时,按照期货交易所的规则和程序,交易双方通过该合约所载标的物所有权的转移,或者按照结算价进行现金差价结算,了结到期未平仓合约的过程。

32. 实物交割:是指期货合约到期时,根据交易所的规则和程序,交易双方通过该期货合约所载标的物所有权的转移,了结未平仓合约的过程。

33. 现金交割:是指合约到期时,交易双方按照交易所的规则、程序及其公布的交割结算价进行现金差价结算,了结到期未平仓合约的过程。

34. 基差:是某一特定地点某种商品或资产的现货价格与相同商品或资产的某一特定期货合约价格间的价差。

35. 止损：是指当某一投资出现的亏损达到预定数额时，及时斩仓出局，以避免形成更大的亏损。

36. 程序化交易：是指所有利用计算机软件程序指定交易策略并实行自动下单的交易行为。

37. 开盘价：又称开市价，是指某一期货合约每个交易日开市后的第一笔买卖成交价格。

38. 收盘价：是指某一期货合约在当日交易中的最后一笔成交价格。

39. 成交量：是开盘后到目前为止某一期货合约的买卖双方达成交易的合约数量。

40. 持仓量：是到目前为止某一期货合约交易中未平仓的合约数量。

41. 双开：表明买卖双方都是入市开仓，乙方买入开仓，另一方卖出开仓。

42. 双平：表明买卖双方都持有未平仓合约，一方卖出平仓，另一方买入平仓。

43. 多换：多头换手的简称，表明在买卖双方中，一方为买入开仓，另一方为卖出平仓，意味着"新的多头换出旧的多头"。

44. 空换：空头换手的简称，表明在买卖双方中，一方为卖出开仓，另一方为买入平仓，意味着"新的空头换出旧的空头"。

45. 股票指数期货：是一种以股票价格指数作为标的物的金融期货合约。

CONTENTS
目 录

第一章　期货交易软件使用技巧 ·· 1
　　第一节　期货行情软件 ·· 1
　　第二节　期货交易软件 ··· 16
第二章　期货看盘内容与跟踪技巧 ·· 28
　　第一节　看盘的基本内容和技巧 ·· 28
　　第二节　主力机构常用操盘手法及散户跟踪技巧 ···················· 38
第三章　常用理论分析选析 ··· 47
　　第一节　切线理论分析技巧 ··· 47
　　第二节　形态理论分析技巧 ··· 58
第四章　常用指标分析选析 ··· 74
　　第一节　均线指标分析技巧 ··· 74
　　第二节　MACD指标分析技巧 ··· 84
第五章　期货交易策略构建与技巧 ·· 96
　　第一节　日内短线交易策略与技巧 ·· 96
　　第二节　中长线交易策略与技巧 ··· 108
第六章　期货期权交易策略与套保技巧 ····································· 122
　　第一节　期货期权交易策略与技巧 ······································ 122
　　第二节　期权套期保值策略与技巧 ······································ 130
第七章　期货程序化交易策略与编程技巧 ·································· 143
　　第一节　常用模型编程技巧与案例分析 ································ 143
　　第二节　复杂模型编程技巧与案例分析 ································ 162

第八章　期货投资分析报告编写技巧 ……………………………………… 176
第一节　期货投资分析报告编写规则 …………………………………… 176
第二节　期货投资分析报告编写案例 …………………………………… 179

参考文献 ……………………………………………………………………… 192

第一章
期货交易软件使用技巧

第一节 期货行情软件

一、选合约看行情

目前国内期货行情软件很多,但在国内期货行情软件中,"文华财经行情软件"是最通用的版本,所以本章就以"文华财经赢顺模拟交易软件"版本来介绍软件的一般用法。

(一)行情软件报价界面

1. 软件下载与安装

进入文华财经官网(http://www.wenhua.com.cn)下载赢顺期货模拟软件并安装。(图1-1)

图1-1 下载赢顺期货模拟软件并安装

2. 行情报价界面

在行情报价界面,介绍几个常用操作。如:修改报价抬头顺序可单击鼠标右键,选择【抬头格式(域)调整】。

更换报价列表合约可单击鼠标右键,选择【选入合约】。(图1-2)

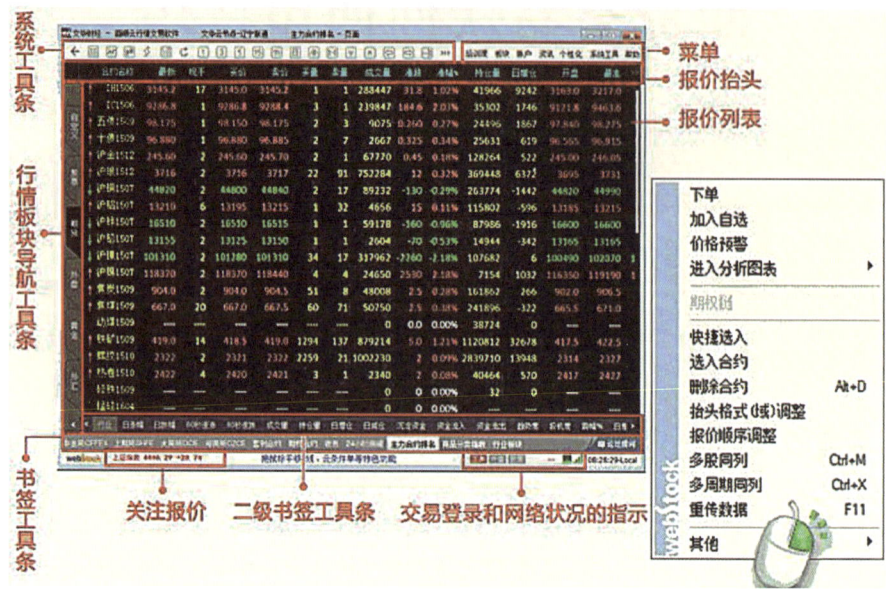

图1-2　行情报价界面

3. K线图界面

在K线图界面,如:再增加一个副图窗口可单击鼠标右键,选择【增加副图子窗口】。切换主图/副图指标可单击鼠标右键,选择【技术指标】。(图1-3)

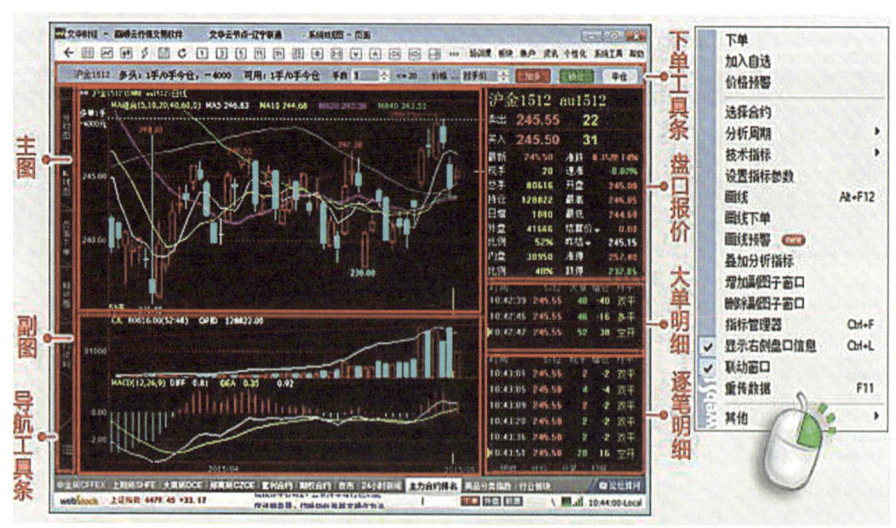

图1-3　K线图界面

4. 分时图界面

在分时图界面,如:同时显示其他合约的分时图可单击鼠标右键,选择【叠加现货显示基差】。

看多天的连续分时图可单击鼠标右键,选择【历史回忆】。

修改分时图的上下坐标范围可单击鼠标右键,选择【设置坐标范围】。(图1-4)

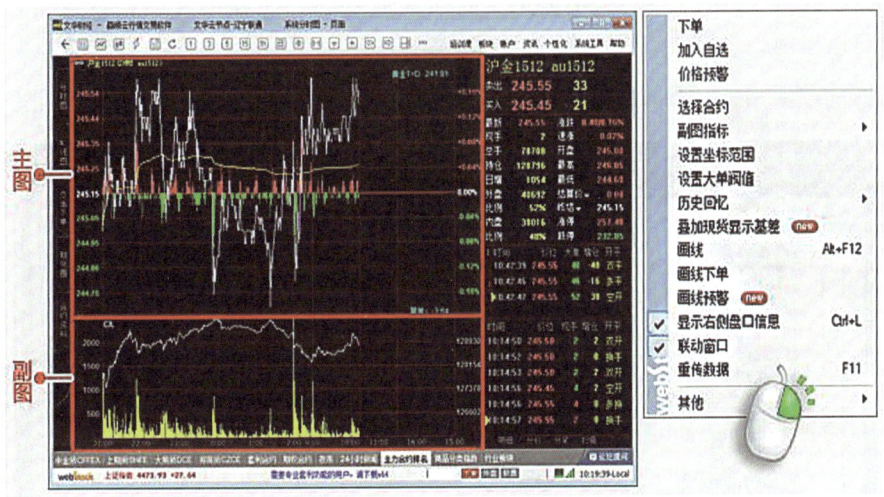

图1-4　分时图界面

(二)行情软件界面个性化

使用一款行情交易软件,要从它的界面开始着手,用好软件的个性化设置,打造属于自己的软件界面。

1. 自定义系统工具条

软件上方"系统工具条"中的按钮支持自定义设置,不需要的按钮可以删除,需要的按钮也可以增加。如图1-5所示:点击红框位置,在弹出的菜单中勾选或取消勾选按钮项,达到增加或删除的效果。

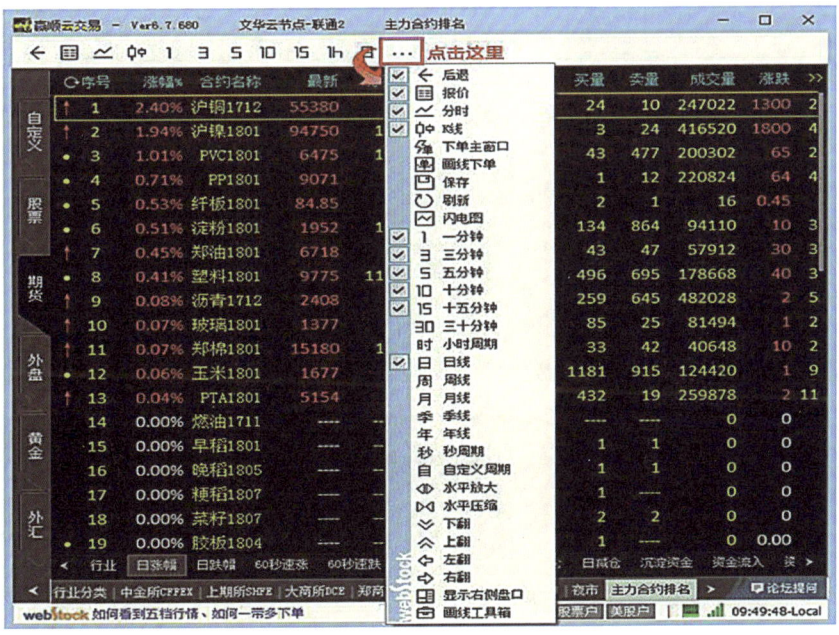

图1-5　自定义系统工具条

2. 选项设置

【个性化】中的【个性化设置】是软件功能设置的集结地,如图1-6所示,在其中可以找到针对报价、K线图、分时图、颜色、字体的大部分设置项目。想要把界面设置成自己喜欢的风格,请到这里规划下吧!

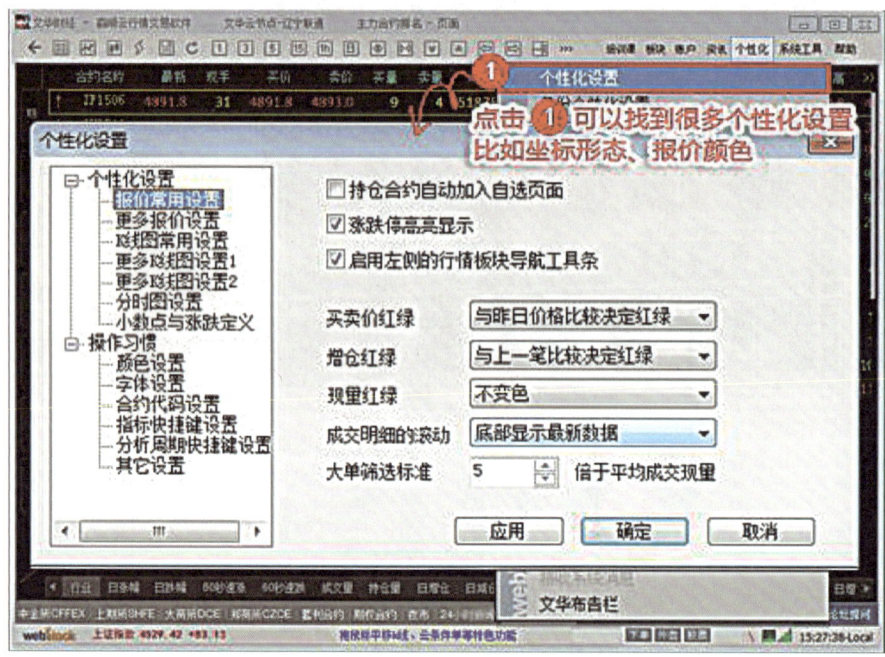

图1-6 选项设置

3. 书签

软件下方的书签,像我们平时看书所用的书签一样,能快速切换到想要查看的页面。如图1-7的"大商所DCE"就是一个书签。

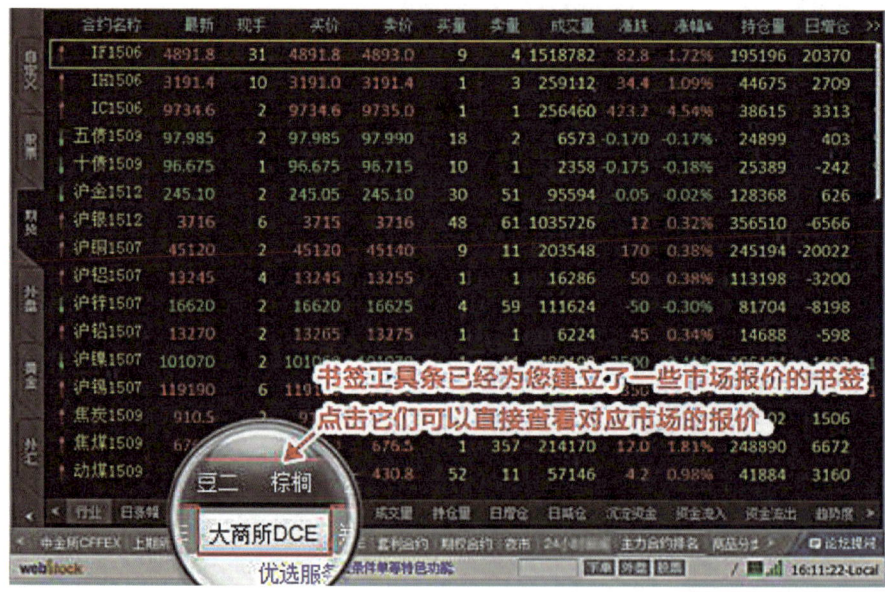

图1-7 书签

我们还可以打造属于自己的个性化书签,以便更加方便快捷地打开属于我们的页面。操作步骤如图 1-8 所示。

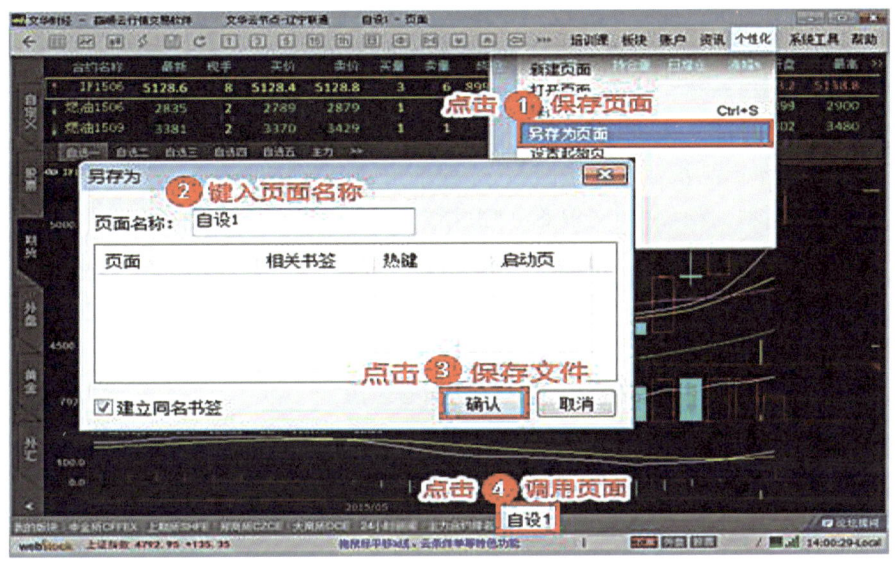

图 1-8　打造个性化书签

4. 指标区

在盘中,趋势和震荡行情经常交替出现,在不同行情下,我们使用的分析指标也不尽相同。有了指标区,在行情转换时无须每次都修改指标。操作步骤如图 1-9 所示:

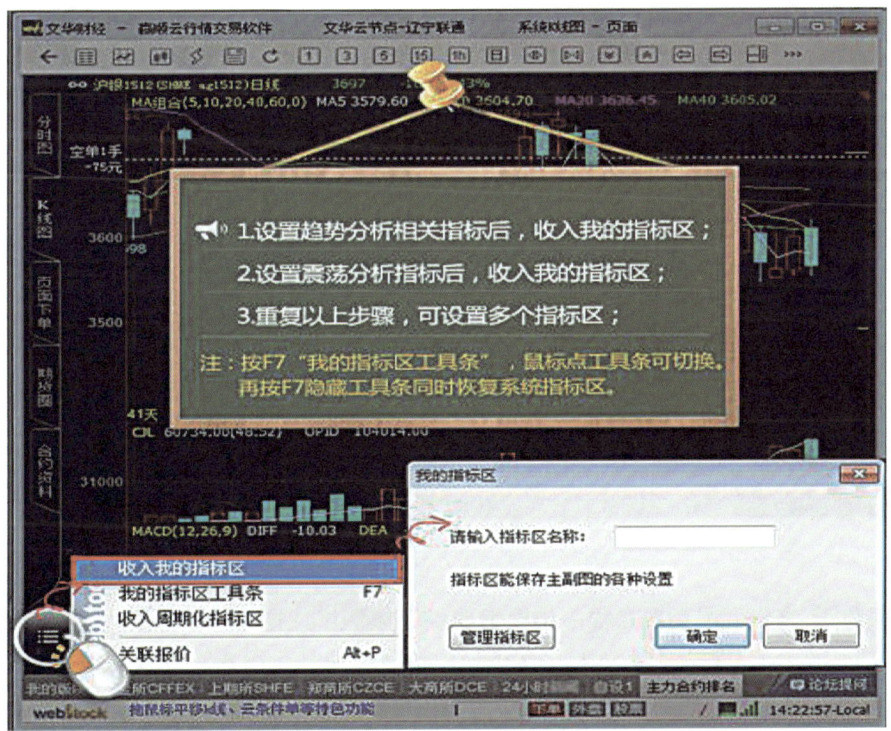

图 1-9　指标区操作步骤

(三)行情软件特色功能

下面简要介绍文华商品指数——国内期货市场的大盘指数

对某一交易品种价格的变化,我们容易了解,但对于多种相关品种或某一类品种的价格变化,要逐一了解,很麻烦。如果不了解市场环境,投资者很难把握交易的大方向。而指数可以反映某一类品种的整体走势,为投资者的交易提供既直接又有效的参考信息。

编制原理:文华商品指数跟踪了国内 33 种上市商品价格综合表现,较全面地涵盖了目前市场上的期货品种。指数由"文华商品"总指数和"有色金属""建材""化工""煤炭""谷物""饲料""油脂""软商品""黑链""油脂链""玉米链""铁合金"十二大分类指数,以及 33 个品种的分支指数构成。指数的实时价格数据,在文华财经行情信息系统中实时发布,给投资者提供了一个国内大宗商品价格即时走势的有效参考。

案例一:文华商品指数为用户交易提供参考信息

图 1-10 中,沪锌 1 分钟线图在 11 点左右处在盘整状态,此时无法预知后市如何。如果为沪锌叠加了有色指数 K 线,同时观察有色指数会发现沪锌在盘整状态时指数已出现下跌趋势,若当时持有多单,就应该小心了。果然,从后面的 K 线走势可以看出沪锌随着大盘出现下跌趋势。如果没有指数,很难做到在把握市场大环境的前提下结合品种进行交易。

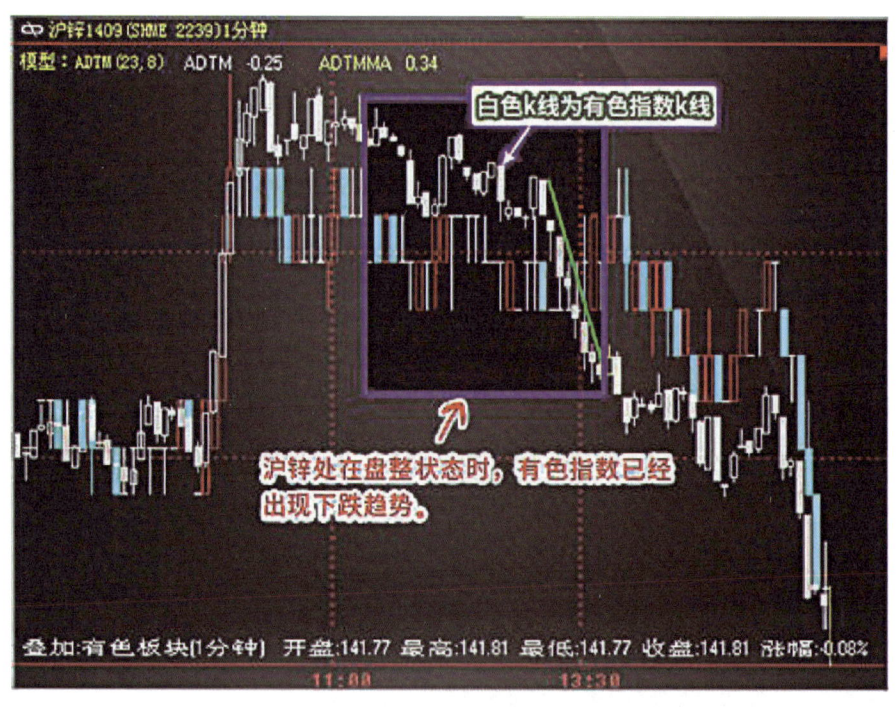

图 1-10 沪锌 1 分钟线图

案例二:文华商品指数为程序化模型提供连续测试数据

图 1-11 为一年左右的股指合约 K 线图,检测模型在合约中的长期效果时,无法避免合约的交割-挂牌期的跳空(跳空会影响指标值的连续性)和不活跃期(用户一般不会选择这个时期进行交易),检测效果会失真,显然用具体合约测试模型不具有可靠性。

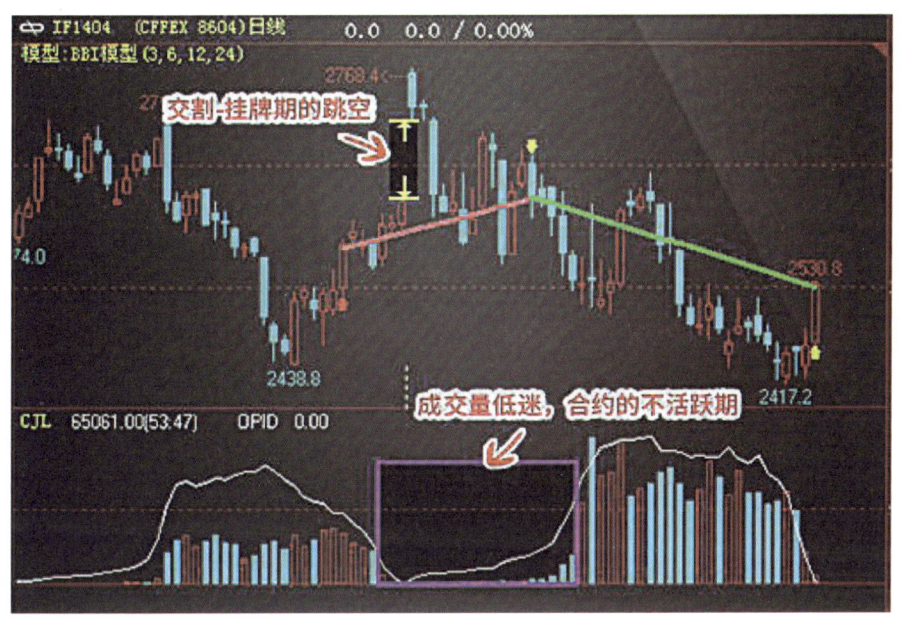

图 1-11　一年左右的股指合约 K 线图

二、常用市场解读工具

(一)特色抬头解读市场

常见的报价列表只有价格、持仓量、成交量等原始数据，软件中利用这些原始数据做出更有利于我们交易的特色抬头指标，能准确揭示合约在市场的活跃程度和主力资金动向，为投资者选择合约和技术分析提供参考依据。

1. 投机度

活跃的合约往往存在更多的交易机会，投资者通常通过成交量的大小来判断合约活跃程度，但成交量大的合约持仓量往往也会很大，很难单纯通过成交量值判断合约活跃性。软件中增加了“投机度”抬头，可以用最快最简单的方法找到最活跃的合约(图 1-12)。

	合约名称	最新	买价	卖价	买量	卖量	成交量	投机度	涨跌	涨幅
1	IF1401	2237.2	2237.0	2237.2	7	36	471852	4.79	-3.0	-0.13
2	胶板1405	121.25	121.20	121.25	46	9	153332	2.6[illegible]	1.85	1.55
3	菜粕1405	2589	2588	2589	698	411	2342636	[illegible]	[illegible]	[illegible].33
4	焦炭1405	1412	1412	1413	235	670	419414	1.89	-8	-0.56
5	纤板1405	66.15	66.15	66.20	8[illegible]	[illegible]	[illegible]	1.78	-1.10	-1.64
6	沪金1406	247.25	247.20	247.25	29	29	226790	1.33	0.90	0.37
7	玻璃1405	1234	1234	1235	640	329	395602	1.29	-34	-2.68
8	橡胶1405	17035	17035	17040	28	19	304182	1.27	-450	-2.57
9	鸡蛋1405	3850	3849	3850	50	69	66820	1.15	-140	-3.51
10	动煤1405	552.2	552.0	552.2	35	8	63516	1.05	-1.0	-0.18

最活跃合约
成交量最大合约

图 1-12　投机度

2. 60秒速涨、现涨

投资者通常会在报价列表中找有异动的合约寻找交易机会，抬头中只有涨幅反映当天的行情涨跌，无法反映出短时间的行情异动。报价列表中新增"60秒速涨"和"现涨"抬头，投资者借此可以很容易地发现短时间内上涨/下跌幅度大的合约，可以对这样的合约给予更多关注，抓住交易机会（图1-13）。

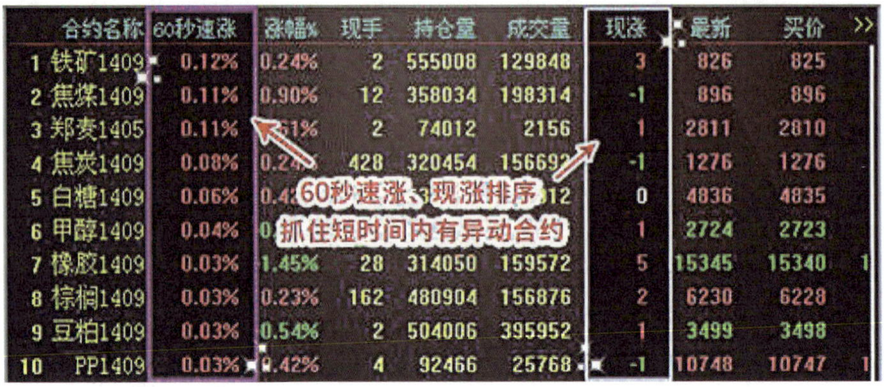

图1-13　60秒速涨、现涨

3. 沉淀资金

沉淀资金可以反映市场资金构成，体现投资者对品种的投资热情。从图1-14中可以看到价格和持仓量并不高的股指合约资金量不小，股指价格变化对市场的影响不容小觑。

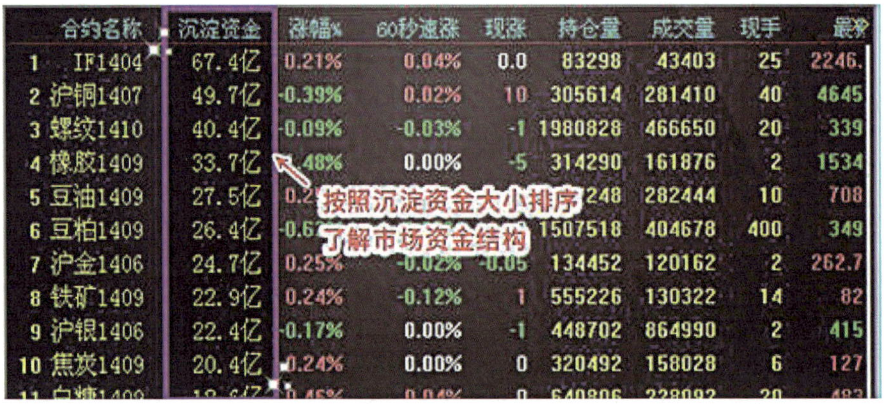

图1-14　沉淀资金反映市场资金结构

4. 资金流向

价格上涨一个百分点，可能是一千万资金推动的，也可能是一亿资金推动的，这两种情形对投资者而言有完全不同的指导意义。"资金流向"抬头可以反映合约的资金流入、流出值大小（图1-15），再配合观察投机度指标，如果投机度值也非常大，很可能是大资金在换手进场了。

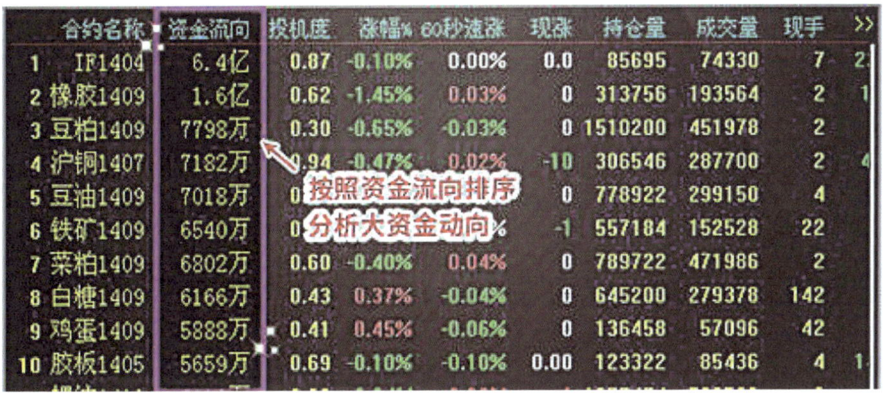

图 1-15 资金流向

5. 趋势度

K线实体越长,则力量越强(图1-16),反之则力量越弱,趋势度抬头可以反映K线实体与上下影线间的比例,上涨力量越强,该值不断接近1,下跌力量越强,该值不断接近-1,力量越弱越接近0,再配合涨跌幅,可以更精准地判断力量大小,我们在报价列表上就可以轻松地找出哪些合约更有交易机会。

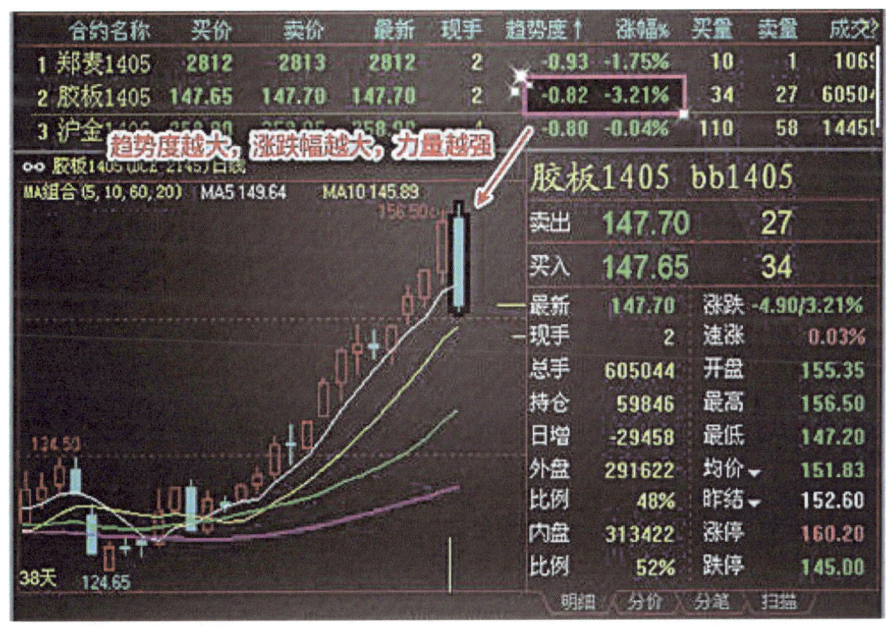

图 1-16 趋势度

6. 公式原理

沉淀资金＝持仓量×最新价×单位手数×保证金比例

资金流向＝[持仓量×最新价－(持仓量－日增仓)×昨收]×单位手数×保证金比例

投机度＝成交量/持仓量

60秒速涨＝(最新价－前1分钟最新价)/前1分钟最新价

现涨＝最新价－前一笔最新价

趋势度＝(最新价－开盘价)/(最高价－最低价)

其他特色抬头原理：

流入比例＝资金流向/沉淀资金

震幅＝(最高价－最低价)/昨结算

结涨＝结算价－昨结算

日增仓％＝日增仓/持仓量

7. 调用方法

在报价列表单击鼠标右键，选择【抬头格式(域)调整】。

8. 注意事项

点击抬头名称(如：资金流向)可以对抬头内容进行排序。

(二)五档行情解读市场

期货中盘口默认显示 1 档买卖，就是说我们只能看到市场上最近的报价和量，无法得知在买一卖一价之后的深度市场数据和市场上整体情况。而市场行为包含一切信息，一切信息都会以价格形式反映在图表中，如果能了解市场状态，对我们的交易决策有很大帮助，而五档行情可以让我们看清市场。

1. 案例一：五档行情看清市场

图 1-17 为普通的盘口，只能看到最近一档的买量和卖量之比为 339：274。显示多空双方都比较活跃，但后劲如何我们无法得知。

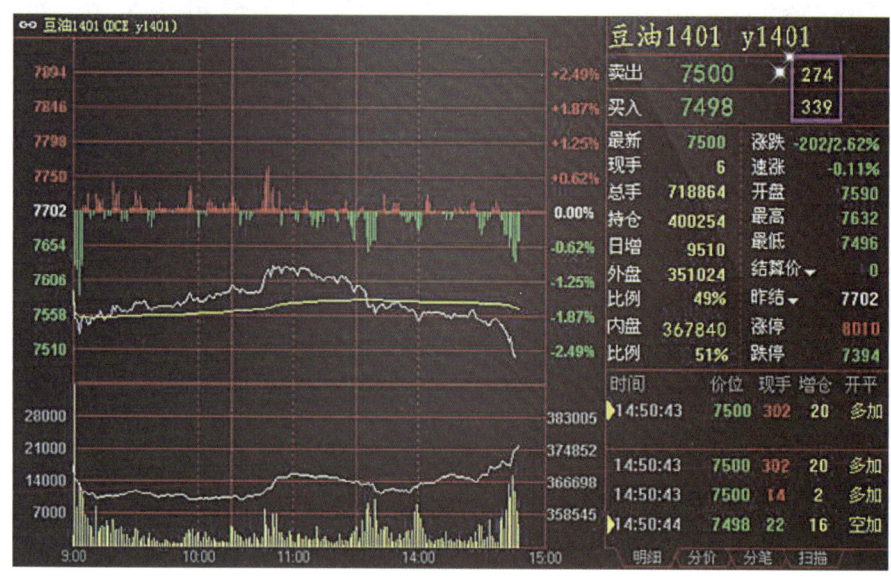

图 1-17　普通的盘口

图 1-18 为同一时间的五档盘口截图：可以看到卖②—卖⑤的量远远大于买②—买⑤的量，市场看空的力量更大。再看买卖方总量比为 1880：10357，空方占据了主导方向，短时间内价格很难出现反弹。通过五档数据，让我们深度地了解了市场状态，为我们的交易提供了更多的参考信息。

期货交易软件使用技巧

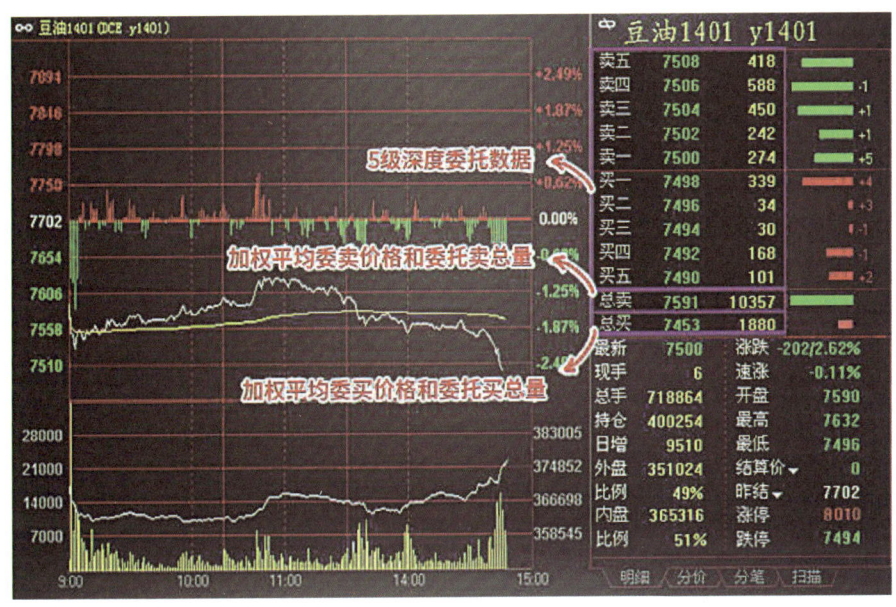

图 1-18　同一时间的五档盘口截图

2. 案例二：L2 数据让我们发现大单

在普通的盘口上，我们只能看到买一/卖一价的总量，这个量有可能是一个人的行为，也可能是多个人的行为，无法预测是否有大单存在。L2 数据可以显示出买一/卖一量的前 10 笔挂单组成，如图 1-19：卖一量为 1256 手，这 1256 手由多笔挂单组成，其中的第一笔 1000 手为一人所挂，大单空向行为显现，再配合持仓量增减可以确定大单进/出场。

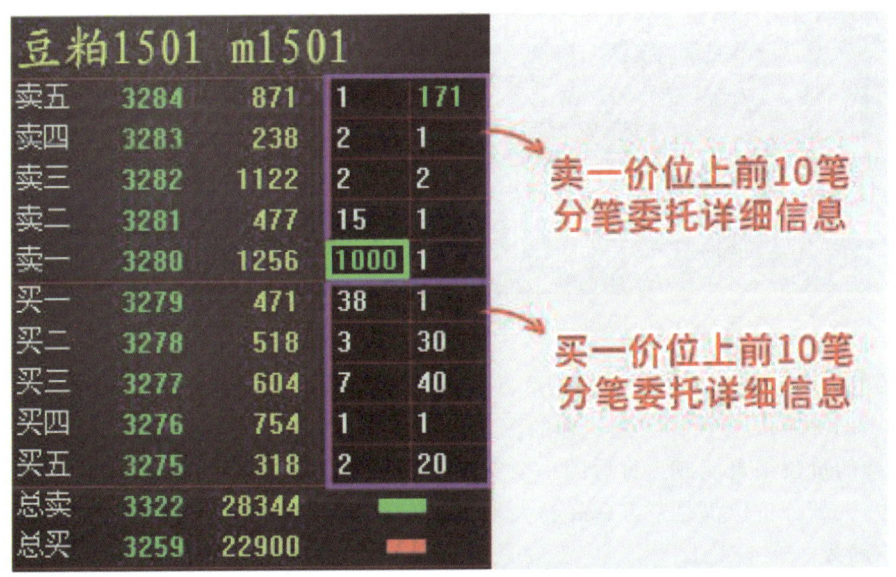

图 1-19　L2 数据让我们发现大单

(1) 调用方法

大商所有五档和 L2 数据发布，中金所有五档数据发布，都为收费项目。如需购买请点击软件菜单的【帮助】→【网购付费功能】进行购买。付费后您会获得一个带有授权的行情账号，用此账号登录软件，自动显示五档/L2数据。

（2）注意事项

中金所五档不提供市场的加权平均价格和总委量，软件中显示的是五档的算术平均价格和五档加和的量。

（三）常用分析工具

1. 分价图的解读成交密集区

如图1-20所示，分时图的横坐标是时间，纵坐标是价格和成交量，从分时图中可以分析出每一个时间点的成交量对价格的影响。但如果想除去时间条件了解某个价位上总成交量，分析市场中对哪个价位争议最大，以及某个价位上多空双方的对比情况，分时图就无法实现了。

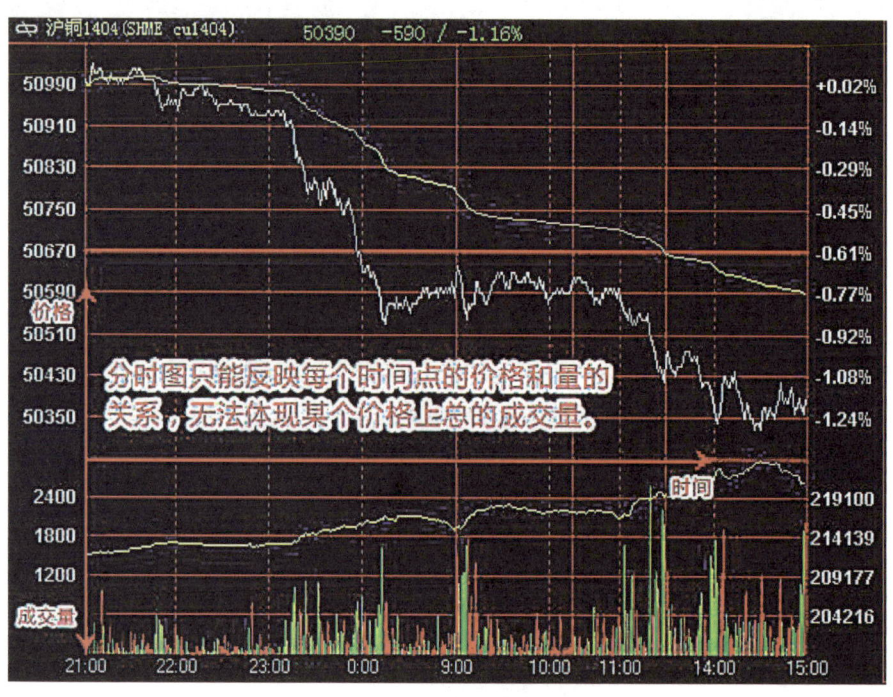

图1-20 分价图的解读成交密集区

想要除去时间看清真正的价量关系，我们需要一个以成交量为横坐标、价格为纵坐标的图表，图1-21右侧的分价图正是这样的图表。从分价图中可以很容易地找到成交量最大的价位，这样的价位很可能成为日后的一个支撑、压力价位。再从下图看价位对应的多空双方的成交量，大部分价位都是空方（绿线）大于多方（红线），合约的价格也在空方的推动下呈现逐步下跌趋势。

2. 多空量比指标

目前期货市场中有一种被普遍应用于预测行情走势的方式是：看成交多空双方的力量强弱，市场多方力量强，价格会上涨，空方力量强，价格会下跌。当成交量出现异动时，多空双方力量强弱会明显显示出来，我们可据此预测价格走势。

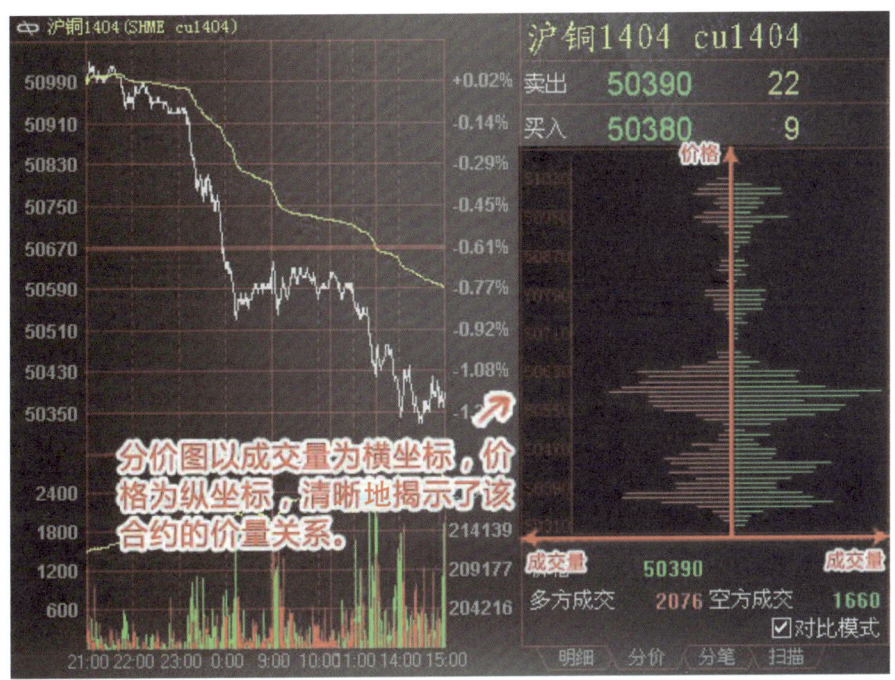

图 1-21　分价图

但市场上出现明显异动的情况不是天天都有发生,如图 1-22 所示。如何找到一个指标能更好地了解多空双方力量强弱?

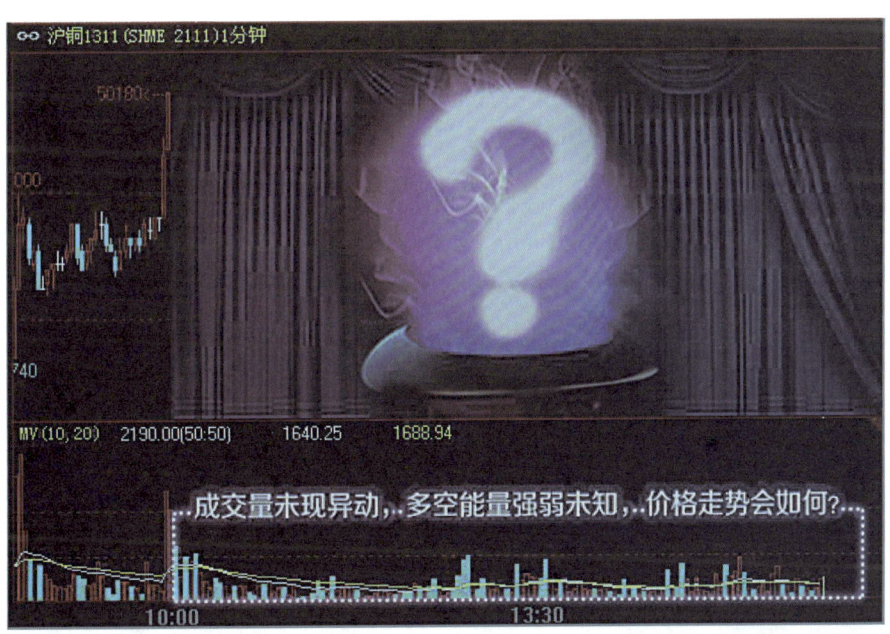

图 1-22　成交量未见异动

这时我们可以调用"多空量比(DUALVOL)"指标,它对期货市场成交量变化具有更高的敏感度,可实时揭示多空能量强弱,如图 1-23 所示。用户可以根据指标中的红、绿柱判断市场多空双方力量强弱,从而为市场的未来走势判断提供更精准的参考价值。

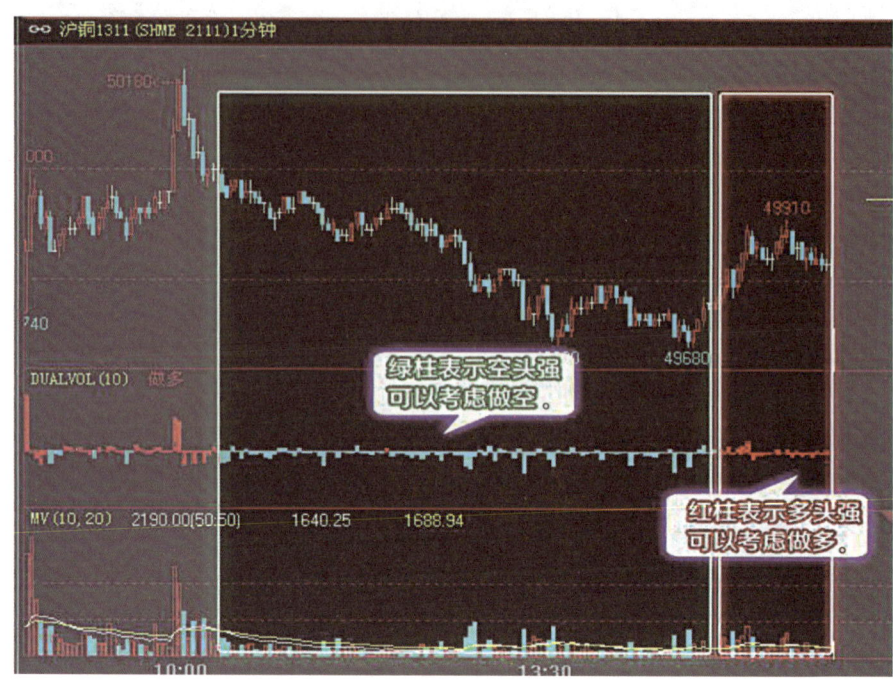

图 1-23 多空量比指标

3. 持仓异动指标

期货交易讲究顺势而为,也就是说要跟随目前主导行情的力量进行交易,这些力量的异动往往是行情逆转的重要因素。例如:当市场处于上升趋势时,表明长线多头主力占据了控制权,这时多头的减仓行为对上升趋势的打击远比空头的加仓行为大,因此观察多头、空头增减仓情况可以作为研判后市行情逆转的重要参考因素。目前常用的 CJL(成交量)指标能够帮助我们判断成交量和持仓量的总体变化,但它缺乏敏感性,看到放量以后我们再去追行情,可能已经错失良机。(图 1-24)

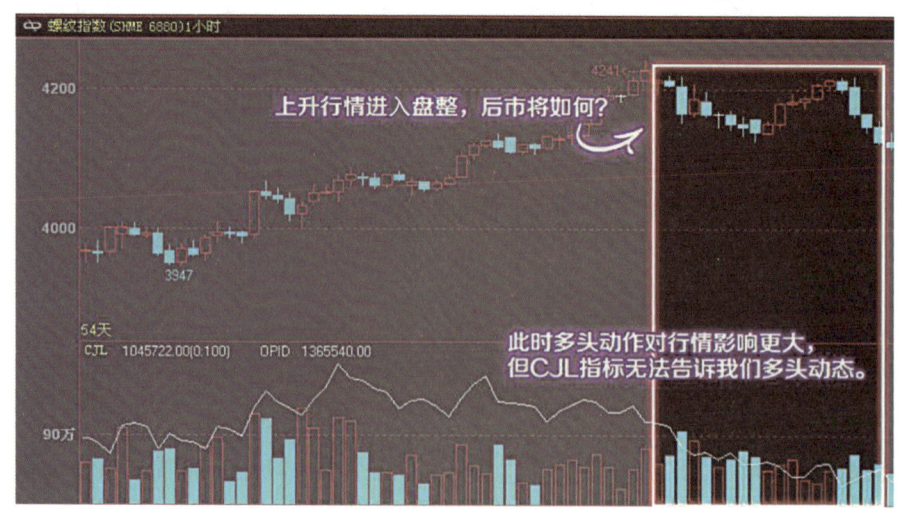

图 1-24 持仓异动指标

这时我们可以调用"持仓异动（CCL）"指标，通过提示"多头增仓""多头减仓""空头增仓""空头减仓"这四个重要的多空动作，明确揭示具有主导作用的多空力量的动向，在传统的仓量指标基础上，为趋势分析提供了更有深度的信息，让交易者能够提前做好准备，而不至于措手不及，如图 1-25 和图 1-26 所示：

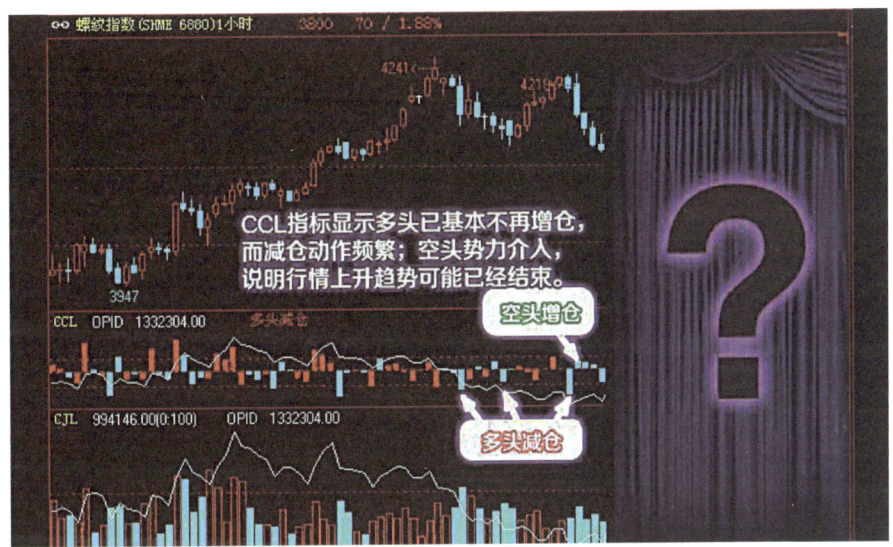

图 1-25　空头增仓和多头增仓

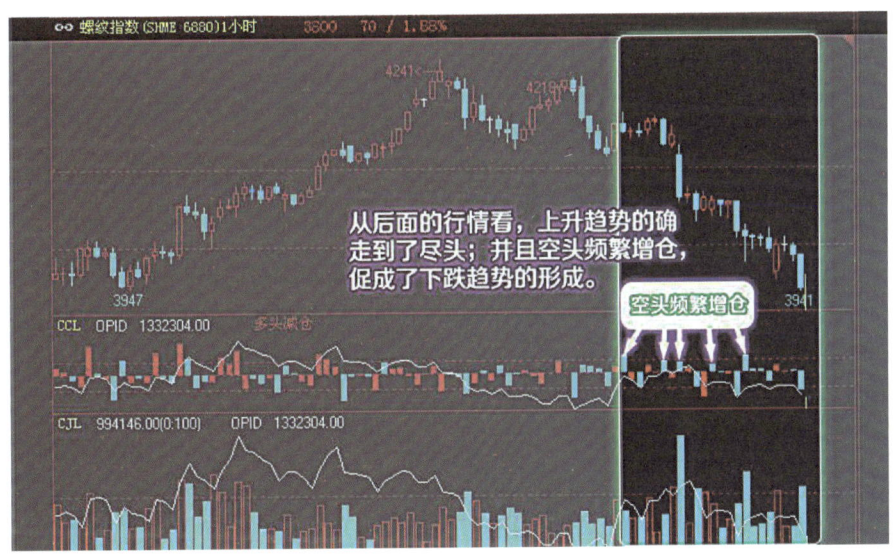

图 1-26　空头频繁增仓

第二节 期货交易软件

一、下单操作

(一)调出交易界面

在软件右上方菜单中点击【账户】→【期货账户】→【下单】主窗口,调出交易界面。输入资金账号、交易密码和验证码登录进入交易界面。交易界面中提供很多交易参数设置,如止损参数、条件单参数、超价参数、追价参数等。用好参数设置,可打造出更便捷、高效的下单工具。(图1-27)

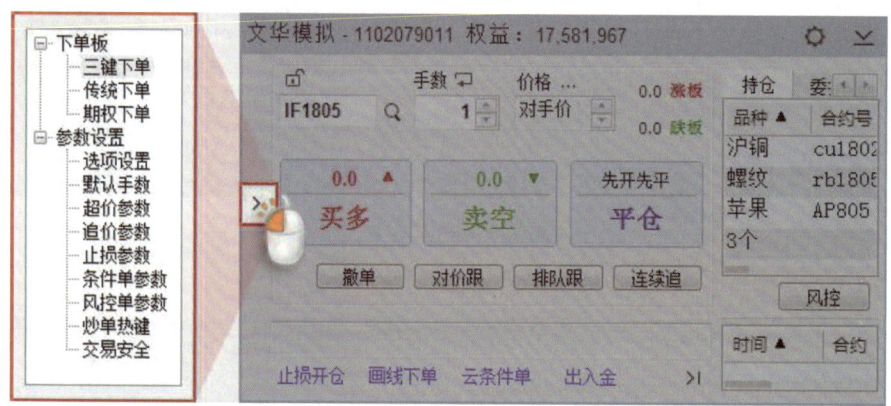

图1-27 调出交易界面

(二)三键下单介绍

传统下单界面:完成一次下单需要点多个按钮,不仅浪费时间,还容易出错。

三键下单界面:三键下单,简化思考步骤,电脑帮你做判断,开仓时只需选择买多卖空,出场时点平仓。

1. 操作方法

如图1-28①~③所示步骤使用三键下单。注:点击【平仓】按钮后,软件根据持仓方向自动判断发买平或卖平委托。

2. 三键下单界面使用技巧

(1)三键下单界面中的涨跌板价格、最大可开仓手数是可以直接抓取到委托单中的。图1-29红框中展示了如何抓取数据。

(2)如图1-30红框所示,点手数、价格,可以弹出来更多的选项。

(3)如图1-31所示,锁定状态下,点击其他合约的图表、报价、持仓栏等,不会改变交易界面的合约。如图1-32所示,未锁定状态下则会改变交易界面合约。

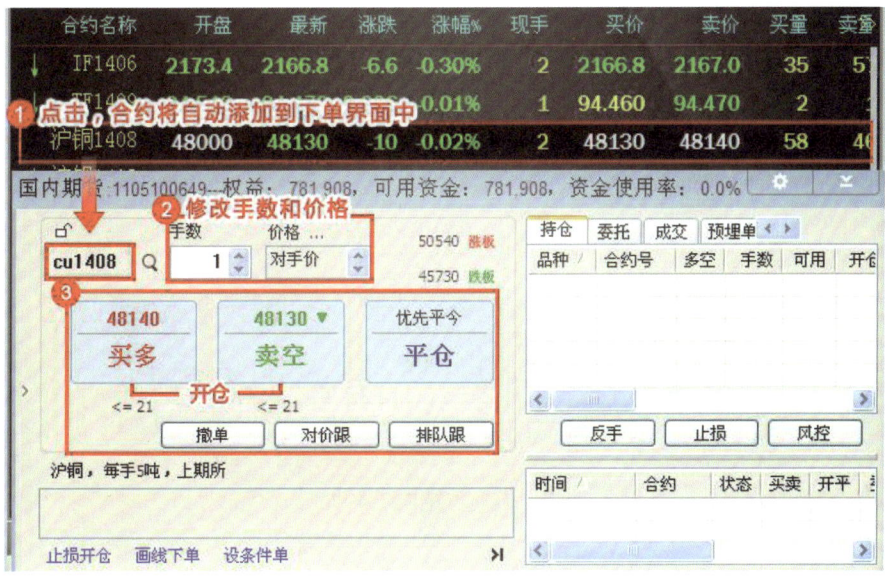

图 1-28 三键下单操作方法

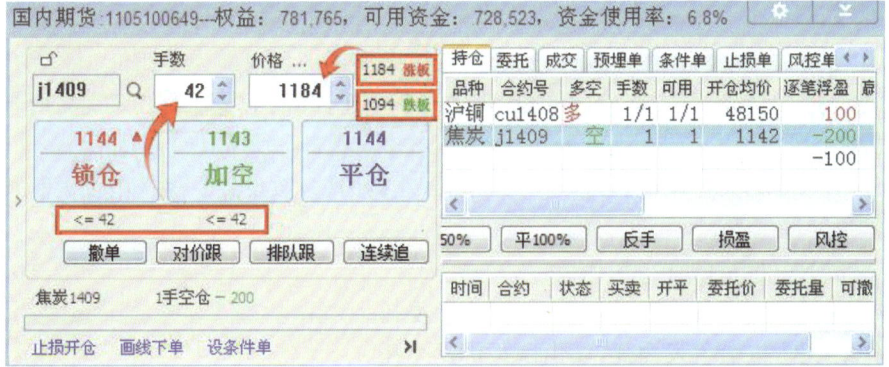

图 1-29 如何抓取数据

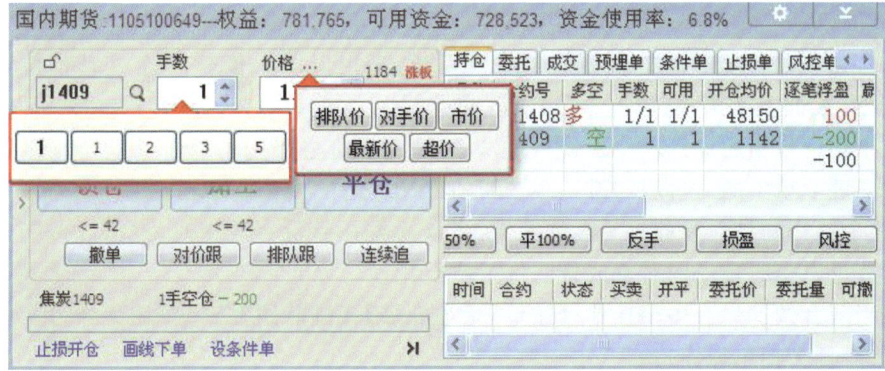

图 1-30 弹出更多选项

图 1-31　锁定状态下

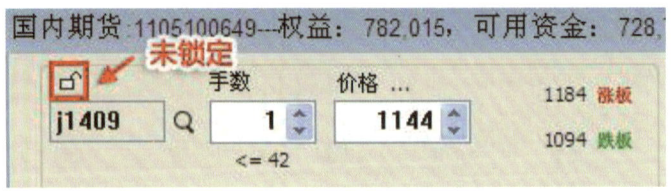

图 1-32　未锁定状态下

3. 注意事项

(1) 下单默认手数,在交易界面左侧菜单的【默认手数】中设置。

(2) 开仓时自动设置好止损止盈:交易界面左侧菜单【止损参数】中,勾选"开仓自动止损止盈"。

(3) 点击"买多""卖空"按钮进行开仓时,按钮上显示的价格即为委托价。

(4) 上海期货交易所(上期所)合约默认优先平今仓,其他市场合约按照交易所规定的先开先平原则平仓。

(5) 下单时的相关参数设置可以在交易界面左侧的【参数设置】→【选项设置】中找到。

4. 常见问题解答

(1) 每个下单价格的含义是什么。

排队价,买入以买价发委托,卖出以卖价发委托。

对手价,买入以卖价发委托,卖出以买价发委托。

市价,买入以涨停价发委托,卖出以跌停价发委托。(交易所撮合最优价成交,因此和市场价下单效果是一样的)

最新价,买入/卖出都以最新价发委托。

超价,买入以对手价＋N 个变动价位发委托,卖出以对手价－N 个变动价位发委托。N 可在交易界面左侧菜单【超价参数】中设置。

注:当超价价格超过涨跌停板价格时,以涨跌停板价格委托。

(2) 三键下单中的对价跟和排队跟按钮的含义。

这两个按钮均针对当前交易合约操作,当合约委托后没有成交时,点击此按钮,会撤掉当前挂单,再以当时市场的对价或排队价重新委托。

注:当前合约如果有多个挂单,【撤单】、【对价跟】、【排队跟】三个按钮无效(因为软件不知道您要对哪个挂单操作)。

(3) 如图 1-33 所示,交易界面左侧【选项设置】中各个项目都是什么意思？

① 交易声音提示

勾选后,在委托发出和成交时都会有声音提醒;不勾选,则没有声音提醒。

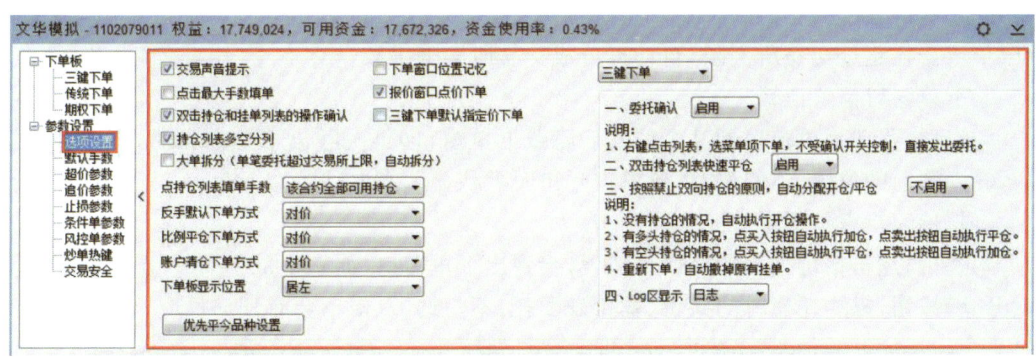

图 1-33　选项设置

②点击最大手数填单

勾选后,点击买多、卖空下面的最大可开仓手数,可以直接填写到手数框中。(图 1-34)

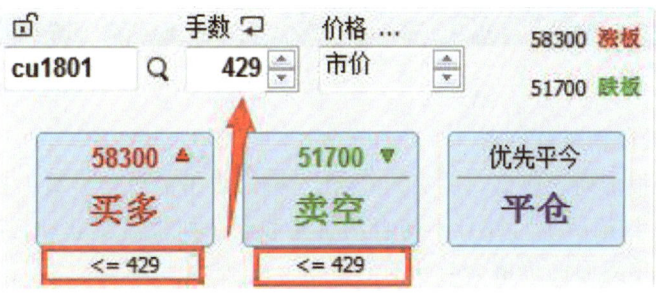

图 1-34　点击最大手数填单

③双击持仓和挂单列表的操作确认

在启动了"双击持仓列表快速平仓"的前提下,如果勾选了此项,双击持仓或挂单列表会弹出委托确认框,点击【确定】后再发平仓/撤单委托(如图 1-35 所示);如果不勾选,双击持仓直接发出平仓委托,双击挂单列表直接撤单。

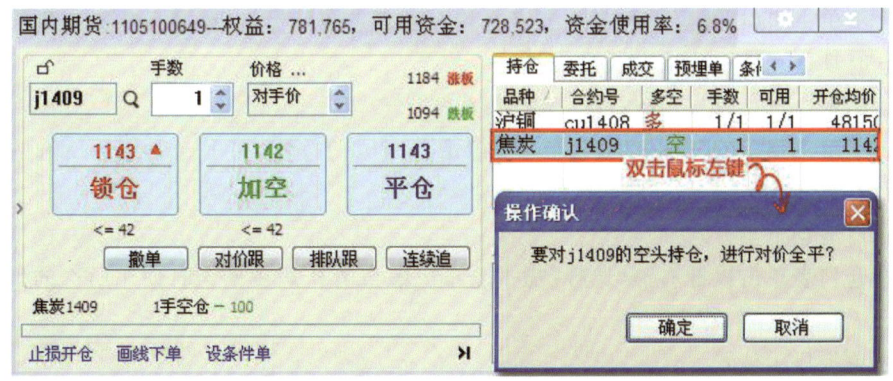

图 1-35　双击持仓和挂单列表的操作确认

④持仓列表多空分列

勾选后,持仓列表先显示多头合约,再显示空头合约。

⑤大单拆分

单笔委托超过交易所上限,自动拆分成交易所上限手数。

⑥下单窗口位置记忆

勾选后,移动下单窗口到某个位置后隐藏下单窗口,再次呼出下单窗口时,下单窗口会显示在隐藏前的位置;不勾选,下单窗口呼出时默认显示在电脑的左下角。

⑦报价窗口点价下单

勾选后,点击报价列表的买卖价位置,会弹出下单窗口(如图1-36所示),点击【买开仓】【卖开仓】按钮,以委托当时的买价、卖价发委托;不勾选,点击不会有任何反应。

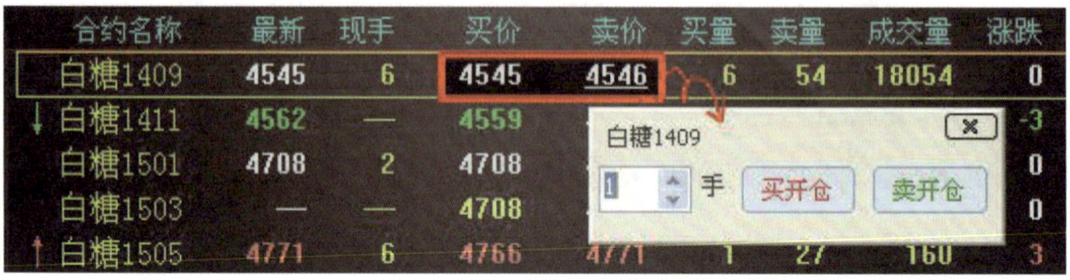

图1-36 报价窗口点价下单

⑧三键下单默认指定价下单

勾选后,点击报价列表或盘口的买入/卖出/最新,点击的价格会被抓到三键下单界面的价格处(如图1-37红框所示),并且不与合约价格联动。如果需要联动,点击图中绿框中的联动按钮,那么下单界面的价格会与合约的最新价联动;如果不勾选,点击合约后,交易合约的价格框默认显示对手价,点击价格框或者微调按钮才会变成指定价。

⑨点持仓列表填单手数

该合约默认手数:选择此项,点击持仓列表的合约,交易界面的下单手数位置显示设置的默认下单手数。该合约全部可用持仓:选择此项,点击持仓列表合约,交易界面的下单手数位置显示全部的可用持仓。

⑩反手默认下单方式

点击下单主窗口的【反手】按钮,或者在持仓列表点击鼠标右键的【反手】,在进行平仓和反向开仓时都使用所选价格方式发委托。

⑪比例平仓下单方式

点击下单主窗口的【平33%】、【平50%】、【平100%】按钮,在平仓时使用所选的价格方式发委托。

⑫账户清仓下单方式

在持仓列表单击鼠标右键,选择【撤平仓单+账户清仓】,在平仓时使用所选的价格方式发委托。

⑬下单板显示位置

选择右侧,三键下单和传统下单的下单板居右显示(如图1-38所示);选择左侧,下单板居左显示。

⑭优先平今品种设置

勾选状态下,上期所合约平仓顺序为默认的优先平今。取消勾选后,上期所合约优先平老仓。

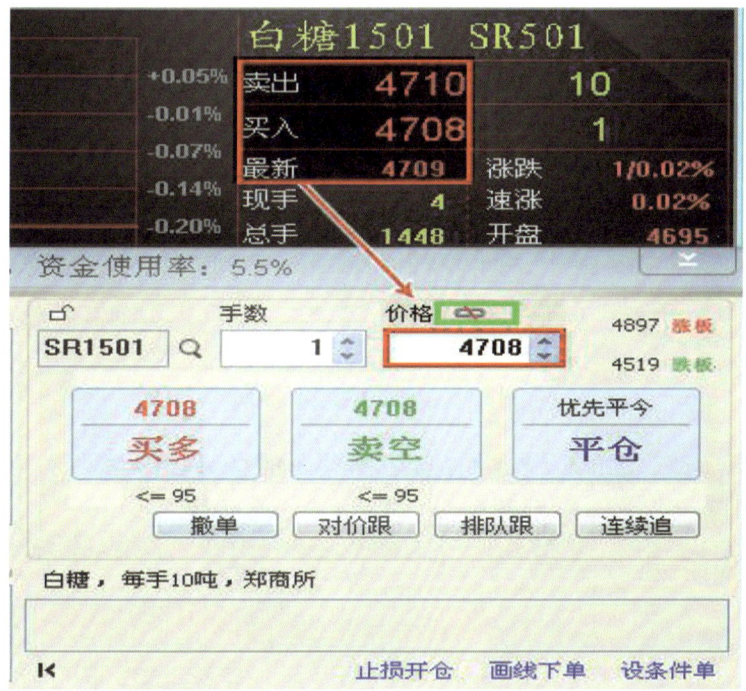

图 1-37 默认指定价下单

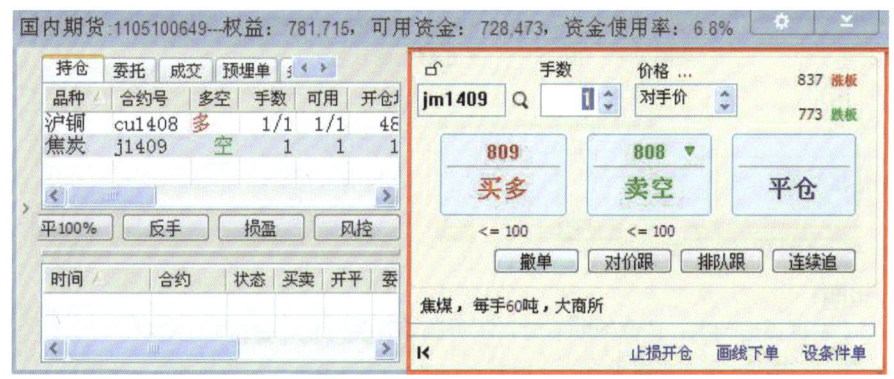

图 1-38 下单板显示位置

⑮委托确认

选择启用,点击图 1-39 红框位置,会弹出委托确认框(图 1-40);不启用,则直接委托,不会弹出确认框。

⑯双击持仓列表快速平仓

启用后,双击持仓列表可以对所选持仓发平仓委托;不勾选,双击持仓列表,不会有任何效果。

⑰按照禁止双向持仓的原则,自动分配开仓/平仓

请参考图 1-41 红框处解释。

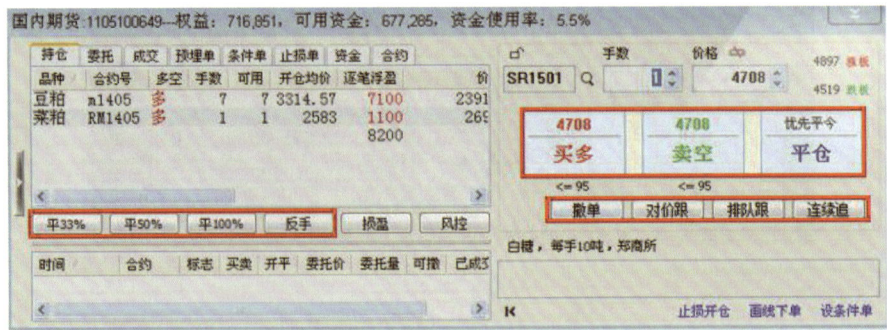

图 1-39　委托确认

图 1-40　弹出委托确认框

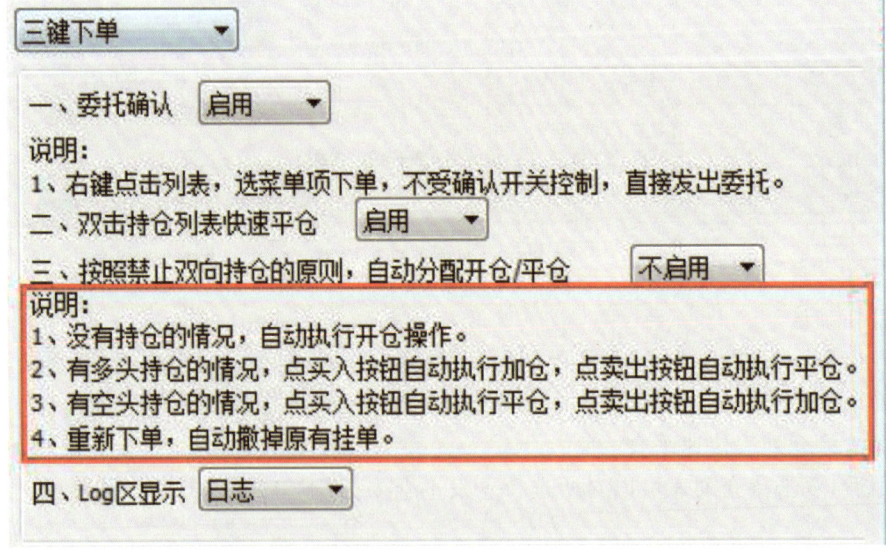

图 1-41　自动分配开仓/平仓

（三）画线下单

有不少习惯于看图表下单的投资者，但是要下单还需要再调出下单界面，无法在图表上直接精准地完成下单动作；文华独创的画线下单就是针对这一现象而设计的，通过画线的方式在图表上快速做出反应，既方便又可缓解盯盘的辛苦。

案例一：根据图表形态直接在图表上画线下单

如图1-42，开盘后价格一直在震荡，此时无法预测后市是突破上涨还是下跌。利用画线下单，可直接在图表上确定突破前期高低点价位。

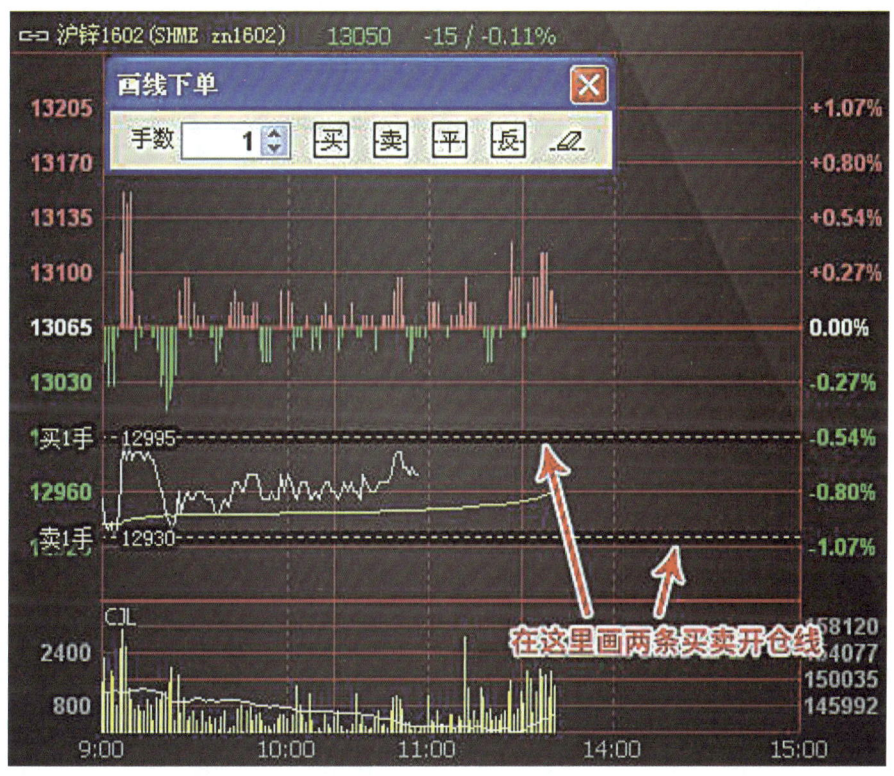

图1-42　利用画线下单

画线后无论价格突破上沿或下沿，系统都会被触发自动发出下单委托。如图1-43，行情向上突破画线，买开仓线触发，成功开仓，持有多单1手。使用画线下单无须盯盘，直观、精准，瞬间完胜！

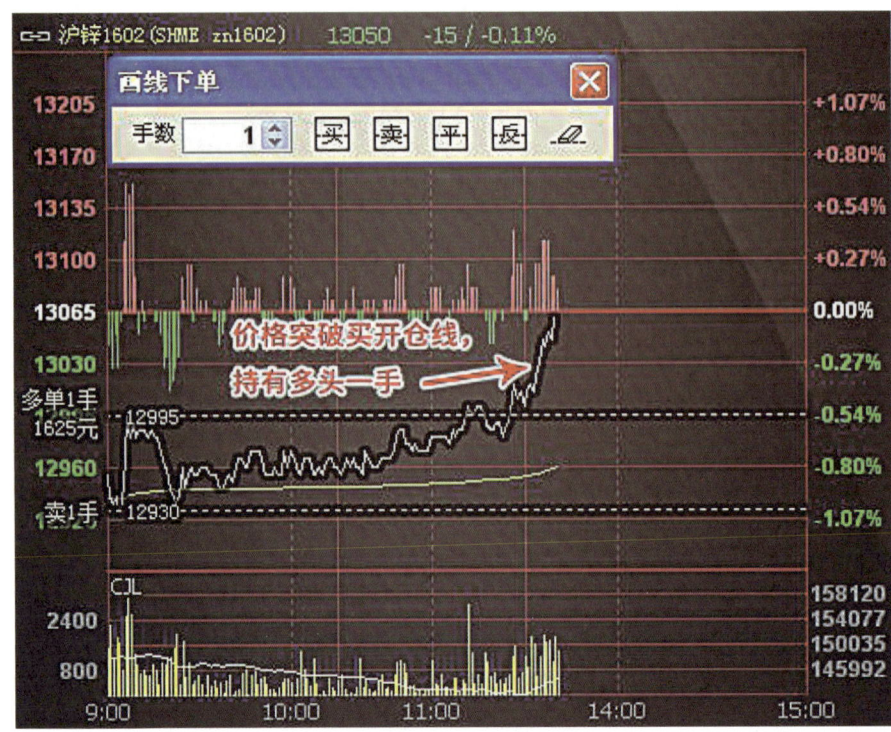

图 1-43　行情向上突破画线，买开仓线触发

案例二：画线下单可对突变行情做急速应变

如图 1-44，对于已有的持仓我们可以提前画好平仓线。

图 1-44　画好平仓线

但是行情有时会发生突变,如图 1-45,行情突然强势下拉,这时根据盘感判断可能有一波极速的下探行情,随即我们快速向下拖动平仓线以跟随图表形态修改平仓价位;画线下单可以在毫秒间完成拖动,帮我们实现利润最大化,如果使用传统的以价格设置平仓的方式,很可能来不及修改平仓价格而直接被触发下单,从而失去赚取更多利润的机会。

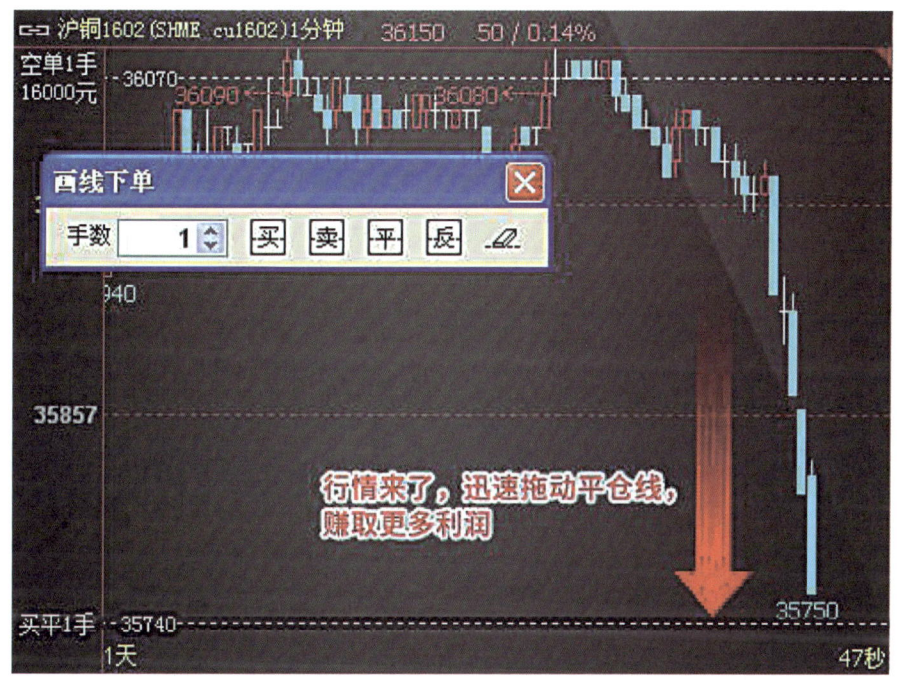

图 1-45　快速向下拖动平仓线以跟随图表形态修改平仓价位

调用方法:

方法一:在K线图或分时图点鼠标右键的【画线下单】。

方法二:点击软件上方菜单栏中的【账户】→【期货账户】→【画线下单】,即可调出画线下单工具。

方法三:点击软件上方工具条的"."按钮,勾选画线下单,工具条上即可调出画线下单。

二、风控操作

(一)风控单操作

越来越多的投资者在交易过程中有风控的需求,通过控制账户的盈亏、余额来控制交易的风险已经成为一种常规交易手法。但实时盯着账户信息就耽误了看盘分析,这时我们可以调用风控单功能,让软件帮您监控账户信息,解放您的精力。

案例一:账户动态权益低于风控水平,自动清仓

需要确保权益控制在一个合理安全的范围内就需要对动态权益进行实时监控。风控单可随时监控账户动态权益,当发现动态权益小于设定的金额时,会根据设置的动作进行操作,如图 1-46 中"当动态权益小于等于 100000 时,平掉当前所有持仓"。

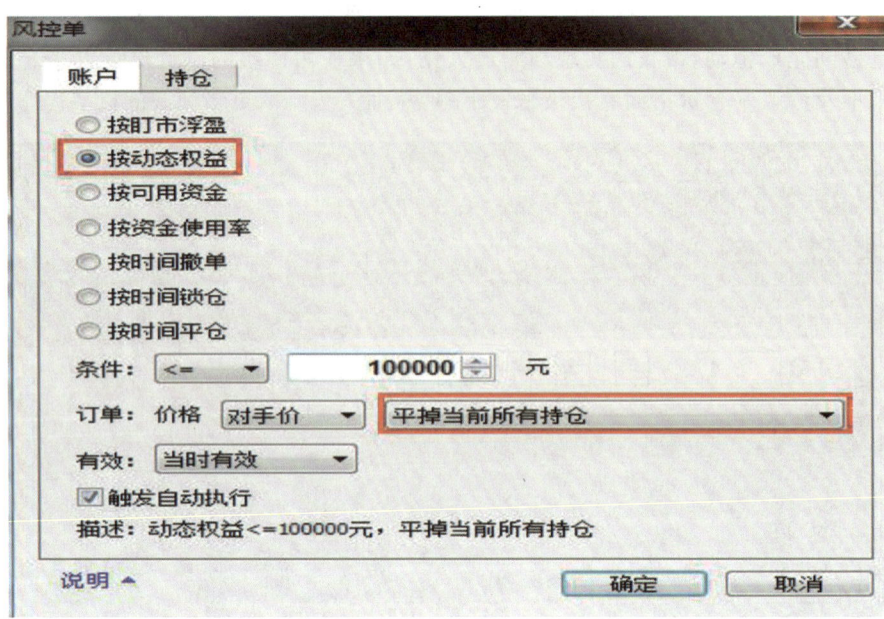

图 1-46　自动清仓

案例二:程序化交易,风控单控制仓位

有时需将当日交易次数控制在一定量范围内,但每个运行模组只能统计各自的当日开仓,这时需要用到风控单来监控账户当日的总开仓量,从而达到控制日内交易量的目的。如图 1-47 中"当日开仓量超过 50 手时,上期所不再开仓"。

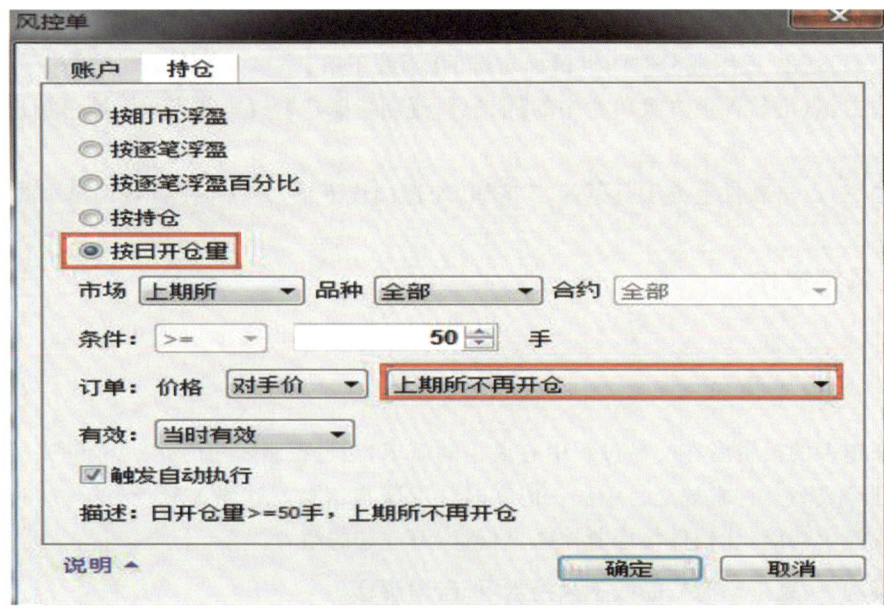

图 1-47　程序化交易,风控单控制仓位

(二)条件单操作

案例一:满足价格条件自动委托

做图表分析时,判断出关键价位后不得不时刻关注合约价格的变动情况,盯盘以等待下单机会。但这样一来,就无法对商品的总体走势或其他品种做分析,束缚了我们的交易。条件单可以帮我们解决这样的问题,设置好如图1-48所示的价格条件单,当cu1707合约价格上涨超过48090时,系统会自动发出买开仓委托,无须交易者盯盘手动委托。

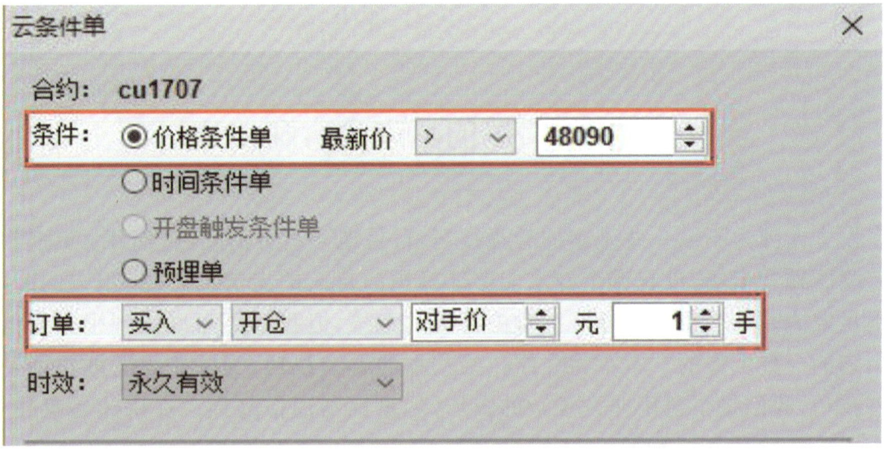

图1-48　价格条件单

案例二:尾盘自动平仓

对于不希望留隔夜仓的投资者来说,尾盘平仓是每天要做的事情,若持仓合约有多个,临近收盘时,不得不手忙脚乱地平仓,除此之外,还可能因为各种原因忘记平仓。而使用时间条件单可以免去这样的麻烦,到了预设时间,时间条件单会自动为我们发出平仓委托。如图1-49所示,当时间达到14:59:01秒时,自动发出股指合约的卖出平仓委托,给我们带来很多便利。

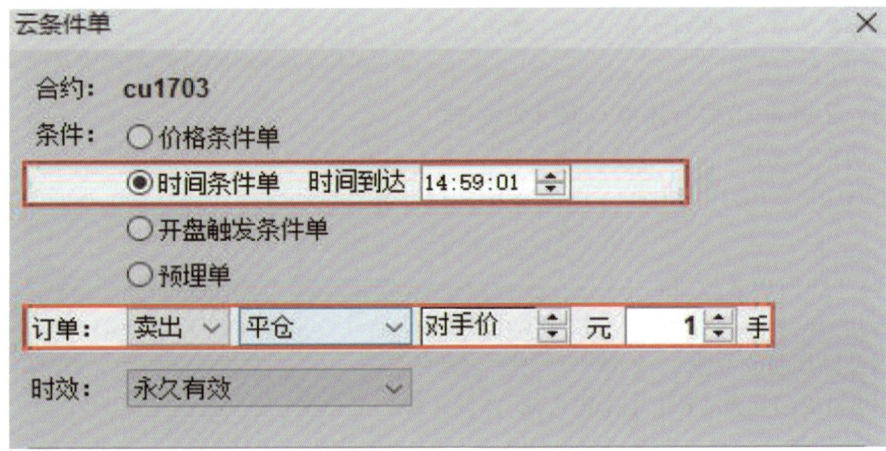

图1-49　尾盘自动平仓

第二章
期货看盘内容与跟踪技巧

第一节 看盘的基本内容和技巧

很多投资人因为不懂一些基本的看盘技巧,盲目地喜欢听消息,听期评。其实在这个风云变幻莫测的期货市场,没有哪个专家能够准确预测每天的走势,即使是顶尖的分析师,准确率也不足五成。虽然我们不能准确预测每天的走势,但我们是可以做到根据盘前的即时走势判断它的今日走势的。本章将介绍一些基本的看盘技巧,为了广大的散户朋友能尽快掌握这些技巧,我们将不会用非常复杂的图形,尽量做到通俗易懂。在讲述看盘技巧前,有必要先介绍一些看盘基本内容。

一、看盘基本内容

(一)竞价

1. 竞价方式
目前我们国家的竞价方式有两种:
集合竞价方式:是指在规定的一段时间内接受的买卖申报一次性集中撮合的竞价方式。
连续竞价方式:是指对买卖申报逐笔连续撮合的竞价方式。
2. 交易时间
每周一至周五(节假日休市),也叫交易日。
上海期货交易所:
上午 09:00—10:15,10:30—11:30,下午 13:30—14:10,14:20—15:00,夜盘21:00—次日 2:30。
大连、郑州商品交易所:
上午 09:00—10:15,10:30—11:30,下午 13:30—15:00,夜盘 21:00—23:30。
中国金融期货交易所:
上午 9:15—11:30,下午 13:00—15:15。
3. 竞价原则
价格优先,时间优先。先按价格优先成交,然后价格相同,就按照时间优先成交。

4. 开盘价

期货开盘价是指合约开市前五分钟内经集合竞价产生的成交价格。如果集合竞价未产生价格的,以当日第一笔成交价为当日开盘价。如果当日该合约全天无成交,以昨日结算价作为当日开盘价。当开盘价比上一个交易日收盘价高时,叫作跳空高开;当开盘价比上一个交易日收盘价低时,叫作跳空低开。不论是跳空高开或是跳空底开,在K线图上都会形成缺口。

(二)内外盘

以委卖价成交的主动性买盘称为外盘,以委买价成交的主动性卖盘称为内盘。从其含义中,我们总的可以理解为:外盘大于内盘,股价看涨。反之,小于内盘则看跌。但在具体判断上,则需考虑股价所处的价格位置的高与低,目前的技术走势形态等,这需要靠盘口以外的功夫。(图2-1)

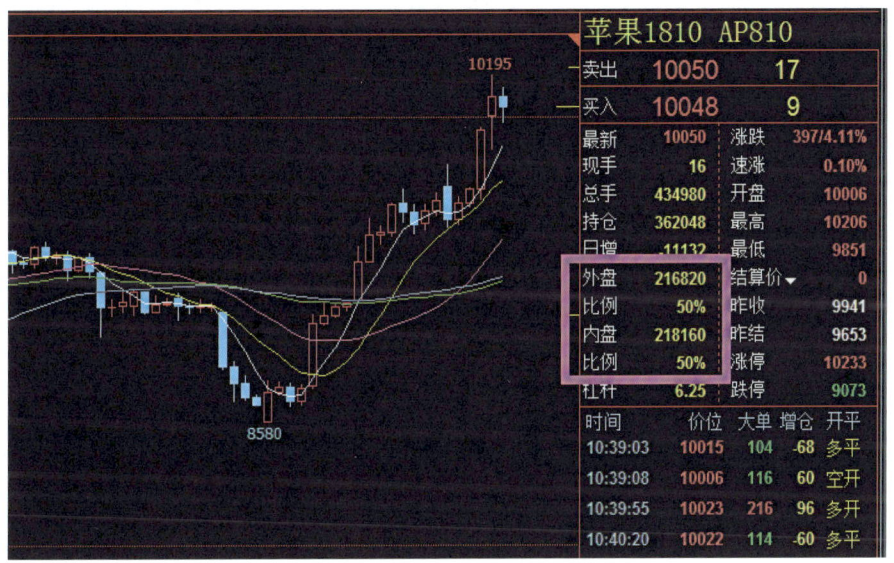

图2-1 内外盘

当期价处于低位的上升初期或主升期,外盘大于内盘,则是大资金进场买入的表现;当期价处于高位的上升末期,外盘小于内盘,则是大资金出场卖出的表现;当期价处于低位的上升初期或横盘区,外盘远小于内盘,不管日线是否收阴,只要一两日内止跌向上,则往往是大资金假打压、真进场买入的表现,视为在诱空;当期价处于高位的上升末期或高位横盘区,外盘远大于内盘,但股价滞涨或尾市拉升,无论日线阴阳,往往是大资金假拉升、真出场卖出的表现,视为在诱多。

(三)大笔买卖单

期价大幅上升或下跌是由主力资金推动的,而主力资金不可能一手两手地买卖期货合约,因此真正的热门品种应该是盘中大笔买卖单成交活跃的品种。(图2-2)

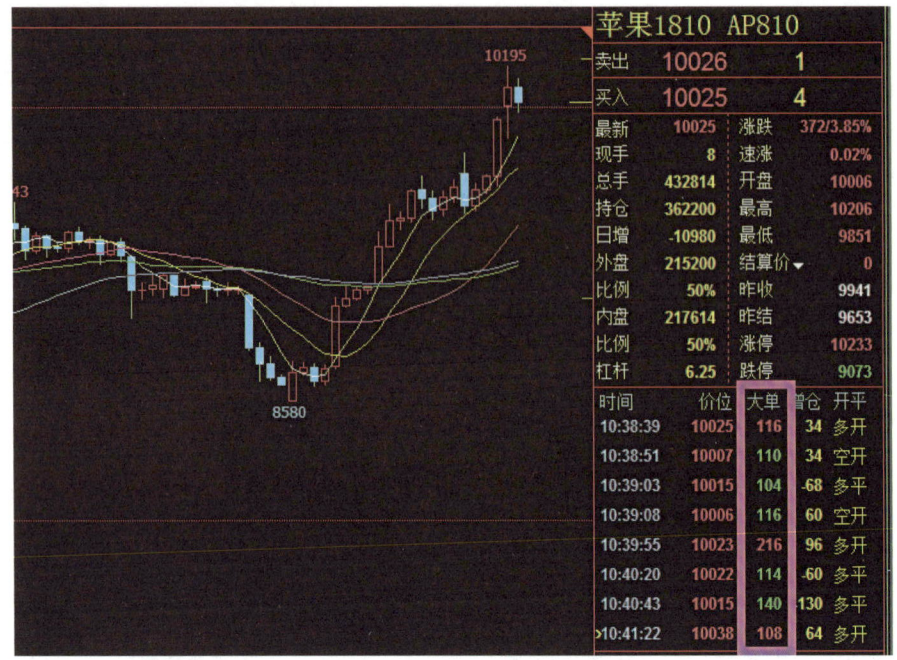

图2-2 大笔买卖单

大单,即每笔成交中的大手笔单子。当委托买卖中出现大量买卖盘,且成交大单不断时,则往往预示着主力资金动向。假如某期货品种长期极少出现连续大手成交单,基本上可以认定为散户行情,易跌难涨。

一般而言,委卖盘越大,说明市场抛售欲望越强烈,期价看跌。委买盘越大,说明欲买进的投资人越多,期价看涨。

(四)成交量、持仓量

成交量是指在某一段时间内,期货合约成交的总数量。成交量与价格之间的关系,市场上主要有3种观点:一是,价格是第一位的,成交量是次要的;二是,成交量领先于价格运动;三是,成交量验证价格形态。首先,成交量在某些时候会出现明显增加(或减少),而此时价格仍未出现突破性的变动,这时候成交量的异动,应该引起我们的注意,因为价格的变化很可能随后就来。其次,价格的突破(特别是向上突破),一般需要成交量的配合,也就是需要在后期对成交量进行考量,看其是否符合验证价格形态的特征,进而判定价格突破变化的有效性。

持仓量是指某个合约尚未平仓的手数的总和,是多头持仓和空头持仓的总和。持仓量增加,表明资金在流入市场,多空双方对价格走势分歧加大;持仓量减少则表明资金在流失,多空双方的交易兴趣下降。理论上,期货市场中的持仓量是无限大的,尤其在"逼仓"的情况下,持仓量往往创出天量。持仓量与价格的关系主要体现在:在上升趋势中,持仓量增加是稳健的上升趋势信号,持仓量减少则意味着其后价格可能转为震荡甚至下跌;在下降趋势中,持仓量只要不出现明显下降,都是看跌信号。实际上,持仓量代表着市场情绪,分歧伴随着价格的运动到一定幅度后,结果逐渐明朗,亏损或者盈利方离场趋势行情结束;如果在市

场横向整理期间持仓量增加明显,那么一旦发生向上或向下的价格突破,随后而来的价格运动将十分剧烈。(图2-3)

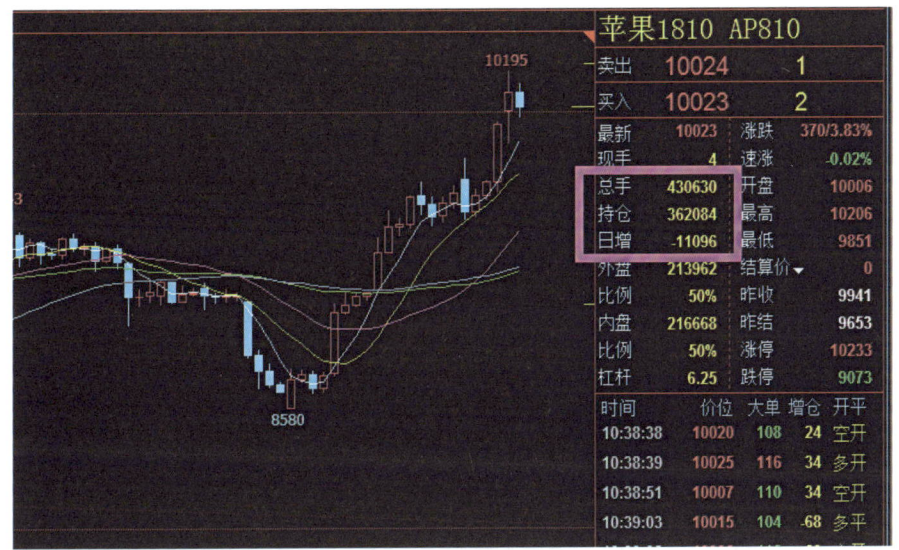

图 2-3　成交量、持仓量

（五）五档盘口

在期货行情软件上分别显示买卖各五个价格,即:买一、买二、买三、买四、买五,卖一、卖二、卖三、卖四、卖五。也就是同一时间可以看到5个买盘价格及委托数量和5个卖盘价格及委托数量。未成交的最低卖价就是卖一,未成交的最高买价就是买一,其余类推。(图2-4)

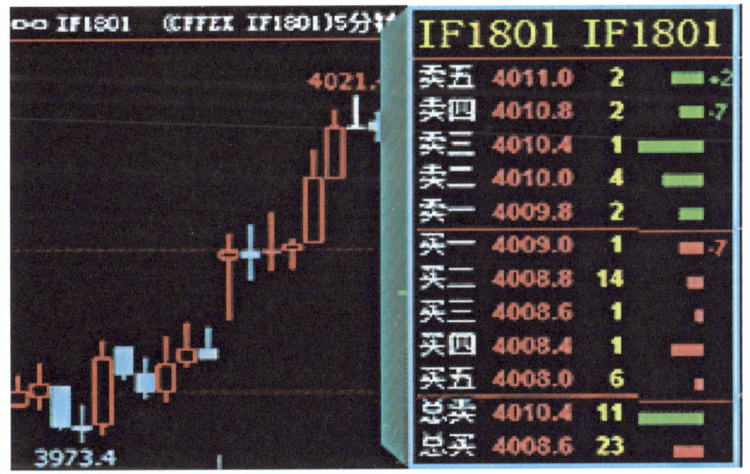

图 2-4　五档盘口

因所有五档数据发布都为收费项目,所以期货中盘口默认显示1档买卖,就是说我们只能看到市场上最近的报价和量,无法得知在买一/卖一价之后的深度市场数据和市场上整体情况。而市场行为包含一切信息,一切信息都会以价格形势反映在图表中,如果能了解市场状态,对我们的交易决策有很大帮助,而五档行情可以让我们看清市场。

(六)分时图

分时图是指期货价格动态实时(即时)分时走势图,其在实战研判中的地位极其重要,是即时把握多空力量转化和市场变化的最直接的因素。它能简单、简洁地体现出区间和趋势的变化,使散户能清晰地看到盘口价格变化的信息和趋势的转变。(图 2-5)

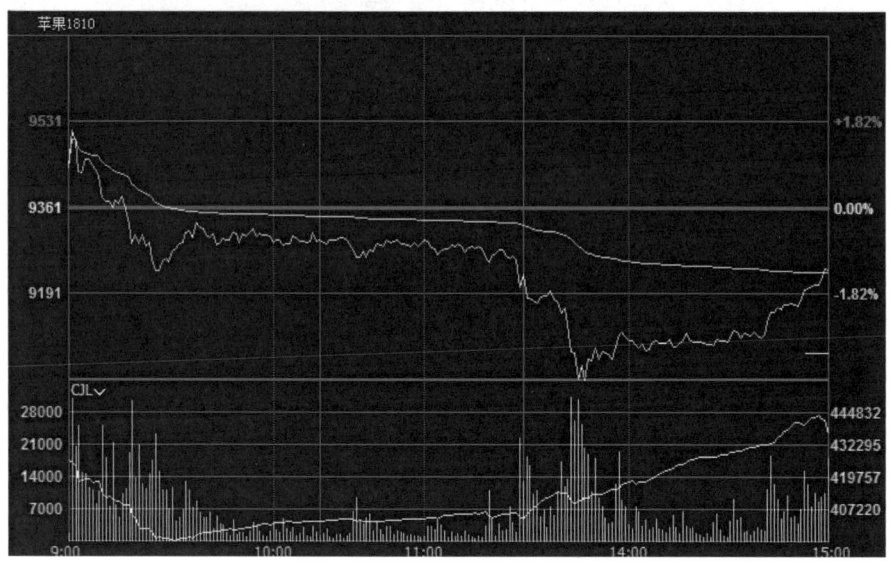

图 2-5　分时图

(1)分时图由均价线以及收盘价均线构成,黄线代表均价线,白线代表价格运动的轨迹。

(2)分时图中黄色线代表当天的日内关键价格点,在操作中可以看作是支撑点、压力点,或者趋势关键点,白色线是价格的运动即时轨迹,可以体现出日内趋势的变化。

(3)当白线穿黄线向上叉,可以跟多做短线,反之跟空做短线,当白线远离黄线超过所做合约日内区间的 1/3 可以操作逆市单。

(4)当在黄线之上做多被套,止损点应该放置在黄色均线之下 2 个点之内。为什么是两个点?防止价格假突破,反之黄线之下做空被套止损点应设置在黄线之上 2 个点之内。

(5)黄色均价线位置为日内的关键点或者压力点、支撑点,可以根据此价格设置止损止盈以及顺势点。

二、看盘技巧

(一)缺口看盘技巧

缺口,又称之为跳空,是行情延续过程中经常出现的一种技术图形。当缺口出现以后,行情往往会朝着某个方向快速发展,该缺口也成为日后较强的支撑或阻力区域。因此,利用缺口对行情大势进行研判是期货交易过程中的一个重要手段。缺口按其形态通常可分为普通缺口、突破缺口、中继缺口和衰竭缺口四种。

(1)普通缺口是指没有特殊形态或特殊功能的缺口,它可以出现在任何走势形态之中,但大多数是出现在整理形态的行情中。它具有一个比较明显的特征,即缺口很快就会被回补。由于期货是双向交易,所以利用该特点,投资者可以把握一些短线的操作机会。

当向上方向的普通缺口出现之后,投资者可在缺口上方的相对高点附近做卖出交易,然后待缺口封闭之后再平仓买回;而当向下方向的普通缺口出现之后,投资者可在缺口下方的相对低点附近做买入交易,然后待缺口封闭之后再平仓卖出。

这种操作方法的前提是,必须判明缺口是否是普通缺口,而且必须是在宽幅振荡整理行情中,才能采取这种高抛低吸的策略。

(2)突破缺口是指行情向某一方向急速运动,脱离原有形态所形成的缺口。突破缺口的出现预示着后市将会出现一波爆发性的行情,因此针对突破缺口的分析意义极大。突破缺口的出现有两种情况,一是向上的突破缺口,二是向下的突破缺口。

①向上突破缺口。该缺口的特点是,突破时成交量明显增大,且缺口不被封闭。该缺口出现后,投资者可以大胆买入中线持有,并以缺口作为风险控制的止损价位。

②向下突破缺口。该缺口的特点是,向下突破时成交量明显增大,且缺口不被封闭。由于行情的下跌力量往往比较凶猛,所以一旦向下突破缺口形成,杀伤力比较大,应该引起足够的重视。当向下突破缺口出现后,如果投资者持有多单,应该立即果断地止损,并反手做空;如果投资者持有空单,则可以继续加码卖出,并中线持有,以缺口作为风险控制的止损价位。当向下突破缺口形成后,行情走势必将向纵深发展,踏上不归的熊途路。

(3)中继缺口是行情在向某一方向有效突破之后,由于急速运动而在途中出现的缺口。中继缺口出现后,行情会朝着原来的方向继续发展,并且发展距离大于或等于突破缺口至中继缺口之间的距离。由于中继缺口出现后短期内不被回补,所以投资者可在中继缺口出现后继续开仓或加码做买入或卖出交易,并以该缺口作为风险控制的止损价位。通常中继缺口具有以下特点:

①中继缺口是一种二次形态的缺口,它只能伴随突破缺口的出现而出现,即没有突破缺口,中继缺口也就不存在。

②中继缺口一般都不会被封闭。

③通过中继缺口可以大致测算行情未来的发展距离,即不小于突破缺口与中继缺口之间的距离。

(4)衰竭缺口一般出现在行情趋势发展的末端,是行情即将结束的信号。衰竭缺口的出现有时会伴随着反转行情的出现,在高位会出现岛形反转,在低位会出现 V 形反转。该缺口的显著特点是,出现在高位或低位,并且出现后短时间内很快被回补。根据以上特点,投资者可采取以下交易策略:

①当行情持续拉升并出现衰竭缺口时,在缺口被回补以后,投资者应该果断将手中的多单平仓,并反手在高位建立空单,中线持有,以该缺口作为风险控制的止损价位。

②当行情持续下跌并出现衰竭缺口时,在缺口被回补以后,投资者应该果断将手中的空单平仓,并反手在低位建立多单,中线持有,以该缺口作为风险控制的止损价位。

(二)内外盘的看盘技巧

投资者对于内外盘的分析是解析实时走势图的重要基础。内外盘的看盘技巧可归纳为以下几点:

(1) 当累计的内盘量逐步增加,且明显大于累计的外盘量时,代表卖压逐渐加重,短线期价容易向下测试支撑;当累计的外盘量逐步增加,且明显大于累计的内盘量时,代表买气逐渐升温,短线期价容易向上挑战压力。

(2) 一段时间内持续下跌的合约价格与成交量都是相对较低的,遂后成交量开始温和放量。如果外盘比内盘大,通常说明期价将会上涨;一段时间内持续上涨的合约价格处于较高价位,成交量巨大,并不能再继续增加,当日内盘数量放大,并且大于外盘数量时,期价将可能下跌。

(3) 在期价阴跌过程中,一般会有"外盘大、内盘小"的现象发生,此现象并不能作为期价会上涨的证据。原因在于庄家有时会用几笔抛单将期价打至较低位置,然后在卖一、卖二挂单,再自己买自己的卖单,造成期价暂时横盘或小幅上升。此时的外盘将明显大于内盘,使投资者认为庄家在吃货,而纷纷买入,结果次日期价继续下跌。反之,市场上出现"内盘大、外盘小"的现象,也不一定就可以说明期价将会下跌。因为市场上的庄家会采取"先拉高后低位挂买单"的操盘手法,从而使内外盘出现"内盘大、外盘小"的情况。这其实是庄家设计的一个圈套,投资者需要谨慎对待。

(4) 当日线上档有压力时,卖价的上五档出现大单高挂,但是期价不下跌,这往往是期价将起涨的先兆;当日线下档有支撑时,买价的下五档出现大单低挂,但期价不涨,往往是期价将下跌的先兆。

(5) 期价已上涨了较大的幅度,如某日外盘大量增加,但期价不上涨,投资者要警惕庄家制造假象,准备出货;当期价已下跌了较大的幅度,某日内盘大量增加,但期价不下跌,投资者要警惕庄家制造假象,假打压真吃货。

(6) 当期价涨停时,所有成交都是内盘,上涨的决心相当坚决,并不能因为内盘远大于外盘就判断出走势欠佳;而跌停时所有成交都是外盘,但下跌动力十足,因此,投资者也不能因为外盘远大于内盘就将其理解为走势强劲。

(三) 大手笔买卖单看盘技巧

1. 买一卖一的盘口特征

例一:棕榈油1809合约卖一5282元,只有20手挂单,买一5280元有5手挂单。成交价5282元、成交250手,而卖一处只减少了15手,显然此次成交是盘中对倒行为所致。

例二:棕榈油1809合约卖一5284元挂2000手,买一5280元挂1000手大单,然后不断上移,总是在卖一、买一中间相差一元,一旦出现5282元便吃掉,然后不再向上高挂,以显示抛压沉重,诱使投资者抛出筹码,以达到迅速建仓的目的。

2. 买二、买三、卖二、卖三的盘口特征

在盘面中不断有大单挂在卖三、卖二处,并且不断上撤,最后出现一笔大买单一口吃掉所有卖单,然后股价出现大幅拉升,此时主力一方面显实力,另一方面引诱跟风者买单,二者合力形成共振,减少拉升压力。

3. 小规模暗中吸筹的盘口特征

有时买盘较少,买一、买二、买三处只有10~30手,在卖单处也只有几十手,但大于买盘,却不时出现抛单,而买一并不是明显减少,有时买单反而增加,且价位不断上移,主力同时敲进买、卖单。此类期货品种一般蛰伏于低位,可作中线关注,在文华指数较弱时尤为明显,一般此类主力运作周期较长,且较有耐心。

4. 经常性机会大买单的盘口特征

多指大手笔买单而卖单较少的连续向上买单。卖一价格被吃掉后又出现抛单,而买一不见增加反而减少,价位甚至下降,很快出现小手买单将买一补上,但不见大单,反而在买三处有大单挂出,一旦买一被打掉,小单又迅速补上,买三处大单同时撤走,价位下移后,买二成为买一,而现在的买三处又出现大单(数量一般相同或相似)且委比是100%以上,如果此价位是高价位,则可以肯定主力正在出货。小单买进,大单卖出,同时以对敲维持买气。

5. 低迷期出现大单的盘口特征

首先,当某期货合约长期低迷,某日期价启动,卖盘上挂出巨大抛单(每笔经常上百、上千手),买单则比较少,此时如果有资金进场,将挂在卖一、卖二、卖三档的压单吃掉,可视为是主力建仓动作。注意,此时的压单并不一定是有人在抛空,有可能是庄家自己的筹码,庄家在造量吸引注意力。

6. 盘整时出现大单的盘口特征

当某期货合约在某日正常平稳的运行之中,期价突然被盘中出现的上千手大抛单砸至跌停板附近,随后又被快速拉起;或者期价被突然出现的上千手大买单拉升然后又快速归位。表明有主力在其中试盘,主力向下砸盘,是在试探基础的牢固程度,然后决定是否拉升。该期货合约如果一段时期总收下影线,则向上拉升可能性大,反之出逃可能性大。

7. 下跌后出现大单的盘口特征

某期货合约经过连续下跌,在其买一、买二、买三档常见大手笔买单挂出,这是绝对的护盘动作,但这不意味着该期货后市止跌了。因为在市场中,期价护是护不住的,"最好的防守是进攻",主力护盘,证明其实力欠缺,否则可以推升期货价格。此时,该期货合约价格往往还有下降空间。此时投资者可留意该期货合约,因为该合约套住了庄家,一旦市场转强,这种合约往往一鸣惊人。

(四)量价看盘技巧

成交量和持仓量的变化会对期货价格产生影响,期货价格变化也会引起成交量和持仓量的变化。他们之间的特定关系可以用下面6种关系进行描述。

(1)成交量、持仓量增加,价格上升,表明做多者买盘意愿的积极性超过做空者,那么短期内价格仍可能继续上涨。

(2)成交量、持仓量减少,价格上升,表示做空者积极平仓(止损),但多数做多者仍坚持守仓,价格短期内向上,但不久后可能回落。

(3)成交量增加,价格上升,但持仓量减少,说明做空者和做多者都在大量平仓,价格随时可能会下跌。

(4)成交量、持仓量增加,价格下跌,表明做空者抛空意愿的积极性超过做多者,短期内价格还可能下跌,但若抛售过度,则价格反而可能转跌为升。

(5)成交量、持仓量减少,价格下跌,表明做多者急于平仓,同时多数做空者仍坚持守仓,短期内价格将继续下跌。

(6)成交量增加,持仓量和价格下跌,表明大量做多者积极平仓(止损),而做空者也同时大量获利了结,当成交量明显放大时则价格可能转为回升。

另外,若当前(近期)的量价关系特征均不在上述 6 种关系中,则宜将量价关系"往历史更前的时间段"里去寻找特征,并以最近出现过的明显关系特征为判定标准,继续看多(或看空)。

(五)五档盘口看盘技巧

(1)在买五档上连续堆积 3 位数以上的买量而此时在卖五档却仅有不大于两位数的卖量,说明买方意愿强而且要买的人是期价越低越好,此时期货价格不会涨。

(2)在卖五档上连续堆积 3 位数以上的卖量而此时在买五档却仅有不大于两位数的买量,说明卖方意愿强而且要卖的人是期价越高越好,此时期货价格不会跌。

(3)在第 1 条中是很多人要买且期价也真上涨,是要让想低价买的人希望落空,这种情况完全是庄家所为,此时一定是已经过一段时间的调整即将结束,后边将会有一段时间上涨。

(4)在第 2 条中是很多人要卖且期价也真下跌,是要让想高价卖的人希望也落空,这种情况也是庄家所为,此时一定是已经过一段时间的上涨即将进入调整期,后边将会有一段时间横盘或下跌。

(5)委买、委卖五档不连续,经常断档、跳档,说明有强庄在控盘,涨跌都是按他的目标进行,委买经常断档要跌,委卖经常断档要涨,这要看庄家的控盘力度和意图来确定涨跌的多少。此时要从另一个角度来判断庄家控盘力度,如增减仓程度、K 线图的形态、趋势或形态等。

(6)当发现成交的数量根本没出现在委托的买卖五档里,叫飞档,它不是一般散户所能做到的,它反映了庄家是想涨还是跌的明确意图,机会不可放过。

(7)在买卖五档里一旦出现天文数字的档,有预告可能性:告诉你有大阻力,过去过不去不一定,如果真的越过去了就会有较大动作在后边,可能会大变脸。

(8)委买、委卖五档和成交量的关联是鱼水情,鱼是靠水养活的,在看 1～5 档发展的同时要观察量的发展,是同向还反方向,就是越涨量越大还是越跌量越大,它决定了期价的涨跌。

(9)虽然买卖五档分秒都在变,可我们不能只看一分一秒,要看一段时间。比如每隔一段时间里,放量一次。价格探底放量是庄家吸筹码。K 线在低处放量是要拉高,K 线在高处放量是要出货。

(10)涨停、跌停的时间、封单情况。如果是午前封的涨停,换手率不大于 8% 且封单量大于 6 位能封住,可不卖,明天必有高点。如果是收盘前半小时内封的那要看 K 线形态来确定,要防备明天低开,达不到今天的收盘价。如果就差几个最小跳动点,就步步下行,说明今天的涨停是为了出货,不是真涨。

(六)分时图看盘技巧

分时图看盘大概可分为三个时间段:

1. 开盘阶段

开盘阶段一般指开盘后一个小时的时间,其中最主要的时间应该是开盘最初的 30 分钟。在开盘阶段的影响因素包括昨日外盘走势(国外市场)和国内市场的最新消息。利用外盘走势的影响,并配合国内走势的特点,市场主力会打出一个合理的开盘价格,并展开构思的操作,之后,随着主力行动的逐步淡化到采取观望的态度,市场转而进入自我消化的阶段,会达成一种初步的共识。

2. 续盘阶段

续盘阶段是开盘半小时到收盘前半小时的大部分时间。续盘阶段的走势完全是由市场主力操作风格和操作思路所决定的。在没有极端变故产生的情况下,这种走势很难出现变化。

续盘阶段的走势可以分为两种情况:一种是有趋势势,另一种无趋势势。有趋势势是指当天走出自己独立走势的情况;而无趋势势是指当天没有自己独立走势的情况。

(1)有趋势势:可以分成两种情况,一种是单边市,另一种是震荡市。单边市是指市场走势出现一边倒的情况。在单边市场中,趋势的节奏基本上由多空的一方所控盘,控盘方在续盘阶段一直掌握市场脉搏,在哪开仓、在哪打压、在哪出仓,市场的运动显得井井有条,另一方完全处于被动挨打的局面,没有任何的还手之力(图2-6)。单边市中的成交量会比平时大很多,这是由于市场价格幅度的扩大引来短线资金的积极参与。这种情况出现时,会对主力从操作手法到资金的运作进行一个全面的检验。

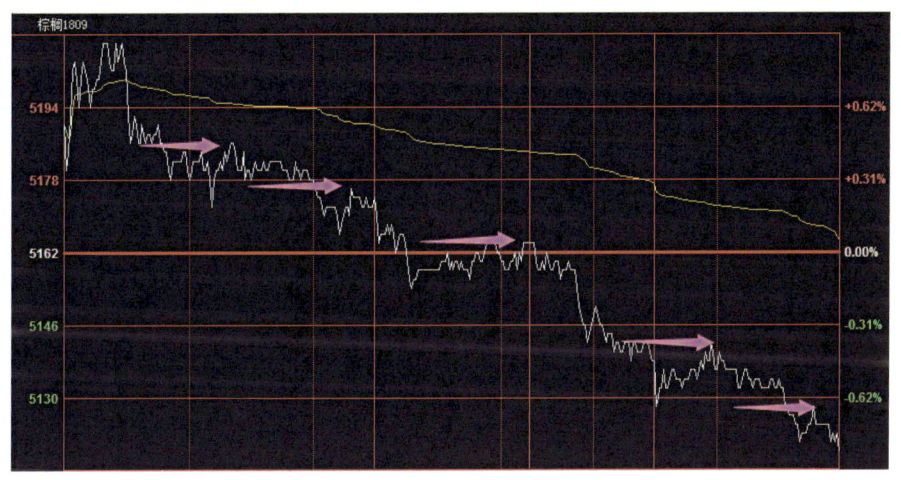

图 2-6 有趋势势

振荡市也属于有趋势势,是指在市场中没有哪一家能掌握盘面的主动,多空双方你来我往、互不相让,没有哪一方能明显地处于绝对的上风,而价格在争夺下呈现区间震荡的格局。

(2)无趋势势:是指在续盘阶段市场上主力资金几乎没有活动,而成交几乎都是由中小资金的成交构成的。在这种情况下,由于没有主力资金的参与,市场的成交量急剧萎缩,价格变动极为低迷,市场没有明确的行情走势。

无趋势势在大豆盘中较为常见,这源于国内大豆和美盘之间的相互影响,美盘的变化在开盘阶段已经足够反映了。而如果美盘没有什么特殊的变化,加之国内主力没有进一步的计划,市场也随之采取以不变应万变的策略,这就会造成大豆盘面出现无趋势势的格局。

3.终盘阶段

终盘阶段是指交易的最后 30 分钟,又可以分成两个各 15 分钟的走势。在第一个 15 分钟内,市场仍会受续盘阶段趋势的影响,可以算作续盘阶段的延续。如果续盘阶段是有趋势势,这一阶段的价格波动和成交量的变化会更加剧烈,并可能形成全天最活跃的交投区间。如果续盘阶段是无趋势势,这段时间行情也会从低迷中苏醒过来,转为逐渐活跃的情景。在最后的 15 分钟内,市场走势主要由平仓和对第二天的预期这两种动力所主导。由于短线平仓盘的原因,会造成价格振荡、持仓量下降的走势,这种变化对投资者的参考意义不大。而在预期的影响下,主力资金会发动一波短期的行情,这种行情会对第二天的开盘走势造成冲击,是投资者短线应该考虑的因素。

这三个阶段的分时走势基本上概括了日内走势的全部,形成了完整的日内价格走势图。由于市场是变化的,对于三个阶段的理解不应该以僵化的眼光进行看待。有时,主力会采取非常规的手法进行操作,但通过三个阶段的辨认,也会做到对这种变化了然于胸。总的来说,如果在分析盘面时,都能从以上三个阶段的特征进行考虑,盘面的一切变化就会变得越来越简单了。

第二节　主力机构常用操盘手法及散户跟踪技巧

一、主力机构常用操盘手法

由于期货市场中,主力机构具有控制盘面的能力,所以掌握主力机构的操盘手法及其战略战术是正确把握市况、正确预测市场的重要一环。一般意义上的主力机构通常是大的金融机构、基金、大经纪公司、贸易集团、大财团及少数坐拥重金的个人投资者。市场中大户最大的优势是资金实力雄厚,市场信息及政策动向准确,操盘手和技术分析能力及心态甚优,手段凶狠,但是主力机构持仓筹码大,开仓入市、平仓出场的难度也大,因此需要较长时间来完成整个过程。

(一) 对敲手法

对敲,即主力利用多个账号同时买进或卖出,人为地将期价抬高或压低,以便从中获益。当成交栏中连续出现较大成交盘,且委买卖盘中没有此价位挂单或成交量远大于实际委买卖盘中的挂单量时,则十有八九是主力刻意对敲所为,此时若期价在顶部多是为了掩护出货,若是在底部则多是为了激发活跃性。庄家对敲主要是利用成交量制造有利于庄家的期货价位,吸引散户跟进或卖出。庄家经常在建仓、震仓、拉高、出货、反弹行情中运用对敲。

(1)建仓时通过对敲的手法来打压期货合约价格,以便在低价位买到更多更便宜的筹码。在合约的 K 线图上表现为期价处于低位时,期价往往以小阴小阳沿 10 日线持续上扬。这说明有庄家在拉高建仓,然后出现成交量放大并且期价连续的阴线下跌,而期价下跌就是庄家利用大手笔对敲来打压期价。这期间 K 线图的主要特征是:合约价格基本是处于低位横盘(也有拉涨停的),但成交量却明显增加,从盘口看期价下跌时的每笔成交量明显大于上涨或者横盘时的每笔成交量。这时的每笔成交会维持在相对较高的水平(因为在低位进行对敲散户尚未大举跟进)。另外,在低位时庄家更多地运用夹板的手法,即上下都有大的买卖单,中间相差几个点,同时不断有小买单吃货,其目的就是让期货投资者觉得该合约抛压沉重、上涨乏力,而抛出手中筹码。

(2)拉升时利用对敲的手法来大幅度拉抬期价。庄家利用较大的手笔大量对敲,制造该期货合约被市场看好的假象,提升投资者的期望值,减少日后该合约在高位盘整时的抛盘压力(散户跟他抢着出货)。这个时期,散户投资者往往有买不到的感觉,需要高报许多价位才能成交,从盘口看小手笔的买单往往不容易成交,而每笔成交量明显有节奏地放大。强势期货合约的买卖盘均有 3 位数以上,期价上涨很轻快,不会有向下掉的感觉,下边的买盘跟进很快,这时的每笔成交会有所减少(因为对敲拉抬期价,不可能像吸筹时再投入更多资金,加上散户跟风者众多,所以虽出现"价量齐升",但"每笔成交"会有所减少)。

(3)震仓洗盘是因为跟风盘获利比较丰厚,庄家一般会采用大幅度对敲震仓的手法使一些不够坚定的投资者出局。从盘口看在盘中震荡时,高点和低点的成交量明显放大,这是庄家为了控制期价涨跌幅度而用相当大的对敲手笔控制合约价格造成的。

(4)当对敲拉高并经过高位的对敲震仓之后,期评家也都长线看好,期价再次以巨量上攻。这时庄家开始出货,从盘口看往往是盘面上出现的卖二、卖三上成交的较大手笔,而我们并没有看到卖二、卖三上有非常大的卖单,而成交之后,原来买一或者是买二甚至是买三上的买单已经不见了,或者减小了,这往往是庄家运用比较微妙的时间差报单的方法对一些经验不足的投资者布下的陷阱,散户吃进的往往是庄家事先挂好的卖单,而接庄家卖出的往往是跟风的散户。

(5)反弹对敲庄家出货之后,期货合约价格下跌,许多跟风买进的中小散户已经套牢,成交量明显萎缩,庄家会找机会用较大的手笔连续对敲拉抬期价(这时庄家不会像以前那样卖力了),较大的买卖盘总是突然出现又突然消失,因为庄家此时对敲拉抬的目的只是适当地拉高期价,以便能够把手中最后的筹码也卖个好价钱。

(二)对锁手法

对于主力资金来说,对锁不仅有控制价格的作用,更有控制风险的考量。以便不管期货价格向何方运动(或涨或跌)均不会使持仓盈亏再增减。这对于资金量巨大、盈亏金额高的主力是资金管理的一种重要工具。特别是具有控盘地位的主力机构,则有堪称"法宝"之功。主力利用锁仓操作来进行控盘谋取更大利益。主力机构大致有以下几种锁仓操盘手法:

1. 利用锁仓来挤兑散户

如果主力机构在某合约上控制了一定数额的多空头寸,即已经锁仓,那么,主力机构在对冲头寸的过程中就会引起价格的上下波动,特别是对冲操作有意识地集中在较短的时间内时,会使这种波动更加剧烈。当在较短的时间内大量对冲空单时,就会导致价格的急剧上升;反之,在较短的时间之内对冲多单就会导致价格急剧下跌。这就是我们曾经看到过的天胶、胶板等在一天之内出现从跌停板到涨停板,从涨停板到跌停板的大幅反复震荡的重要原因。在这种情况下,不管做多还是做空的散户都会不堪困扰而统统受到主力的挤兑。

2. 利用锁仓来掩护出货

由于期货合约有交割期而使得其炒作受到时间的强烈制约,在期货合约即将到期之际,持仓水平必须降低到一定的范围之内,否则,大量的实盘交割无论对于承接实盘的多头还是出让实盘的空头来说,都是一件非常困难的事,因此,多空双方都希望按照有利于自己的方式使持仓减下来,但事实上往往只有实力较大的一方才能实现自己的意志。比如,做多的人希望在高位出货,但大量的多头头寸对冲出局容易引发价格的回落,如何解决这个矛盾呢?如果做多的主力是资金实力相对较强的一方,就可以在有足够炒作时间的远期合约上通过对锁的方式将价格节节推高,在这种看多气氛条件下,没有时间退路的空头就会受到"价升量增"的暗示而自动止损,于是多头头寸正好吞食空头的止损盘而顺利出局。这种对锁头寸本身虽不增加什么利润,但可以有效地实现盈利头寸的出货,巩固既得利润。这里说明了掩护多头出货的情况,掩护空头出货的方法亦相同。

3. 利用锁仓来控制行情的发展

当主力机构已经取得一定数量的多头头寸（或空头头寸）之后，如果再继续以增加单边头寸推盘，容易造成头寸过大难于出局的被动后果，严重者甚至会深陷泥淖而不能自拔。但如果主力机构用对敲的方式突破关键价位，就会造成技术上一边倒的看法，从而引发大量的跟风盘，"众人拾柴火焰高"，使价格向一个方向发展，这时主力的原有头寸大获其利，同时又能安然出局。这种"诱导"散户跟风的做法，真正可以达到"太极高手"那种借力生力的效果。等到别人明白过来时，主力的单向头寸已经离场，只剩下任何价位均可对冲的对锁单，从而远离了风险。

4. 利用锁仓为行情反转做准备

期货行情的发展要受到现货价格的制约，不可能无限制地向一方发展，这就使得控盘的一方在享受较大利润的同时，也面临着较大的市场风险。于是，在拉抬或打压某合约的同时，在其他合约上建立反向头寸，来达到保险的目的，这就是通常所说的跨期套利。这也可以看成是锁仓的变通，即同月锁变成了跨月锁，这不仅避免了同月锁仓的盈利局限，而且还利于取得反向筹码，为翻仓做准备。

（三）洗盘手法

洗盘是指期货价格在一轮上升之后，主力通过股价的反复震荡来使市场相信庄家开始出货，从而引发市场获利盘和套牢盘的出局，以达到股价在某一相对高位进行自然换手、垫高市场平均持筹成本的目的，为股价的进一步上升减轻负担。下面以上涨趋势为例介绍主力常用的几种洗盘手法：

（1）打压洗盘。先行拉高之后实施反手打压，但一般在低位停留的时间（或天数）不会太长。

（2）边拉边洗。在拉高过程中伴随着回，将不坚定者震出。

（3）大幅回落。一般发生在大势调整时，机构会顺势而为，从而借机低价建仓。投机性较强的品种经常运用这种手法。

（4）横盘筑平台。在拉升过程中突然停止做多，使缺乏耐心者出局，一般持续时间相对较长。

（5）上下震荡。此手法较为常见，即维系一个波动区间，并让投资者摸不清主力的炒作节奏。

洗盘阶段K线图所显示的几点特征：

（1）大幅震荡，阴线阳线夹杂排列，市势不定；

（2）成交量较无规则，但有递减趋势；

（3）常常出现带上下影线的十字星；

（4）期价一般维持在主力持仓成本的区域之上。若投资者无法判断，短线可关注10日均线，非短线客则可关注30日均线；

（5）按K线组合的理论分析，洗盘过程即整理过程，所以图形上也都大体显示为三角形整理、旗形整理或矩形整理等形态。

二、散户跟踪技巧

（一）识别主力对敲

主力对敲的手法通常有两种，最常用的手法是使用两条交易跑道，同时对某一只期货合约发出买卖指令,价位与数量大致相同,这时庄家不预先挂单,因此有时大家在盯盘中会发现委托盘中的买、卖单都很小,成交量中却突然冒出大笔成交。另一种手法就是主力事先在委托盘中挂出一笔大的买单或卖单,然后一路打下去或买上来,迅速吃掉预埋的委托单,从而造成虚假的成交量。

由于许多投资者经常是孤立地、静止地看待成交量,即只注重当日的成交量与价位,主力就投其所好,利用对敲制造骗局来骗钱。又由于对敲与普通的大手成交具有相同的形式,比较容易隐蔽,难以辨别,因此给投资者造成不少麻烦。我们认为,研判主力对敲主要应该从成交量的放大情况以及价量配合的情况入手,主力对敲最直接的表现就是成交量的增加,但是由于掺杂了人为操纵的因素在里面,这种放量会很不自然,前后缺乏连贯性,在价量配合上也容易脱节,具体实践中,我们可以留意从以下几个方面分析:

(1)从每笔成交量上看,单笔成交数较大,经常为整数,例如100手、500手,买盘和卖盘的手数较接近,出现这样的情况,通常买卖方都是同一人,亦即是对敲行为。

(2)在邻近的买卖价位上并没有大笔的挂单,但盘中突然出现大笔成交,此一般为主力的对敲盘。

(3)期价无故大幅波动,但随即又恢复正常,如期价被一笔大买单推高几个点,但马上被打回原形,K线图上留下较长的长影线,这种情况多为主力对敲。

(4)期价突破放量上攻,其间几乎没有回档,价格一路攀升,拉出一条斜线。这明显有人为控制的痕迹,往往为主力对敲推高期价,待机出货。

(5)实时盘中成交量一直不活跃,突然出现大手笔成交,这种成交可能只有一笔或连续的几笔,但随后成交量又回到原先不活跃的状态,这种突破性的孤零零的大手成交量是主力的对敲行为。

(6)当卖一、卖二、卖三挂单较小,随后有大笔的买单将它们全部扫清,但买单的量过大,有杀鸡用牛刀之感,且期价未出现较大的升幅。这种上涨状态的大手成交是主力的对敲。

(7)当期价出现急跌,大笔成交连续出现,有排山倒海之势,往往是主力为洗盘故意制造恐怖气氛。

(8)期货合约价格刚启动上攻行情不久,涨幅不大,当天突破以大笔的成交量放量低开,且跌幅较大,此为主力对敲洗盘行为。

(9)整日盘中呈弱势震荡走势,买卖盘各级挂单都较小,尾盘时突破连续大手成交拉升,这是主力在控制收市价格,为明天做盘的典型对敲行为。

(10)上一交易日成交并不活跃的期货品种,当天突破以大笔的成交放量高开,此为主力为了控制开盘价格的对敲行为。

(二)识别主力洗盘

洗盘是为了吓出信心不足的散户筹码,主力必然会制造出疲弱的盘面假象,甚至是凶狠的跳水式打压,让人产生一切都完了的错觉,如此才会迫使散户在惊恐中抛出手中筹码。有意思的是在关键的技术位,主力又往往会护盘,这是为什么呢?答案很简单,主力要让另一批看好后市的人持仓,以达到垫高平均持仓成本的目的。下面以上涨趋势为例分析主力洗盘的几种常见特征:

1. 长上影线洗盘

这是主力拉升途中的一次较迅猛的洗盘手法。当期价有不小涨幅后，当日盘中主力快速拉升，但随后期价开始回落，盘口给人的感觉好像是主力已出货，而不用再维持期价。有时甚至翻绿，尾盘时有可能回升一点。在日K线上留下长长的上影线，给人似乎已见顶的感觉。

2. 缩量下跌

尽管图形被资金操纵的可能性较大，但成交量却很难伪装。因此从成交量辨识洗盘很重要。如果伴随着期价破位下行而成交量却越跌越缩量，甚至创出阶段性低量或极小量，那么洗盘的可能性就很大了。如果是变盘，那么在期价出现滞涨时成交量一般较大，而且在期价转向下跌走势后，成交量依然不见明显缩小。

3. 上升三角形整理

上升三角形是由于期价每次上升到一定价位即遭遇抛压，意图将筹码从散户的手中洗掉，主力则在一定的低位将其接住。这种情况下，期价不用跌到上次低点就开始反弹，由此低点不断提高。值得注意的是，上升三角形的上涨高点基本水平，而伴随着低点的不断提高，浮动筹码越来越少，成交量会不断萎缩，而在向上突破压力线时一般需要回抽确认。投资者可以适当地波段操作，以短暂地做空顺应主力洗盘的要求。

4. 关键价位

对主力来说，一般洗盘时某些关键价位不会跌穿，这种关键价位可能是上次洗盘的起始位置，因为已经洗过无须再洗，同时护着这个价位也意味着不给上次被洗出局的人有回补的机会。这种手法使得K线有明显的分层现象。

5. 重心不下移式洗盘

重心不下移也是判别洗盘与出货的显著标志。主力在洗盘时，并不希望将便宜的筹码交到别人手中，因此会反复地震荡，用难看又杂乱的图形将投资者震荡出局。如果是洗盘的话则无论日线收乌云线、大阴线、长上影、十字星等，或连续很多阴线，但重心始终不下移，即价位始终保持在某个区间之上运行。这种情况下投资者可以逢低介入，但跌穿了该区间则需要考虑可能是变盘。

6. 箱形/旗形整理洗盘

箱形整理指当期价上行至某价位时即遭到主力打压回调，下行到另一个价位时又有主力护盘或新多头吸纳。上档高点连接形成的水平阻力线和下档低点连接后形成的水平支撑线水平平行。旗形整理指期价在上升到相当的幅度后主力开始控盘打压价格，但期价下滑不多后主力开始护盘或者新多头入驻，期价继续上行，散户如果吃透主力意图则可以享受可观的收益。

7. 横盘震荡洗盘

横盘洗盘的目的，主要是让普通投资者卖出手中筹码。其手法是通过长时间的横盘震荡，来折磨普通投资者的持仓耐心和信心，所以绝大部分普通投资者在横盘震荡的区域向主力交出了手中的低价筹码。

8. 串阴洗盘

当期货价格处于一个缓慢的上升通道中，在经过一段时间的小幅拉升后，期价在上升途中的小阴线，但盘中成交量却逐步萎缩。串阴洗盘一般对应长阳突破，投资者可在这时选择进场。

校企合作案例

分时图是最直接、准确、真实的描述价格运行的工具。分时图不只是价格的连续走势的连线,它具有很强的参考价值,特别是对于做短线操作交易者来说简直是制胜"法宝"。分时图是最实用的技术指标,而且在市场中运用屡试不爽。一般来说,市场中的分时图大致可分为 8 种形态:

(1)穿线做多:实时价格线上穿均价线。(图 2-7)

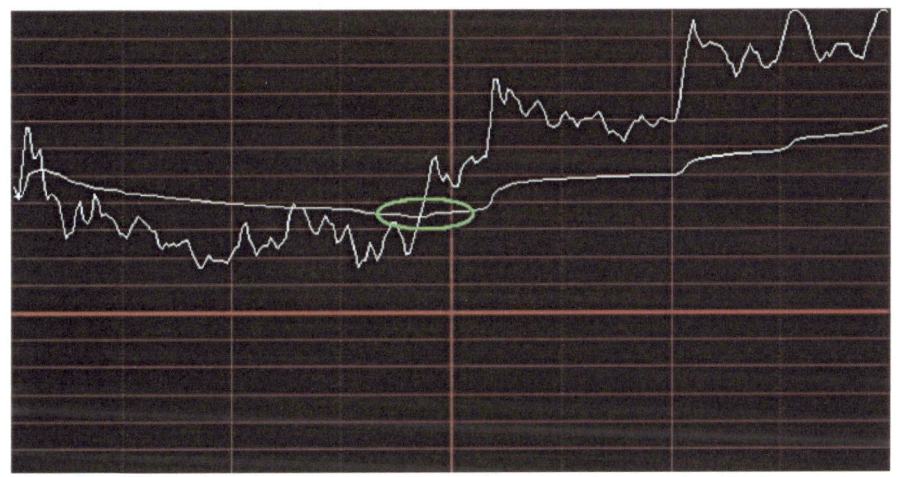

图 2-7　穿线做多

(2)破线做空:实时价格线下破均价线。(图 2-8)

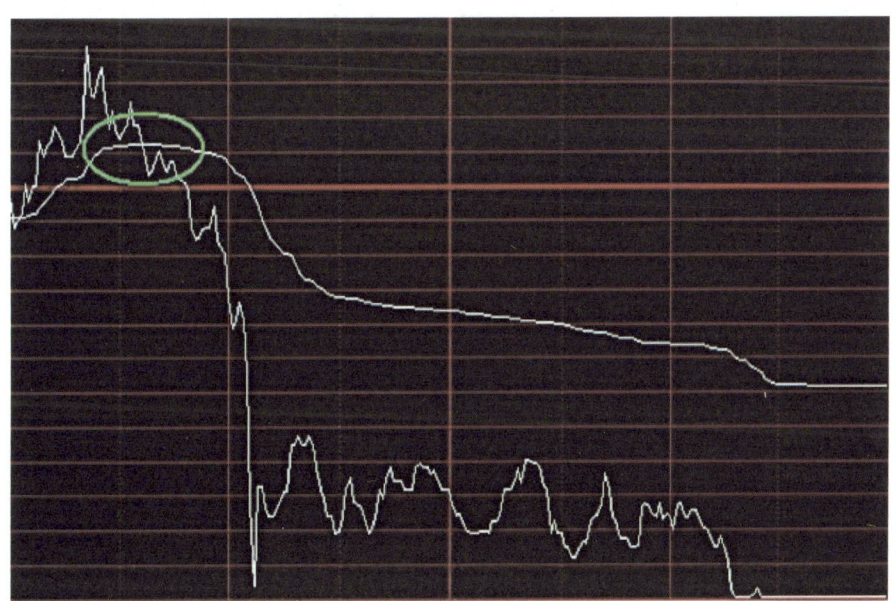

图 2-8　破线做空

(3)支撑做多:实时价格线在均价线附近上方多次受到支撑。(图2-9)

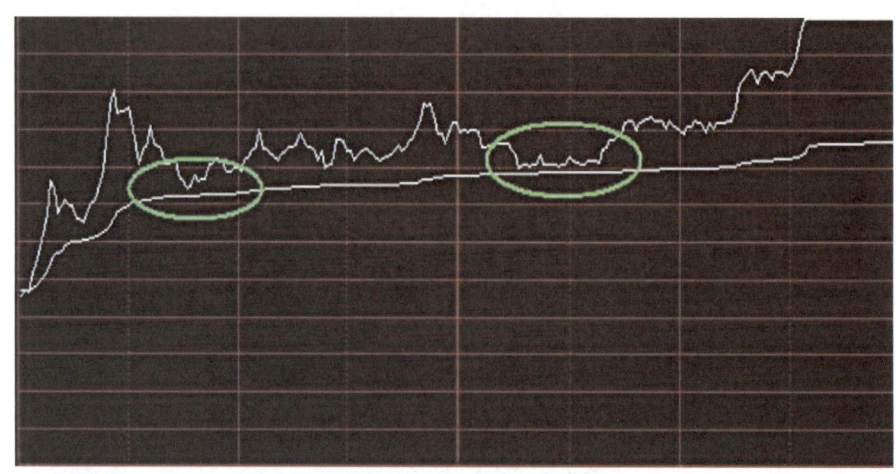

图2-9 支撑做多

(4)压力做空:实时价格线在均价线下方附近多次受到阻力。(图2-10)

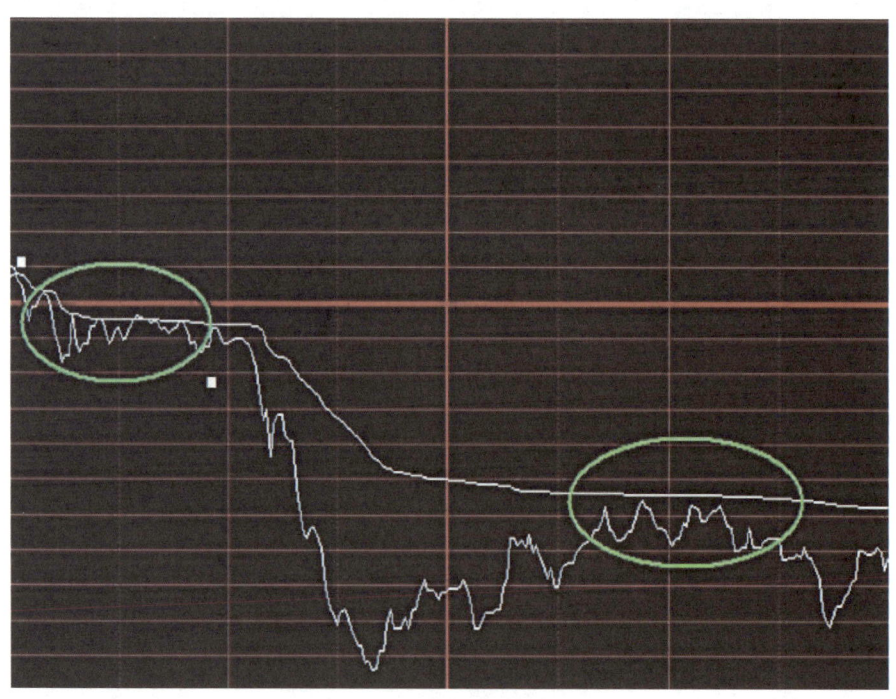

图2-10 压力做空

(5)急速勾头做空:实时价格线急速上涨但又快速勾头下走。(图 2-11)

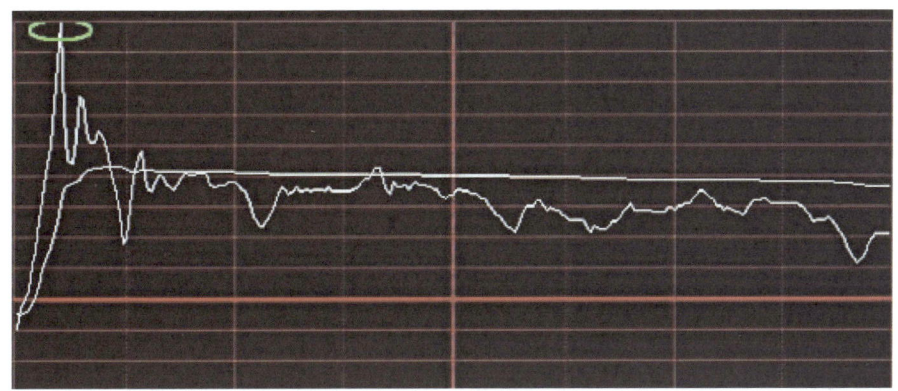

图 2-11　急速勾头做空

(6)急速勾头做多:实时价格线急速下跌但又快速勾头上走。(图 2-12)

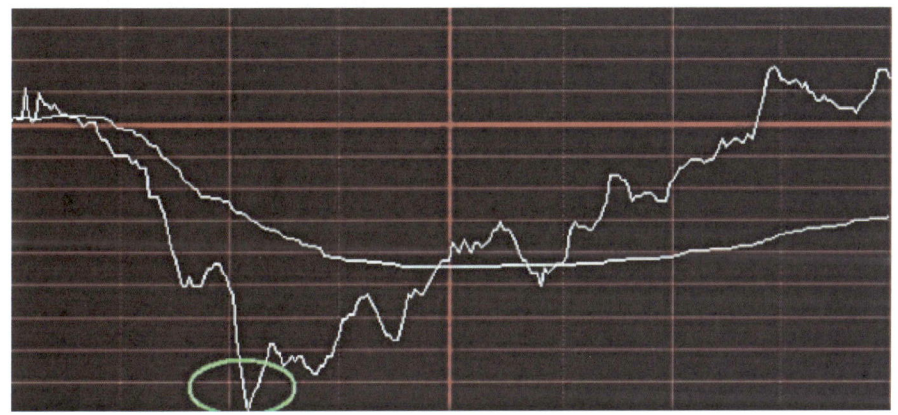

图 2-12　急速勾头做多

(7)破位做空:实时价格线下破前期低点。(图 2-13)

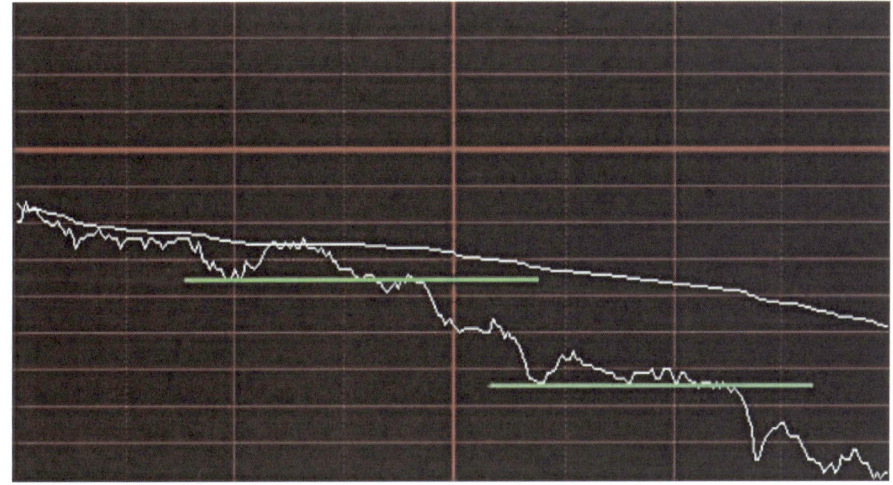

图 2-13　破位做空

(8) 破位做多：实时价格线上破前期高点。（图 2-14）

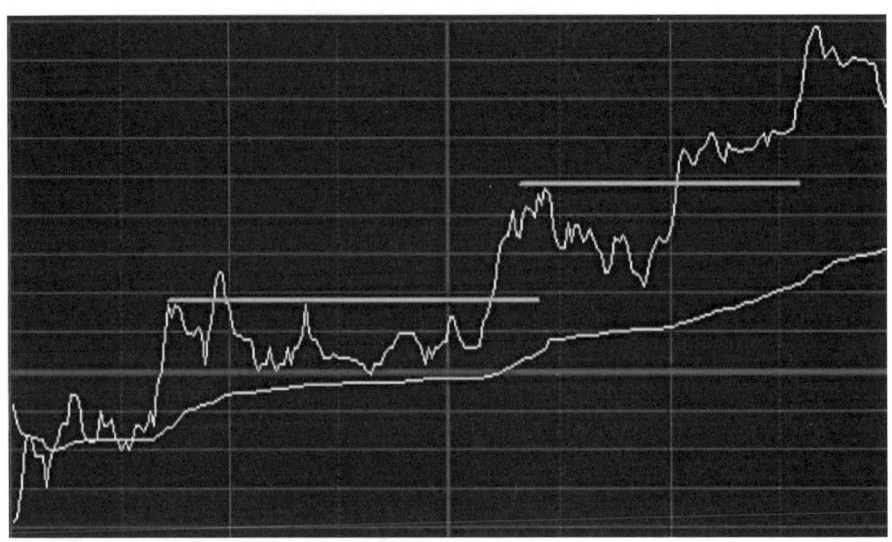

图 2-14　破位做多

第三章
常用理论分析选析

第一节 切线理论分析技巧

K线图是研究技术分析最基本也是最重要的工具,利用连续的K线图可以观察潮汐、趋势变化,更可以借由短线走势测知当时多空方向的力道。利用K线图的种种组合变化并加以分析,泛称"图形分析"。其中形态学是重要的图形分析技巧之一,为了分析形态的完成度与突破形态的力道,必须借助趋势线(切线)进行分析。

一、趋势分析技巧

(一)趋势的类型

趋势分为3种类型。

1. 主要趋势

主要趋势是趋势的主要方向,是投资者极力要弄清楚的目标。了解了主要趋势才能做到顺势而为。主要趋势是价格波动的大方向,一般持续的时间比较长。这是技术分析第二个假设所叙述的。

2. 次要趋势

次要趋势是在进行主要趋势的过程中进行的调整。趋势不会一成不变地直来直去,总有局部调整和回撤的过程,次要趋势正是完成这一使命的。

3. 短暂趋势

短暂趋势是在次要趋势的过程中所进行的调整。短暂趋势与次要趋势的关系就如同次要趋势与主要趋势的关系一样。

这三种类型的趋势的最大区别是时间的长短和波动幅度的大小上的差异。以上三种划分可以解释绝大多数的行情。对于更复杂的价格波动过程,以上三种划分可能还不够用。不过这不是很大的问题,可以继续对短暂趋势进行再细分。

如图3-1所示,点1、2、3、4表示了主要上升趋势。浪2—3代表主要上升趋势中的次要性调整。同时,每一个次要的浪也可划分成短暂趋势,例如,次要浪2—3可分成短暂浪$A-B-C$。

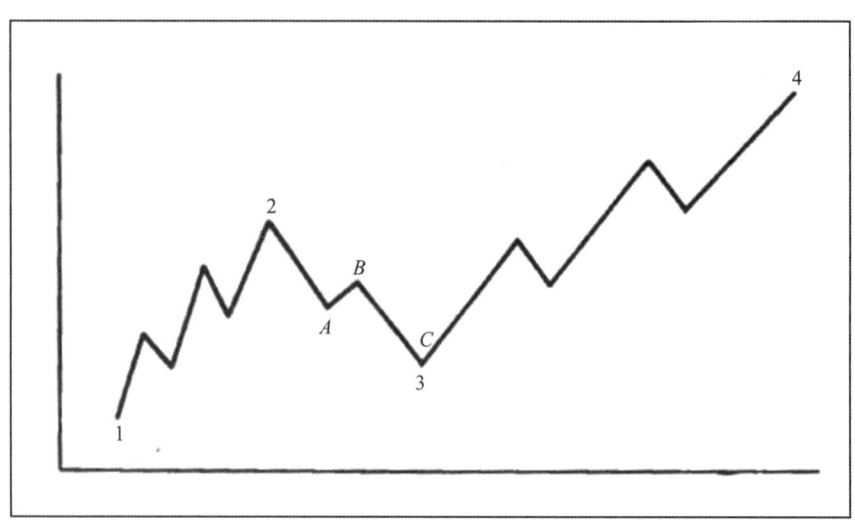

图 3-1　趋势类型

（二）趋势具有三种方向

趋势有三种方向：上升趋势、下跌趋势和横盘趋势。其中上升趋势（图 3-2）和下跌趋势（图 3-3）也被称为单边趋势；横盘趋势（图 3-4）则常被称为无趋势，这种无趋势理解为对原有趋势的消化，并酝酿新的趋势，越大级别的横盘趋势被突破之后，所产生的单边趋势往往也就越大。

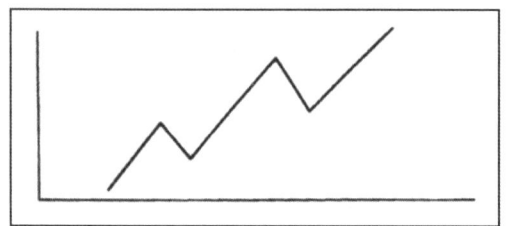

图 3-2　上升趋势——峰和谷均依次递升

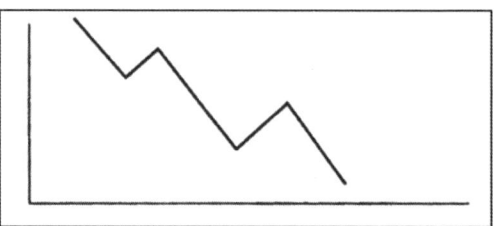

图 3-3　下降趋势——峰和谷均依次递降

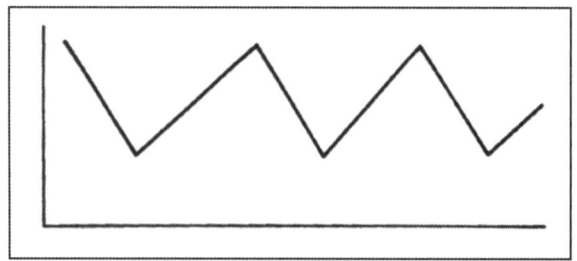

图 3-4　横向延伸趋势——峰和谷均水平延伸

(三)趋势线应用技巧

趋势线是利用走势波动中两个及两个以上的谷底,或是两个及两个以上的峰顶所取出的连线,属于顺势交易的技巧,同时得随走势的变化进行修正,以符合实际走势的最佳化。在画线时,如果是针对上涨的走势进行分析,画出来的趋势线大部分是利用谷底连线,反之亦然。虽然在上涨过程中,有时也会选择峰顶的连线观察,但该线条并非用在趋势转折的分析,而是用于判断走势的原始力道能否延续或增强。

虽然形态的完成与否是利用收盘价进行确认的,但在实际走势中的K线高低价位,仍然代表压力或支撑,所以在取趋势线时,除了至少要有两个关键点外,还以切过K线图的上下影线或是实体边缘为佳,但是不宜切进K线的实体内部,尤其是在画上升趋势线时,如果谷底的那笔是黑K线,切过收盘价的效果会比切过最低价或下影线还要好。

再则,当价格走势呈现相对较密集的震荡时,如果所画的趋势线能够穿越的上下影线越多,其可靠度会越佳。但无论如何,请注意趋势线可以切过实体边缘,但不要切过实体的原则。而突破或跌破趋势线要以收盘价作为有效突破或有效跌破的确认,特别是该条趋势线趋近于水平走势时。

1. 上升趋势线应用技巧

如图3-5所示,以能将标示A、C、E这三个谷底都切过为最佳,因此在画线时宜就当时走势进行最佳化调整,以便能够恰当地掌握当时实际走势。而在分析趋势是否有机会产生转折时,通常取A、C、E三点画上升趋势线,不取B、D、F画线。

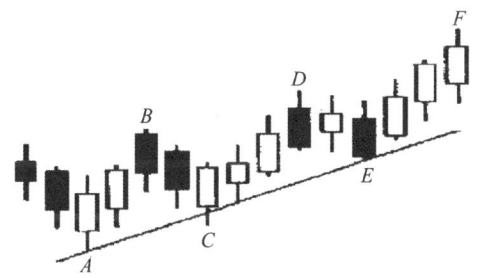

图3-5 上升趋势线的画法

2. 下降趋势线应用技巧

以能将标示A、C、E这三个峰顶都切过为最佳,因此在画线时,最好就当时走势进行最佳化调整,以便能够恰当地掌握当时实际走势。而在分析趋势是否有机会产生转折时,通常取A、C、E三点画下降趋势线,不取B、D、F画线,如图3-6所示。

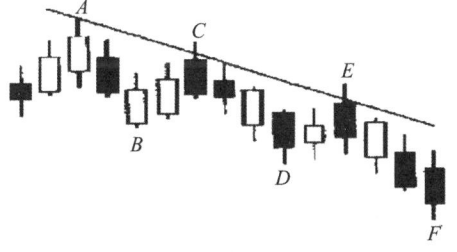

图3-6 下降趋势线的画法

3. 趋势线的角度应用技巧

趋势线的角度决定了当时走势的强弱。当所画出的上升趋势线角度较为平缓时，那么相对的涨势较为平缓，同时也不容易被跌破（图 3-7）；而上升角度较陡的趋势线，其相对的涨势会比较强势，但也容易被跌破（图 3-8）。前者虽然不容易被跌破，但跌破后往往是重要走势的转折，且后续不容易再创新高点；后者虽然容易被跌破，但跌破后往往只是走势结束进入盘整，后续仍有机会再创高点或是进行趋势线修正。因此，趋势线的角度力道，没有绝对的分析，只有相对的分析。

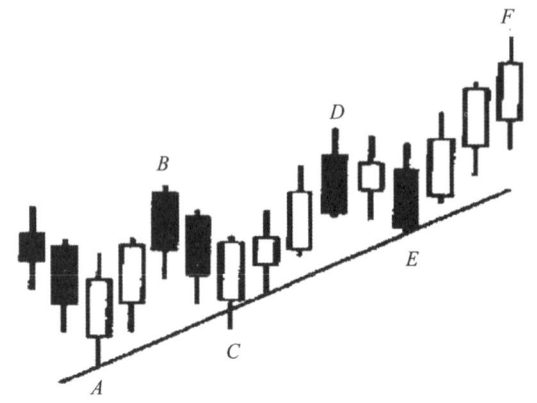

图 3-7　较平缓的上升趋势线

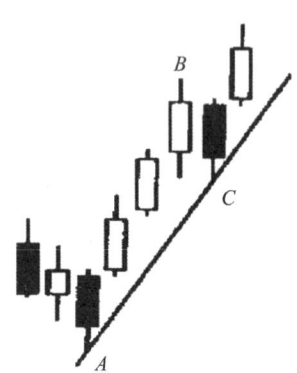

图 3-8　较陡的上升趋势线

二、支撑线与压力线分析技巧

（一）支撑与压力

所谓支撑，是当价格出现正反转走势时，取其正反转的最低点所画出的水平颈线。此支撑线无论在空头下跌过程中或是多头上涨过程中，都可以取用。在空头下跌过程中取出的支撑线，又称为"空头关卡"。（图 3-9）

所谓压力，是当价格出现负反转走势时，取其负反转的最高点所画出的水平颈线。此压力线无论在空头下跌过程中或是多头上涨过程中，都可以取用。在多头上涨过程中取出的压力线，又称为"多头关卡"。（图 3-10）

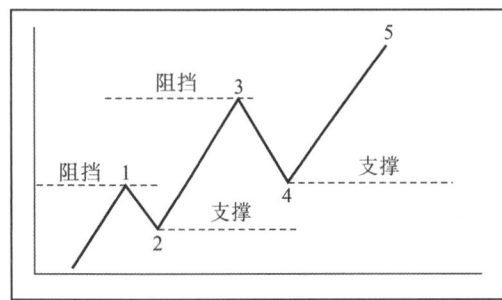

图 3-9　支撑

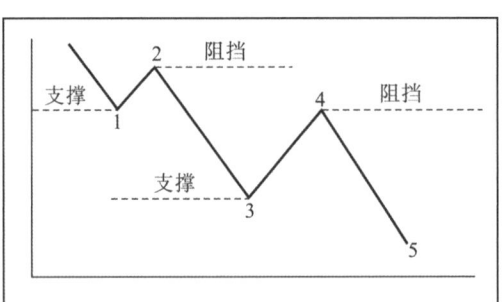

图 3-10　压力

(二)真突破与真跌破判断技巧

突破与跌破的行为,不在于价位突破或跌破多少百分比,或是突破或跌破几天,而在于关键价位的分析。

1. 真假突破与真假跌破的判断

所谓的真突破,必须针对压力或是关卡进行多头表态,也就是以明显的多头走势(如中长红的 K 棒)站上颈线,且当笔 K 线的收盘价必须收在颈线之上,而当笔 K 线的低点即观察点,未来股价没有跌破该低点,并满足某一个测量幅度时,就是真突破,反之则是假突破。

2. 真突破的应用

如图 3-11 所示,当中空线突破颈线,且收盘价收在颈线之上时,该笔 K 线即为关键 K 线,利用标示 B 的低点取一条水平线观察,未破该价位便判断价格为真突破。价格走势维持真突破的技术现象代表的意义是:利用当时走势进行某一个合理的目标值预估将会被完成。

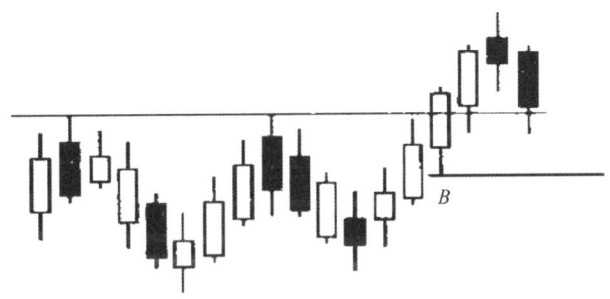

图 3-11 真突破

3. 真跌破的应用

如图 3-12 所示,利用相同观念思考可得:当中长黑棒线跌破颈线,且收盘价收在颈线之下时,该笔 K 线就是关键 K 线,利用标示 A 的高点取一条水平线观察,未过该价位便判断价格为真跌破。期价走势维持真跌破的技术现象代表的意义是:利用当时走势进行某一个合理的目标值预估将会被完成。

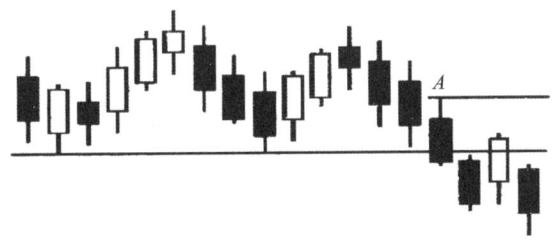

图 3-12 真跌破

(三)压力线与支撑线应用技巧

在支撑线与压力线的运用上,有所谓的"支撑压力交换律",也就是当压力被突破后,该趋势线将转换成支撑线;同理,当支撑线被跌破之后,该趋势线将转换成压力线。在这种交换律的运用上,只单纯思考趋势线的支撑与压力的变化,而不用考虑 K 线高低点的压力与支撑的意义。

1. 压力与支撑的转换

如图 3-13(a)所示,当股价上涨时取其谷底画出一条上升趋势线,在上升趋势线被跌破后,根据股价的惯性,有机会反弹回测原始的上升趋势线。请注意:原始的上升趋势线本来代表的是支撑,但在被跌破后将转变为压力,同时有机会反弹回测,但不代表一定会回测。而股价惯性反弹的极限通常被定位在该条趋势线,即在反弹触及后,应该规划走势容易进入止涨,除非再针对该趋势线呈现真突破信号。图 3-13(b)是相同道理,反过来使用即可。

图 3-13 压力与支撑的转换

2. 中心趋势线的应用

如图 3-14 所示,价格跌破上升趋势线后,期价进行惯性的反弹回测,但屡次触及该趋势线后股价均随即压回,那么这条趋势线就被称为"中心趋势线",这条趋势线的意义在于:

(1)如果期价针对该趋势线呈现真突破,则理应出现强势的多头行情。

(2)如果无法呈现真突破,又结束惯性反弹走势,则容易出现主跌段。

空方走势的分析只要将上述原则倒过来运用即可。其缺点是这样的波动不容易出现在实际走势中。

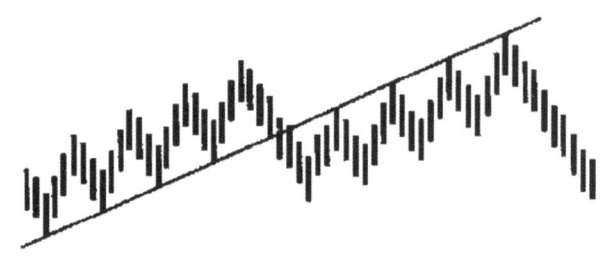

图 3-14 中心趋势线

3. 多头支撑区的应用

图 3-15 描述的是多头支撑区形成的情形。当价格经过盘整震荡后先呈现真突破的信号,接着进行回测的动作,测试支撑结束后再进行多头攻击走势,那么该支撑区将被定位成主力逢低进货区,属于未来价格上涨结束后进行波段回调时的重要观察区域。

4. 空头压力区的应用

图 3-16 描述的是空头压力区形成的情形。当价格经过盘整震荡后先呈现真跌破的信号,接着进行回测的动作,测试压力结束后再进行空头攻击走势,那么该压力区将被定位成主力逢高出货区,属于未来价格下跌结束后,进行波段反弹时的重要观察区域。

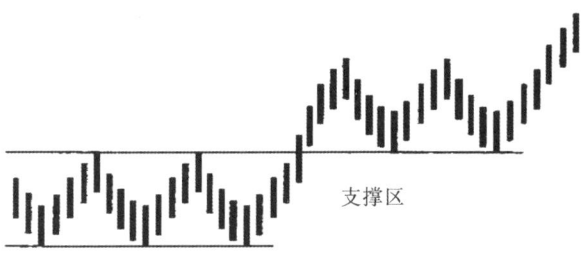

图 3-15　多头支撑区形成

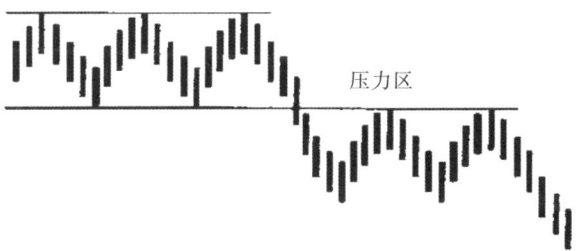

图 3-16　空头压力区形成

5. 空头密集交易区的应用

图 3-17 描述的是空头密集交易区形成的情形。当价格经过盘整震荡后呈现真跌破的信号，但是没有进行回测的动作，价格便直接出现暴跌的走势，那么该压力区将被定位成主力最后出货区或是多头反弹逃命区，属于未来价格下跌结束后，进行波段反弹时的重要观察区域。

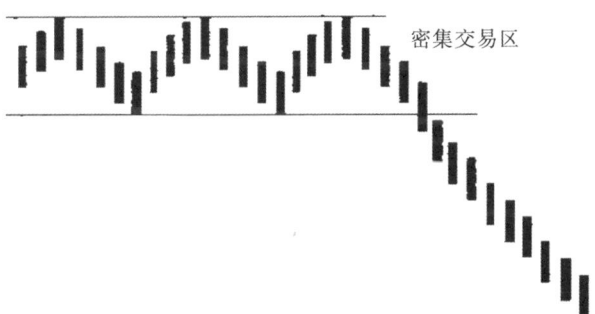

图 3-17　空头密集交易区形成

6. 多头密集交易区的应用

图 3-18 描述的是多头密集交易区形成的情形。当价格经过盘整震荡后呈现真突破的信号，但是没有进行回测的动作，价格便直接出现暴涨的走势，那么该支撑区将被定位成主力最后进货区或是空头回档逃命区，属于未来价格上涨结束后，进行波段回调时的重要观察区域。

7. 主力最后进货区的判断

图 3-19 是对上面几个图形的延伸说明：价格经过盘整震荡后，先呈现真突破的信号，让第一个盘整区间形成主力逢低进货区，接着进行回测的动作；回测过程中又再度出现另一个

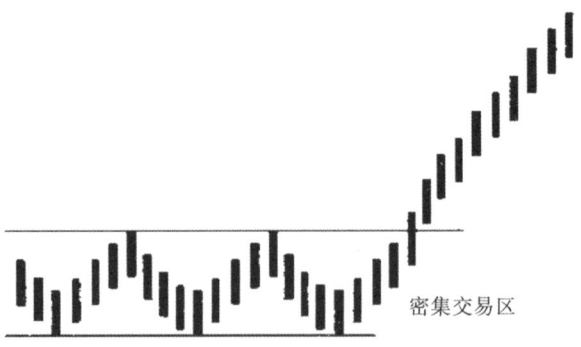

图 3-18 多头密集交易区形成

盘整震荡区域,接着再出现多头攻击信号为主攻段,那么完成回测动作但未将第一个支撑区间破坏的第二个整理区间,便是所谓的主力最后进货区或是空头回档逃命区。

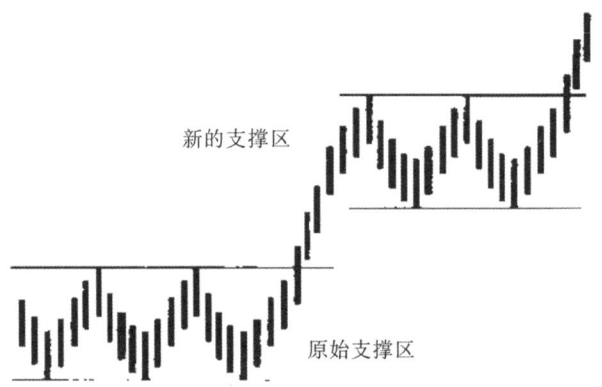

图 3-19 主力最后进货区形成

三、轨道线

所谓轨道线,是由趋势线所变化出来的,即,在上涨走势中,如果先利用谷底决定上升趋势线(此为支撑),再取平行线切过股价波动的上缘(此为压力),那么这两条线合称"上升轨道";在下跌走势中,如果先利用峰顶决定下降趋势线(此为压力),再取平行线切过股价波动的下缘(此为支撑),那么这两条线合称"下降轨道"。

在一个理想的价格波动过程中,价格应该维持在特定轨道内前进,无论当时轨道是往右上方还是往右下方倾斜,积极型的投资人都可以在轨道中以低买高卖的动作进行操作,直到轨道线形被破坏为止。

可以这样操作的原因在于轨道线具有支撑与压力的特性,通常接近或是穿越轨道线的上缘,容易产生调节卖压,属于压力参考;接近或是穿越轨道线的下缘,容易产生低接买盘,属于支撑参考。因此,在尚未破坏轨道走势以前,可以利用轨道线的观念,进行下一个落点的预估。

（一）轨道线的应用

除了以轨道线预估落点外，也可以根据数学观念计算推演实际的参考数据，常用的方法有加减计算与比例计算。加减法是利用近期两个邻近的转折高低点与前一波谷底，如图 3-20 中所标示的 B、C、A，即可以推算出标示 D 的数据，公式为 $D=B+C-A$。比例法公式为：$D=B\times C\div A$。

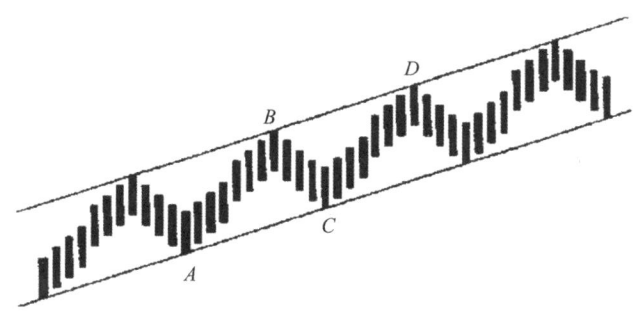

图 3-20　利用轨道线计算数据

当价格原本沿着平缓的上升轨道前进时，忽然突破轨道线的上缘，代表当时多方的买盘力道强劲，价格将有机会转换波动的轨道，进入一个角度较陡的轨道线，如图 3-21(a)所示。然而在实际运用轨道线上，价格并不会很标准地触及轨道线上缘或是下缘。如果在上涨过程中，股价碰触轨道线上缘被压回是正常情形，那么上涨时无法碰触到轨道线的上缘，就可以定位成多头相对弱势。相反地，在空头趋势也可以套用这样的观念，如下图 3-21(b)所示。

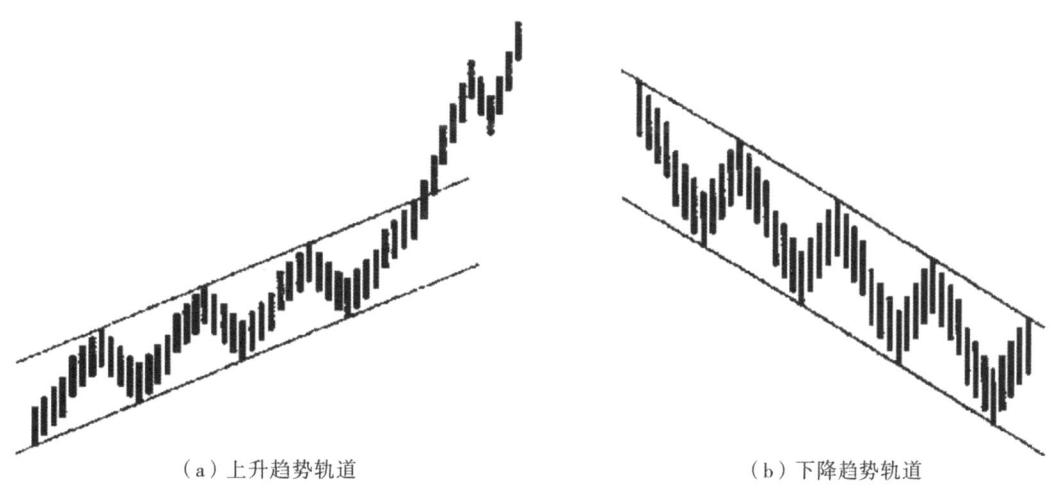

(a)上升趋势轨道　　　　　　　(b)下降趋势轨道

图 3-21　轨道线

（二）轨道线的循环模型

如果我们利用轨道线观察价格上涨与下跌的循环过程，将会发现整个循环是由不同角度的轨道所串联起来的，图 3-22 代表价格波动时轨道转换的基本模型。当价格下跌一段时间后,正常情况下,波动会逐渐走平,接着出现突破走势,价格进入缓涨的轨道内,再从缓涨的轨道转换成急涨的轨道,而在买进力道消逝后,价格再进入缓涨并接着走平,随即进入下一个循环。

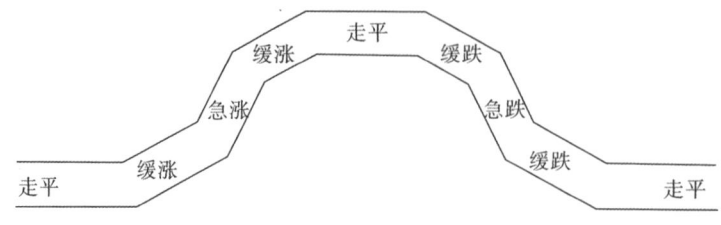

图 3-22　轨道转换的基本模型

因此,我们可以观察当时轨道的角度,估计趋势强弱程度,同时根据真假突破或真假跌破分析轨道是否出现转换。

四、缺口

缺口是指价格在快速大幅变动中有一段价格没有任何交易,显示在 K 线图上是一个真空区域,这个区域称之"缺口",通常又称为跳空。当价格出现缺口,经过几天,甚至更长时间的变动,然后反转过来,回到原来缺口的价位时,称为缺口的封闭,又称补空。

在上升趋势中,如果当日的最低价格高于前一日的最高价。向上跳空表明市场坚挺。

在下降趋势中,对应情况是当日的最高价格低于前一日的最低价。向下跳空通常是市场疲软的标志。

缺口有四种类型:普通缺口、突破缺口、中继缺口(或测量缺口)、衰竭缺口。

(一)普通缺口的应用

通常在密集的交易区域中出现,因此许多需要较长时间形成的整理或转向形态(如三角形、矩形等)都可能有这类缺口形成。普通缺口并无特别的分析意义,一般在几个交易日内便会完全填补,它只能帮助我们辨认清楚某种形态的形成。普通缺口在整理形态要比在反转形态时出现的机会大得多,所以当发现发展中的三角形和矩形有许多缺口,就应该增强它是整理形态的信念。

(二)突破缺口的应用

当一个密集的反转或整理形态完成后突破盘局时产生的缺口是突破缺口。当价格以一个很大的缺口跳空远离形态时,这表示真正的突破已经形成了,因为错误的移动很少会产生缺口,同时缺口能显示突破的强劲性,突破缺口愈大,表示未来的变动强烈。突破缺口的分析意义较大,经常在重要的转向形态,如头肩式的突破时出现,这种缺口可帮助我们辨认突破讯号的真伪。如果价格突破支持线或阻力线后以一个很大的缺口跳离形态,可见突破十分强而有力,很少有错误发生。形成突破缺口的原因是其水平的阻力经过长时间的争持后,供给的力量完全被吸收,短暂时间缺乏对手单,投资者被迫要以更高价做多或更低价做空。

假如缺口发生前有大的交易量,而缺口发生后成交量却相对地减少,则有一半的可能是缺口不久后将被封闭,若缺口发生后成交量并未随着价格远离缺口而减少,反而加大,则短期内缺口将不会被封闭。

(三)中继缺口的应用

在上升或下跌途中出现缺口,可能是中继缺口。这种缺口不要和突破缺口混淆,任何离开形态或密集交易区域后的急速上升或下跌所出现的缺口大多是持续性缺口。这种缺口可帮助我们估计未来后市波幅的幅度,因此亦称为量度性缺口。中继缺口的技术性分析意义最大,它通常是在价格突破后远离形态至下一个反转或整理形态的中途出现,因此中继缺口能大概预测价格未来可能移动的距离,所以又称为量度缺口。其量度的方法是从突破点开始,到中继缺口始点的垂直距离,就是未来价格将会达到的幅度。价格未来所走的距离和过去已走的距离大致相等。

(四)衰竭缺口的应用

和中继缺口一样,衰竭缺口是伴随快的、大幅的价格波幅而出现的。在急速的上升或下跌中,价格的波动并非是渐渐出现阻力,而是愈来愈急。这时价格的跳升(或跳位下跌)发生的缺口就是衰竭缺口。(图 3-23)通常衰竭缺口大多在恐慌性抛售或消耗性上升的末段出现。衰竭缺口的出现,表示价格的趋势将暂告一段落。如果在上升途中出现,即表示快要下跌;若在下跌趋势中出现,就表示即将回升。不过,衰竭缺口并非意味着市道必定出现反转,仅意味着有转向的可能。

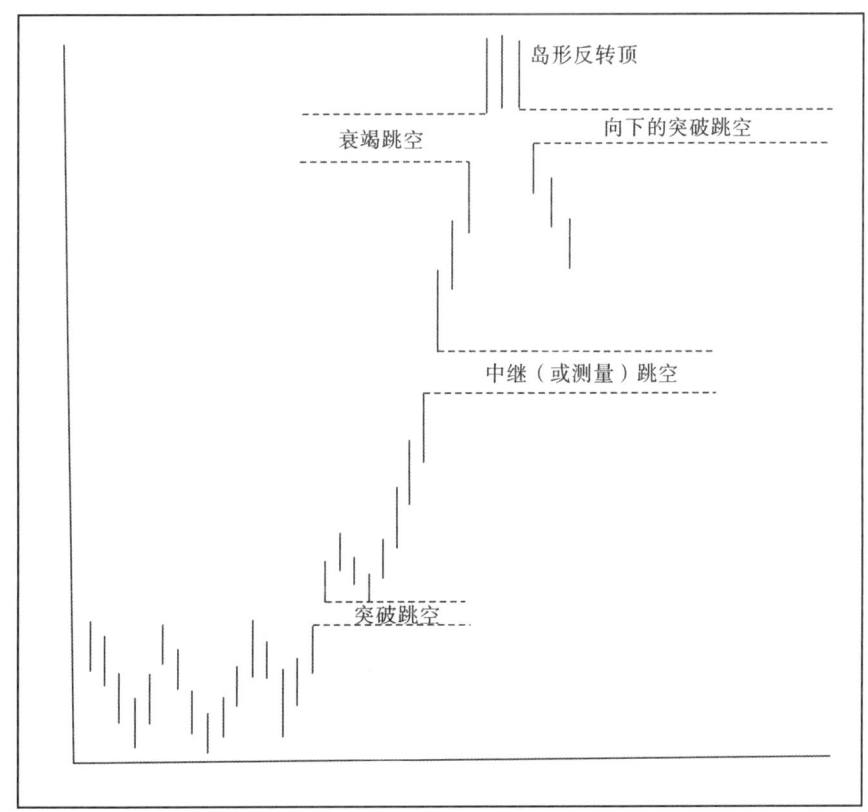

图 3-23 衰竭缺口

在衰竭缺口发生的当天或后一天,若成交量特别大,而且趋势的未来似乎无法随成交量而有大幅的变动时,这就有可能是衰竭缺口。假如在缺口出现的后一天其收盘价停在缺口之边缘形成了一天行情的反转时,就更可确定是衰竭缺口了。

衰竭缺口很少是突破前一形态大幅度变动过程中的第一个缺口,绝大部分的情形是它的前面至少会再出现一个中继缺口。因此可以假设,在快速直线上升或下跌变动中期出现的第一个缺口为中继缺口,但随后的每一个缺口都可能是衰竭缺口,尤其是当这个缺口比前一个空距更大时,更应特别注意。

衰竭缺口是价格大幅变动中途产生的,因而不会于短时期内封闭,但是衰竭缺口是变动即将到达终点的最后现象,所以多半在2～5天的短期内被封闭。

第二节 形态理论分析技巧

形态理论是技术分析的重要组成部分,它通过对市场横向运动时形成的各种价格形态进行分析,并且配合成交量的变化,推断出市场现存的趋势将会延续或反转。价格形态可分为反转形态和持续形态,反转形态表示市场经过一段时期的酝酿后,决定改变原有趋势,而采取相反的发展方向,持续形态则表示市场将顺着原有趋势的方向发展。形态理论是通过研究价格所走过的轨迹,分析和挖掘出曲线的一些多空双方力量的对比结果进行投资。

一、反转形态的应用

反转形态是指价格改变原有的运行趋势所形成的运动轨迹。反转形态存在的前提是市场原先确有趋势出现,而经过横向运动后改变了原有的方向。反转形态的规模,包括空间和时间跨度,决定了随之而来的市场动作的规模,也就是说,形态的规模越大,新趋势的市场动作也越大。在底部区域,市场形成反转形态需要较长的时间,而在顶部区域,则经历的时间较短,但其波动性远大于底部形态。交易量是确认反转形态的重要指标,而在向上突破时,交易量更具参考价值。

常见的反转形态有:双重顶(底)、三重顶(底)形态、头肩顶(底)、圆弧底形态和V形反转。本节就以底部反转形态为例进行说明,头部形态与底部形态在辨识上有互为倒影的关系,不再另述。

(一)双重底形态的应用

如图3-24,由于双重底走势的形状与英文字母"W"相似,故又被称为"W底"。本形态为底部形态之王,因为它最容易被辨识,但也最容易被误判。

1. 双重底形态的形成

在价格下跌到某一个价格水准之后(图3-24标示L_0),开始进行短线反弹并止涨于标示H_0的位置;价格接着压回测试前波低点附近的支撑,但是并没有再度创下新低点,形成标示L_1的谷底,即维持$L_1 \geq L_0$的状态;最后再从L_1开始上涨,并突破经过H_0的水平颈线,至此,双重底的形态才算初步完成。

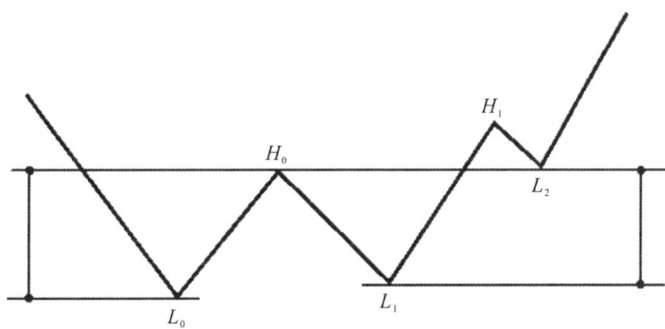

图 3-24　双重底

因为双重底形态的顶点只有一个,因此水平颈线经过 H_0 高点的那一条,通常没有修正的必要。如果在突破颈线之后,且尚未满足目标之前,先出现止涨压回,即标示 H_1 至 L_2 这段的走势,通常将其称为"回测""反扑",亦可以视为"短线洗盘"。但无论如何,L_2 的讯号不得破坏真突破的技术现象。而本形态在出现后,不一定会造成整个走势扭转,也可能只是短期反弹或是引起中期反弹波动而已。

2. 双重底形态成立的特征

(1)双底是下跌趋势结束前出现反弹,然后再度下跌,跌势趋于缓和,在前次低价附近止住,开始向上涨升。

(2)突破颈线时出现大的多头持仓量,也就是双重底从第二个底部上升时的多头持仓量会高于第一底部上升时的多头持仓量,双重底得以确认。

3. 双重底形态的应用

(1)双底不一定都是反转信号,有时也会是整理形态,如果两个低点出现时间非常近,在它们之间只有一个次级上升,大部分属于整理形态,价格将继续朝原方向进行变动。相反地,两个低点产生时间相距较远,中间经过几次次级下跌,反转形态形成的可能性大。

(2)在双重底时,价格从第二谷底上升超过顶点的价格,则必为反转形态。

(3)双底完成后,突破颈线幅度超过 3 根 K 线收盘价在颈线之上,是有效突破。

(4)双重底形态成立后上涨的最小幅度为波谷与波峰之间的垂直距离,也就是达到最低价与颈线间的差距后,涨势才能稍止。

(二)三重底形态的应用

1. 三重底形态的形成

如图 3-25 所示,所谓的三重底就是比双重底多一只脚。价格走势发生的背景与双重底几乎相同,只是从标示 L_1 开始上涨后,遭逢标示 H_0 的水平颈线时,只是以上影线穿越、价格相等或是攻击失败形成黑 K 线,同时止涨拉回修正,却又没有跌破第二只脚的谷底,因此形成了第三只脚。

就形态而言,其谷底应该呈现 $L_2 \geqslant L_1$,且 $L_1 \geqslant L_0$ 的现象。然而如果因为标示 H_1 的止涨点有可能曾经在盘中穿越经过 H_0 高点的水平颈线,因此怀疑是三重底形态时,可以针对标示 H_0 和 H_1 的实际情形进行颈线调整。

调整颈线时,颈线略有倾斜是可以接受的,但强烈建议尽量取水平颈线观察,调整时的重点在于可以同时切过形成两个高点的 K 线实体上缘或是上影线的端点。

三重底的形态常常被进行形态分析者定位为三角形,就像复合式双重底中所述。但严格来说,三角形属于整理形态,而不属于底部反转形态。

此外,三重底也如同双重底一般,需要针对颈线以明显的多头攻击作为突破讯号,在攻击后,未满足基本目标以前,部分走势会有回测颈线的现象,同时这三只脚的间距也会有大致相等的特性。

本形态不宜与复合式双重底混淆,两者之间的差异在于三重底的颈线只有一条,而复合式双重底的颈线因针对不同形态进行绘制,所以会呈现明显的、在不同位置的两条颈线。

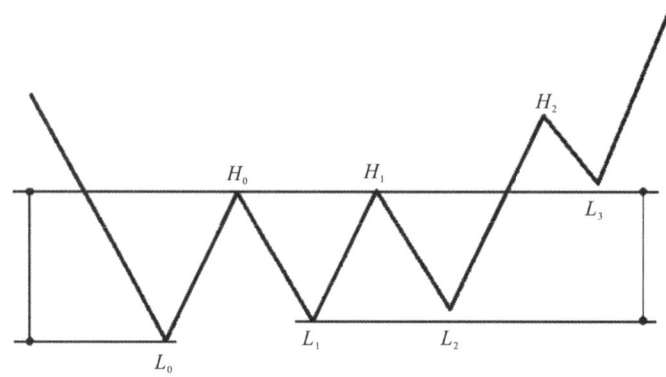

图 3-25 三重底

2. 三重底形态成立的特征

(1)价格从三重底的第三个底部上升时,成交量是否能持续性温和放大;

(2)价格在向上突破颈线位的瞬时成交量是否能够迅速放大;

(3)三重底的低点到颈线位的距离。距离越远,形态形成后的上攻力度越强;

(4)价格在底部的盘旋时间,通常股价在底部盘旋的越久,其上涨力度越大。

3. 三重底形态的应用

(1)三重底形态的三次低点时间,通常至少要保持在 10~15 个交易日以上,如果时间间隔过小,往往说明行情只是处于震荡整理中,底部形态的构筑基础不牢固,即使形成了三重底,由于其形态过小,后市上攻力度也会有限。而近期的三重底的第一低点和第二低点之间间隔 9 天,第二低和第三低点之间间隔 11 天,只是勉强符合标准。

(2)三重底的三次上攻行情中,成交量要呈现出逐次放大的势态,否则极有可能反弹失败。如果价格在构筑前面的双底形态时,在期间的两次上升行情中,成交量始终不能有效放大的话,将极有可能导致三重底形态的构筑失败。

(3)在三重底的最后一次的上攻行情中,如果没有增量资金积极介入的放量,仍然会功败垂成。所以,三重底的最后一次上涨必须轻松向上穿越颈线位时才能最终确认。价格必须带量突破颈线位,才能有望展开新一轮升势。

投资者在实际操作中不能仅仅看到有三次探底动作,或者已经从表面上形成了三重底,就一厢情愿地认定是三重底而盲目买入,这是非常危险的。因为,有时即使在走势上完成了形态的构造,但如果最终放量不能突破其颈线位的话,三重底仍有功败垂成的可能。三重底由于构筑时间长,底部较为坚实。因此,突破颈线位后的理论涨幅,将大于或等于低点到颈线位的距离。所以，投资者需要耐心等待三重底形态彻底构筑完成，价格成功突破颈线位之后，才是最佳的建仓时机。大可不必在仅有三个低点和形态还没有定型时过早介入，虽然有可能获取更多的利润，但从风险收益比率方面计算，反而得不偿失。

(4) 三重底形态最佳买入时机的建议

①在价格有突破颈线位的确定性趋势并且有成交量伴随时是激进型投资者买入时机；

②在价格已经成功突破颈线位时是成熟型投资者买入时机；

③在价格已经有效突破颈线位后的回档确认时是稳健型投资者买入时机。

(三) 头肩底形态的应用

1. 头肩底形态的形成

如图 3-26 所示，在一个激烈的下跌走势或是较长周期的空头市场修正末端，因为价位过低，持仓者开始出现惜售现象，如此一来，会使筹码逐渐稳定，此时若出现抢跌深反弹的买盘进驻，价格便会呈现跌深反弹的走势，此即标示 L_0 至 H_0 的波段，称为"左肩"。当价格反弹告一段落，抢短线的买盘出场，使价格再度恢复下跌走势，且创下新低点，即标示 L_1 的位置时，随后再度出现上涨走势，这段涨势将相对明显，且幅度也较 L_0 至 H_0 这段大，通常会上涨靠近或是超过标示 H_0 位置止涨形成 H_1 的高点，而标示 L_1 的这个谷底便称为"头"。从标示 H_1 高点开始下跌的走势，其幅度将不会大于前一段上涨，即下跌的终点 L_2 不会跌破 L_1 的谷底，此处称为"右肩"。

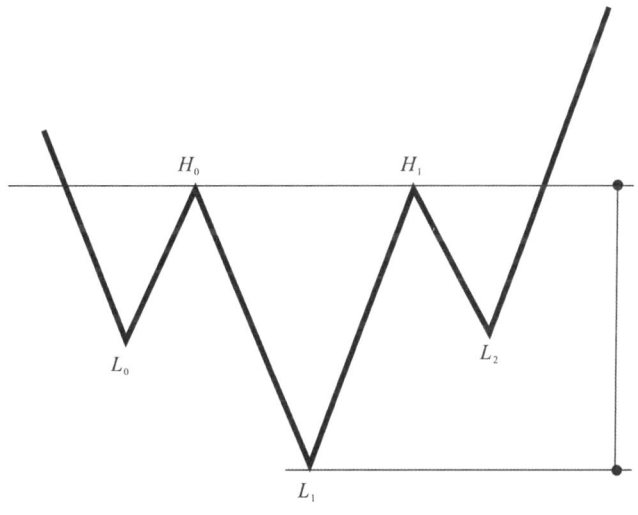

图 3-26　头肩底

头肩底的标准形态是使 L_2 的低点与 L_0 的低点呈现对称的情形，即时间对称或是价位对称，同时会出现指标讯号暗示 L_2 的支撑成立，最后再以多头攻击的 K 线突破颈线作为形态完成的确认。

因为颈线经过标示 H_0 和 H_1 两个高点，所以可以接受颈线走势略为倾斜，也就是可以根据实际走势进行修正，其原则是切过的上影线越多，颈线将越可靠，但是颈线不得切过两个止涨高点附近的 K 线实体之内。

如图 3-27(a) 所示，当取出来的颈线向右下方倾斜时，代表当时市场买气仍弱，未来被估计的涨升幅度较小;而取出来的颈线若是如图 3-27(b)向右上方倾斜,代表当时市场买气已经逐渐转强,未来被估计的涨升幅度较大。但要注意,此形态突破颈线的那笔 K 线低点,往往在回测时被测试甚至跌破,后续的走势有的形成上涨失败,有的则持续上涨,因此遇到颈线向右上方倾斜时,对潮汐与波浪的定位,需要更加严谨,以避免操作时进退失据。

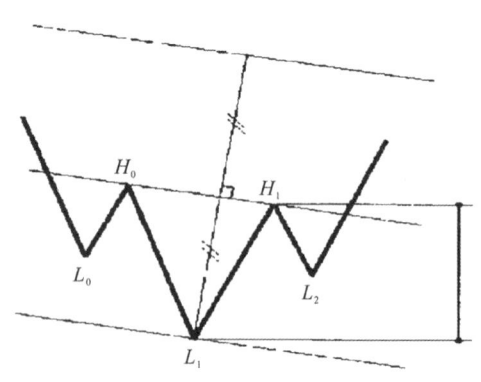

(a)颈线向右下方倾斜　　　　　　　(b)颈线向右上方倾斜

图 3-27　头肩底形态

2. 头肩底形态成立的特征

在空头市场中,看空做空的力量不断下压,价格连创新低,出现一定递增成交量,由于已有一定的跌幅,价格会出现短期的反弹,但反弹时成交量并未相应放大,主动性买盘不强,形式上还受到下降趋势线的压制,这就形成了"左肩";接着价格又再增量下跌且跌破左肩的最低点,之后随着股价继续下挫,成交量和左肩相比有所减少,说明下跌动力有所减小,之后价格反弹,成交量比左肩反弹阶段时放大,冲破下降趋势线,形成"头部";当价格回升到左肩的反弹高点附近时,出现第三次的回落,这时的成交量很明显少于左肩和头部,价格回跌至左肩的低点水平附近时,跌势便基本稳定下来形成"右肩";最后价格正式发动一次升势,伴随成交量增加,有效突破颈线阻挡,成交量更是显著上升,整个形态便告完成,一波较大涨势即将来临。

(1)头肩底形态的形成时间较长且形态较为平缓,不像头肩顶形态那样剧烈而急促的形成;

(2)头肩底形态的总成交量比头肩顶形态的总成交量要少,这是由于底部供货不足而顶部恐慌抛售所致;

(3)头肩底形态突破颈线时必须要有量的剧增才能算有效,而头肩顶形态突破颈线时则可以是无量下跌;

(4)头肩底形态的价格在突破颈线后更习惯于反抽,原因是落袋为安的交易者比较多;

(5)头肩底形态的颈线常常向右方下倾,如果颈线向右方上倾,则意味着市场更加坚挺。

3. 头肩底形态的应用

(1)急速的下跌,随后止跌反弹,形成左肩部分时,成交量在下跌过程中出现放大迹象,而在左肩最低点回升时则有减少的倾向;

(2)第一次反弹受阻,价格再次下跌,并跌破了前一低点,之后再次止跌反弹形成了头部

时,成交量会有所增加;

(3)第三次反弹再次在第一次反弹高点处受阻,价格又开始第三次下跌,但价格到与第一个波谷相近的位置后就不下去了,成交量出现极度萎缩,此后价格再次反弹形成了右肩时,成交量显著增加;

(4)第一次反弹高点和第二次反弹高点,用直线连起来就是一根阻碍价格上涨的颈线,但当第三次反弹时会在成交量配合下,将颈线冲破使价格站在其上方;

(5)当最近的一个低点的成交量较前一个低点为高时,就暗示了头肩底出现的可能性,当第三次下跌股价未降到上次的低点,成交继续上升时,投资者就应把握机会建仓;

(6)当头肩底颈线击破时,就是一个真正的买入讯号,虽然价格和最低点比较,已提升了相当的幅度,但升势只是刚刚开始,未建仓的投资者应积极继续买入;

(7)当颈线突破后,根据头肩底形态的最少升幅量度方法可预测价格——从头部的最低点画一条垂直线到颈线,然后在完成右肩突破颈线的一点开始,向上量出同样的长度,由此量出的价格就是将上涨的最小幅度,投资者可以据此设置止赢目标。

(四)圆弧底形态的应用

圆弧底又称为"碟形底""潜伏型底部",是比较特殊的底部形态。

1. 圆弧底的形成

如图3-28所示,经过长期或是较为明显的下跌修正之后,多空双方的争斗趋于平缓,价格波动逐渐进入"盘跌走势",接着因为成交量萎缩,价格上下震荡幅度减缓,渐渐地由盘跌走势转变为"盘坚走势"。从盘跌到盘坚的这段过程,短线操作者将不容易撷取操作利润,同时波动的谷底看起来类似圆弧或圆弧形。

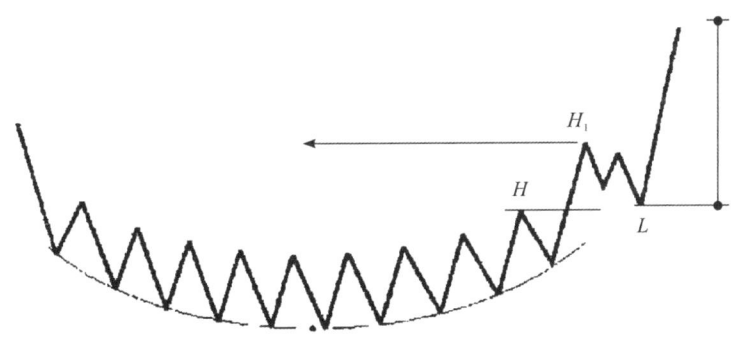

图3-28 圆弧底

在圆弧底形态的末端,多空拉锯后,多方逐渐占上风,价格出现明显上涨,脱离原本的盘坚牛皮走势,在突破最后一个盘坚高点(标示H)或是开始盘跌下跌的高点时,会迫使第一批空单抢补,当冲刺的力道结束便形成H_1的止涨高点,价格从此处开始回测。而H_1至L这段走势属于小波段洗盘的段落,俗称"杯形带把"。

2. 圆弧底形态的特征

当价格在高低限价之间跳跃时,盘整期出现。可以通过在高低限价之间画趋势线来对这一倾斜角度进行追踪。如果股价上涨超过了杯形右侧的高价,圆弧底就形成了,尤其是当成交量也随之急剧上涨的时候。

成交量的变化趋势与价格平行。在杯形期间,随着价格下跌,成交量也会下降。在一个相对低迷的时期过后(即杯形底部),价格开始上涨,成交量也随之上升。在圆弧底形态呈柄形期间,成交量下降。但是,当价格突破右侧杯形时,成交量会上升。

3. 圆弧底形态的应用

在圆弧底形态中,由于多空双方皆不愿意积极参与,价格显得异常沉闷,这段时间也显得漫长,在形态内成交量极小。圆弧底形态通常是大型投资机构吸货区域,由于其炒作周期长,故在完成圆弧底形态后,其涨升的幅度也是惊人的。投资者如在圆弧底形态内买进,则要注意大型投资机构在启动价格前在平台上的震仓。价格在完成圆弧底形态后,在向上挺升初期,会吸引大量散户买盘,给大型投资机构后期拉抬增加负担,故大型投资机构会让价格再度盘整,而形成平台整理,清扫出局一批浮动筹码与短线投资者,然后再大幅拉抬价格。在价格上涨途中,大型投资机构不断地利用旗形与楔形调整上升角度,延续涨升幅度。所以,圆弧底形态从某种角度上也可谓黎明前的黑暗。在圆弧底形态内,价格貌似平静如水,实际上则是在酝酿着一波汹涌的滔天大浪。

(五)V形反转的应用

V形反转的一般形态又被称为"单脚反转""单脚跳",是底部形态中走势相对强劲者,但也是最不容易切入的走势。

1. V形反转的形成

如图3-29所示,V形反转形态发生在明显的下跌走势之后,即K线出现连续的阴线下跌,接着以明确的多头K线呈现止跌(标示L处),紧接着再以连续的阳线突破开始下跌的负反转高点(标示H处),此即完成V形反转。

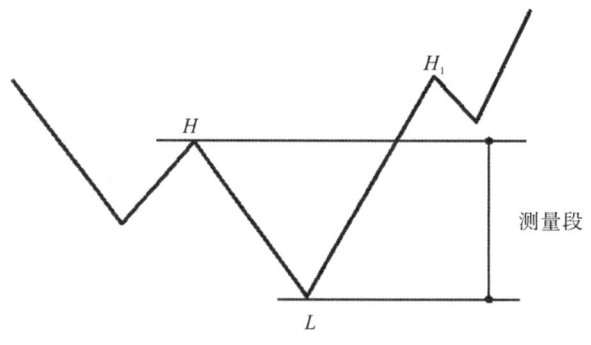

图3-29 V形反转

在急速恐慌性下跌末期,空头能量得到了彻底的宣泄,这时做多的力量已开始堆积,如有利好信息会迅速反转,掉头向上。反应敏捷者蜂拥而入,很快把价格推了上去。

2. V形反转的特征

(1)突破标示H的水平颈线时必须呈现真突破讯号。

(2)若走势上涨到标示H_1的位置止涨压回(这段走势不一定会发生),则被归类为短线洗盘,其低点大部分不会与经过H的颈线发生重叠。

(3)一般来讲,短期内涨跌幅度越大、动力越强,出现V形反转的可能性也越强,超过

5%以上的巨阳或巨阴往往成为很好的配合证据。

3. V形反转的应用

V形反转的出现一般没有征兆,并且是一种失控的形态,在应用时要特别小心。不过形态完成后潜能相当惊人,所达到的上升或下跌幅度也不可测算,但转势一经形成,可确认性较高,具有十分重要的实战意义。

(1)均线具有显著的判断趋势运行的功能,借助 20 日、30 日和 120 日均线,可较准确地把握 V 形反转的两次大机会,一般可采用 20 日均线。当价格第一次突破 20 日均线时,虽不能明确 V 形反转能否确立,但这是激进的做多信号,一旦出现第二次突破 20 日均线,基本上可以确认反转趋势的确立,这是稳健的做多信号。

(2)实战中伸展正 V 形的横向波动为较好的介入时机,既安全又有效,价格第二次突破 20 日均线为较好的短线介入点。同时价格横向波动的相对位置也十分重要,如在前期高点之上横盘,预示主力有极强的控盘能力,向上动力强;如在前期高点附近上下波动,则向上动力相对较弱。此外横盘持续时间也十分重要,一般而言横盘越久,向上力度也越小,实战中要加以品味与区分。

二、整理形态的应用

一般而言,整理形态的讨论会比反转形态稍微复杂,因为在整理过程中,尚未完成的整理形态与尚未完成的反转形态,其波动模型与成交量等指标的变化,有极为雷同之处,往往会使投资人误判整理形态是底部形态而太早投入,结果走势持续重挫造成做多的损失。为了避免这种困扰,应严谨地定义形态模型,等待确认讯号出现再进场操作,同时善用测量法则恰如其分地定位相对位置,可以提高形态分析的准确率,降低操作风险。

(一)三角形形态的应用

三角形是一种重要的整理形态,根据收敛的表状,可分为对称、上升、下降三种形态。三角形由两条收敛的趋势线构成,如果上方趋势线向下倾斜,下方趋势线向上倾斜,此种三角形整理形态称为对称三角形;如果上方趋势线呈水平状态,下方趋势线向上倾斜,此种三角形整理形态称为上升三角形;如果下方趋势线呈水平状态,上方趋势线向下倾斜,此种三角形整理形态称为下降三角形。

1. 对称三角形整理形态的应用

如图 3-30 所示,对称收敛三角形一般称为"收敛三角形""对称三角形",统称为"三角形"。当价格走势进入整理时,价格震荡的幅度逐渐减小,形成高点越来越低、低点越来越高的走势,利用高点与高点、低点与低点所连接起来的切线,形成角度大约相等的上下两条趋势线,其延长线交会于线图的右侧,而两条趋势线的夹角为锐角,所以也有人称之为"锐角三角形"。

一般情形之下,对称三角形的价格会继续原来的趋势移动。只有在价格朝其中一方明显突破后,才可以采取相应的买卖行动。如果价格往上冲破阻力(必须得到大成交量的配合),就是一个短期买入讯号;反之若是往下跌破(在低成交量之下跌破),便是一个短期卖出讯号。

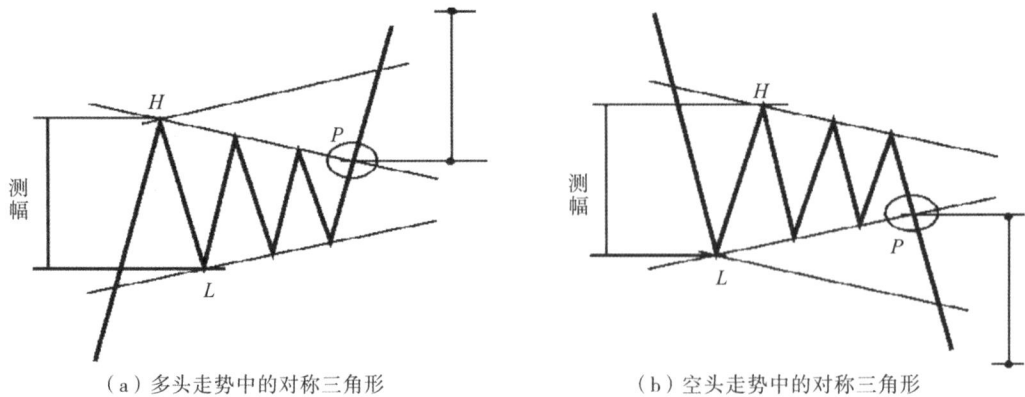

(a) 多头走势中的对称三角形　　　　（b) 空头走势中的对称三角形

图 3-30　对称三角形整理形态

2. 上升三角形整理形态的应用

如图 3-31 所示，本形态属于对称收敛三角形的变化形态，一般称为"上升三角形"。其走势的分析重点与对称收敛三角形无异，主要的差异是利用走势所画出的趋势线有所不同：无论在多头或是空头走势中，其上限为水平趋势线，其下限为往右上方倾斜的趋势线，而两条趋势线的夹角为锐角，所以有人称之为"直角三角形"。不宜将本形态视为反转形态，若在空转多时出现类似走势，请以三重底进行规划。

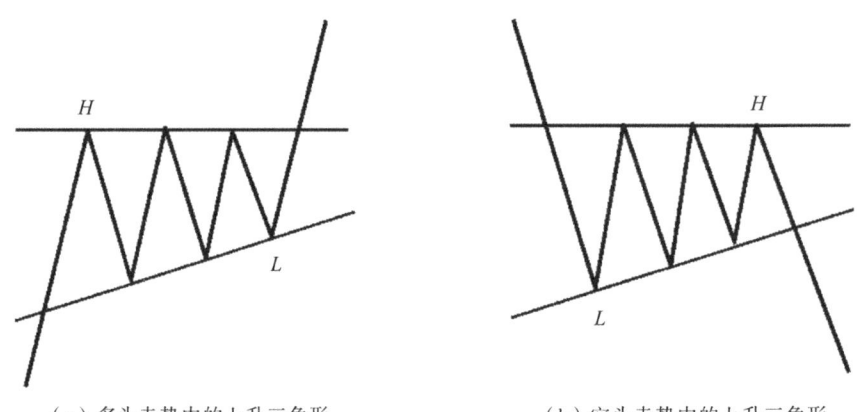

(a) 多头走势中的上升三角形　　　　（b) 空头走势中的上升三角形

图 3-31　上升三角形整理形态

上升三角形显示买卖双方在该范围内的较量，但买方的力量在争持中已稍占上风。卖方在其特定的价格水平不断沽售不急于出货，但也不看好后市，于是价格每升到理想的沽售水平便即卖出，这样在同一价格的沽售形成了一条水平的供给线。不过，市场的购买力量很强，他们不待股价回落到上次的低点，更迫不及待地买进，因此形成一条向右上方倾斜的需求线。另外，也可能是有计划的市场行为，有些主力有意把价格暂时压低，以达到逢低大量建仓之目的。

3. 下降三角形整理形态的应用

如图 3-32 所示，下降三角形的形状与上升三角形恰好相反，价格在某特定的水平出现稳定的购买力，因此每回落至该水平便告回升，形成一条水平的需求线。可是市场的沽售力量却不断加强,价格每一次波动的高点都较前次为低,于是形成一条向下倾斜的供给线。

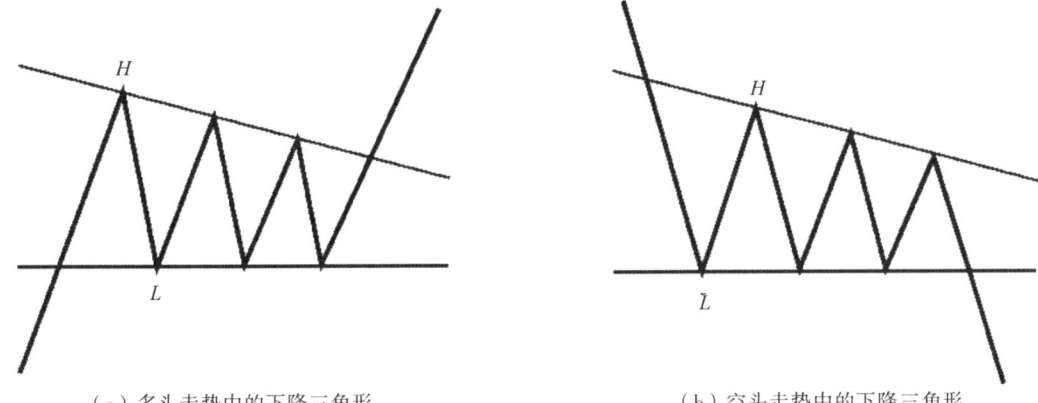

(a) 多头走势中的下降三角形　　　　　(b) 空头走势中的下降三角形

图 3-32　下降三角形整理形态

下降三角形同样是多空双方的较量表现,然而多空力量与上升三角形所显示的情形相反。下降三角形属于弱势盘整,卖方显得较为积极,抛出意愿强烈,不断将价格压低,从图形上就造成了压力颈线从左向右下方倾斜,买方只将买单挂在一定的价格之上,造成在水平支撑线抵抗,从而在图中形成下降三角形。

(二) 矩形形态的应用

如图 3-33 所示,矩形一般称为"水平箱形"或是"箱形",也可以称为"水平旗形",意思是属于走平的一面旗子。矩形形态是指在某一段时间内,利用趋势线的切法,可以取出上下两条水平颈线包覆住当时的整理走势,此时便可以将其走势定位成水平箱形的整理形态。

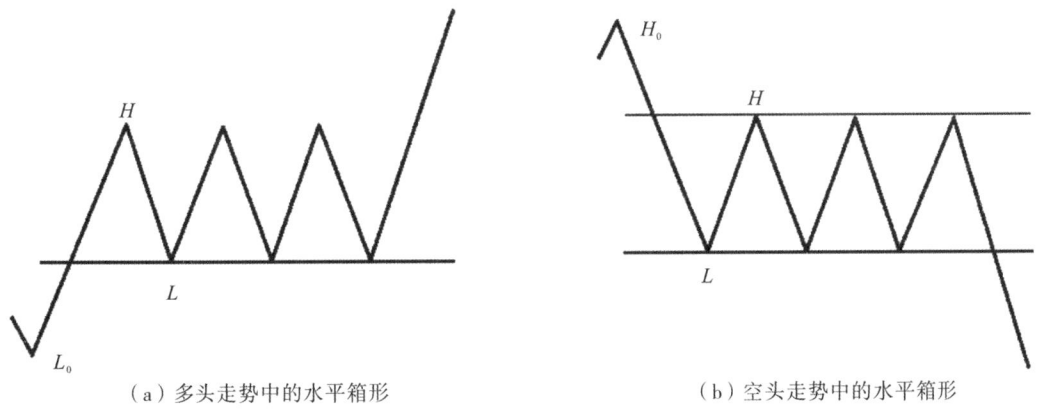

(a) 多头走势中的水平箱形　　　　　(b) 空头走势中的水平箱形

图 3-33　矩形形态

矩形形态又称为"整理形态之母",原因并非它经常出现或非常重要,而是因为刚开始假设任何整理走势时(包含反转形态),都是以水平箱形为基础,然后再根据实际走势调整为其他形态。有些人认为形态学属于事后诸葛的讨论,可能是因为他们的这个观念没有被完整建立。

1. 矩形形态的形成

代表多方的主力,希望在一定的价格附近买进,以坚守多方气势;而代表空方的主力,却希望将某段价格维持在某个范围内起伏。经过多空双方缠斗,一方失败后针对整理区间进行突破,此时就代表完成此形态。本形态可以出现在多头与空头行进间的整理走势中,只是不得视为反转形态。

取水平趋势线时,每一条至少要切过两个关键点,而且越多越好。请注意取线时以切过上下影线且未切过实体为原则,当有实体穿越原始画好的趋势线时,则该线需要被调整,那么实际走势在价格波动的过程中,就能借调整的作用而渐渐被分辨出来。

2. 矩形整理形态的特征

(1)在形成的过程中,如出现交易量大时,形态可能失败。

(2)涨破上颈线需有大交易量配合,跌破下颈线不需有大交易量出现。

(3)涨降幅度约等于矩形的宽度。

(4)突破矩形后,价格如果出现反向,通常会在突破后的3天~3周内出现。

(5)比较窄的矩形威力要大些。

(6)价格上升时交易量大,下降时交易量小,是持续上升形态;反之,是持续下降的形态。

(7)矩形形态时会提供一些短线操作的机会。

(三)旗形形态的应用

价格进入盘旋整理阶段,多空双方争战虽呈拉锯战,但从图形看,仍有一方居上风,使行情逐步上升或下移,若将价格移动上端与下端各连成一条直线,会出现两种图形:上升旗形、下降旗形。

1. 上升旗形的应用

如图3-34所示,当行情经过一段时间的上涨或是下跌之后,价格走势进入整理阶段,由于多空双方呈现拉锯式博弈,但是多方略占上风,致使走势图以盘坚向上的方式震荡,取其高对高、低对低的切线,形状类似一个向右上方倾斜的平行四边形,因为外形又似迎风飘扬的旗子一般,故称为"上升旗形",本形态又属于水平箱形的变化形态。

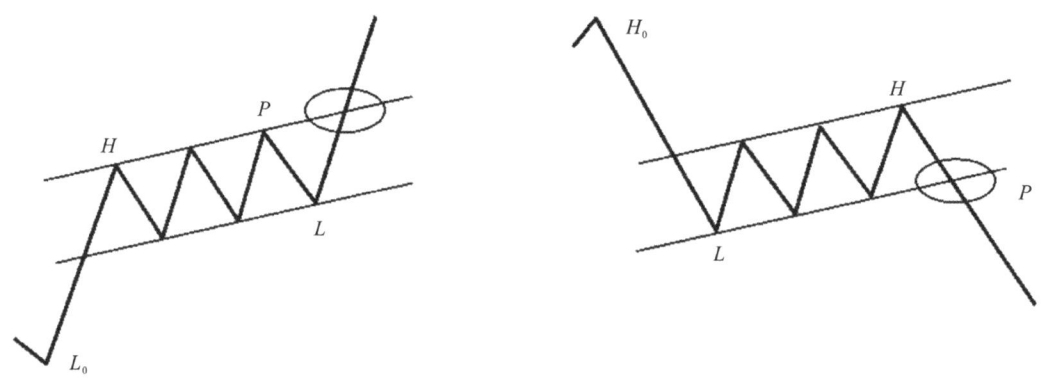

(a)多头走势中的上升旗形　　　　(b)空头走势中的上升旗形

图3-34　上升旗形

上升旗形的走势可以出现在多头与空头过程中,除了可以属于中继形态外,在多头涨升过程中也可以当成多转空的转折形态。

一般情况下,上升旗形有以下应用:

(1)突破确立后(幅度通常为3%左右),可开仓进场;

(2)预估价格未来最小涨跌幅为旗形的垂直距离。

2. 下降旗形的应用

如图3-35所示,当行情经过一段时间的上涨或是下跌之后,股价走势进入整理阶段,由于多空双方呈现拉锯战,但是空方略占上风,致使走势图以盘跌向下的方式震荡,取其高对高、低对低的切线,形状类似一个向右下方倾斜的平行四边形,因为外形又似迎风飘扬的旗子一般,故称为"下降旗形",本形态又属于水平箱形的变化形态。

下降旗形的走势可以出现在多头与空头过程中,除了可以属于中继形态外,在空头下跌过程中也可以当成空转多的转折形态。

下降旗形的应用与上升旗形的应用相同。

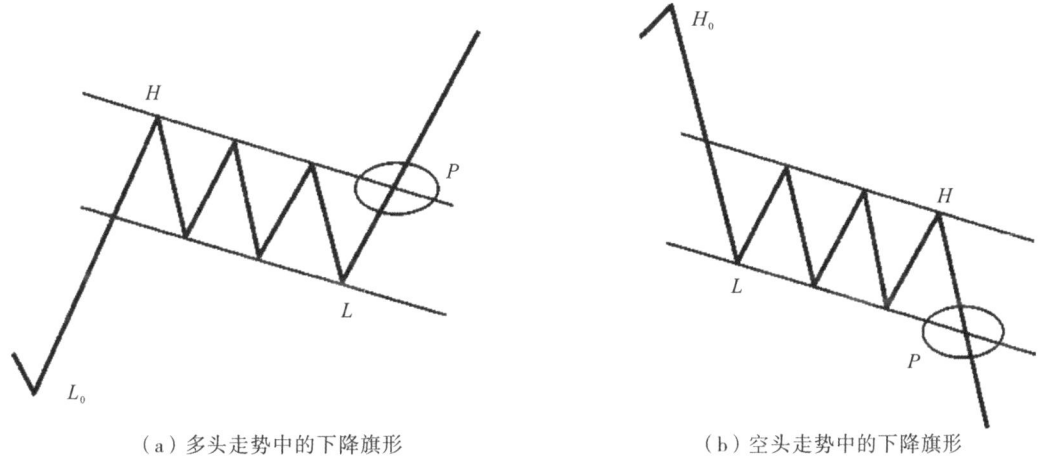

(a)多头走势中的下降旗形　　　　　　(b)空头走势中的下降旗形

图3-35　下降旗形

(四)楔形形态的应用

楔形形态是两边同向收敛(楔形的两边同方向且快速收敛为一个三角形),根据形态通道可分为:上升楔形、下降楔形和反转楔形三种。楔形前面一般是有力的第三浪。楔形的本质含义是趋势攻击能力渐次衰竭,趋势通道角度迅速变小,转折随即到来。

1. 上升楔形的应用

如图3-36所示,当行情经过一段时间上涨或是下跌之后,价格走势进入整理阶段。由于多空双方呈现拉锯战,越靠近整理末端,走势震荡幅度越小,但仍维持盘坚向上的方式震荡。若取其高对高、低对低的切线,将会形成上下限都向右上方倾斜的趋势线,且两条趋势线往右上方逐渐靠拢闭合,属于收敛的三角形形态。但因为两条趋势线同方向,故称为"收敛上升楔形",简称"上升楔形",本形态又属于上升旗形的变化形态。

上升楔形的走势可以出现在多头与空头过程中,除了可以属于中继形态外,在多头涨升过程中也可以作为多转空的转折形态。

一般情况下,上升楔形有以下应用:

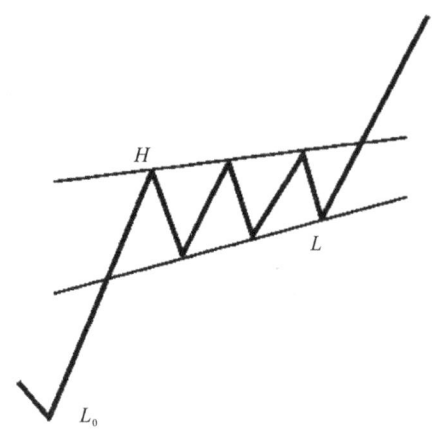 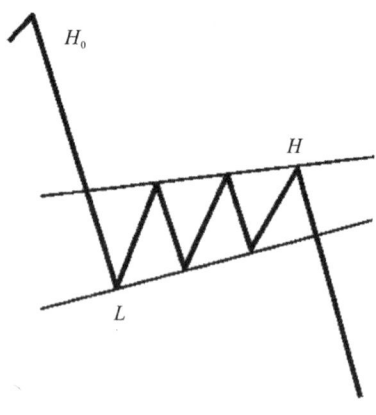

(a) 多头走势中的上升楔形　　　　　　　　　(b) 空头走势中的上升楔形

图 3-36　上升楔形

（1）一般来说，作为中继形态的楔形整理方向与价格的长期运行趋势方向相反，即上升楔形是出现在价格长期下跌趋势中的。

（2）在上升楔形整理过程中，价格的高点和低点依次上移，楔形形态的上下边线都是向上倾斜的。

（3）上升楔形的上下边线必须明显地收敛，如果形态过于宽松，则形态形成的可能性较小，可能会演变成其他整理形态。

（4）与其他整理形态一样，在上升楔形形成之前，价格已经有了一段时间的相当大的涨跌幅，一般情况下，从价格上涨或下跌的位置算起要达到 30% 以上的幅度。

（5）上升楔形整理的时间一般是在 20 个交易日以上，而且在形成过程中，成交量是逐渐减少的。

（6）在上升楔形形态中，楔形的整理一波高于一波，看似价格要向上突破，在楔形的末段，价格却突然带量向下突破。

（7）上升楔形其后向下突破的概率有七成，而维持在上升高档横盘整理的概率较小，所以上升楔形通常能提供给投资者一个明显的减仓信号：未来走势正在逆转中。上升楔形表示的技术性意义是，买力正在渐次减弱。当上升楔形下档的支持线被有效跌穿后，就是比较明显的沽出信号。此时后期走势极容易出现放量长阴或跳空下跌的走势，跌势一般较凶猛。

2. 下降楔形的应用

如图 3-37 所示，当行情经过一段时间的上涨或是下跌之后，股价走势进入整理阶段。由于多空双方呈现拉锯战，越靠近整理末端，走势震荡幅度越小，但仍是以维持盘跌向下的方式震荡。若取其高对高、低对低的切线，将会形成上下限都向右下方倾斜的趋势线，且两条趋势线往右下方逐渐靠拢闭合，属于收敛的三角形形态。但因为两条趋势线同方向，故称为"收敛下降楔形"，简称"下降楔形"，本形态又属于下降旗形的变化形态。

下降楔形的走势可以出现在多头与空头过程中，除了可以属于中继形态外，在空头下跌过程中也可以作为空转多的转折形态。

一般情况下，下降楔形有以下应用：

（1）和上升楔形一样，作为中继形态的楔形整理方向通常与价格的长期运行趋势方向相

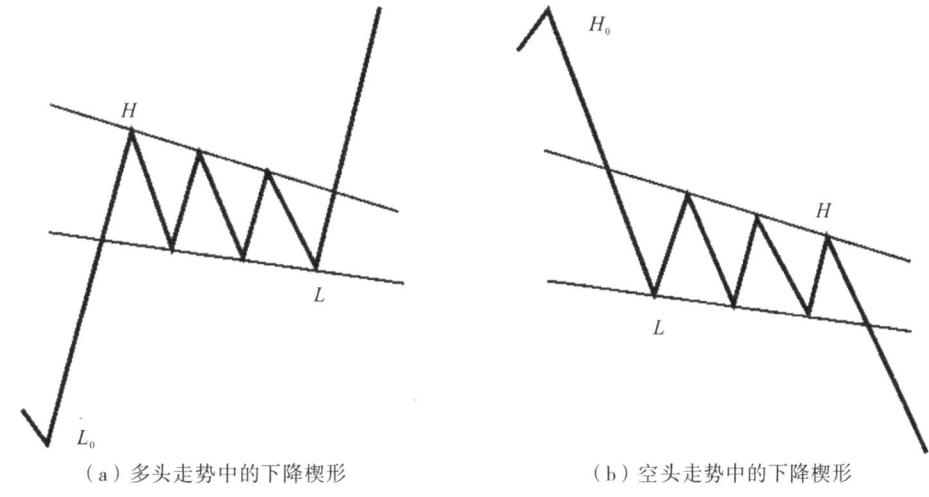

（a）多头走势中的下降楔形　　　　　（b）空头走势中的下降楔形

图 3-37　下降楔形

反，即下降楔形是出现在价格长期上升趋势中的。

（2）在下降楔形整理过程中，价格的高点和低点依次下移，上下边线都是向下倾斜的。

（3）下降楔形的上下边线必须明显地收敛，如果形态过于宽松，则形态形成的可能性较小，可能会演变成其他整理形态。

（4）与其他整理形态一样，下降楔形作为整理形态，在形态形成之前，价格已经有了一段相当大的涨幅，一般情况下，从价格上涨的低位算起要达到30%以上的幅度。

（5）形成时间比较长，一般在20个交易日以上，而且在形成过程中，成交量是逐渐减少的，但在形态突破时必须有大的成交量放出。

（6）在下降楔形整理形态中一波低于一波，看似价格要向下突破，但在楔形整理的中段或末段却突然带量向上突破。

（7）下降楔形两边同时向下倾斜，与下降通道和旗形整理的区别在于，下降通道和旗形整理的两边几乎是平行稳定的，而下降楔形一般整体成交量都是由左向右递减，并且价格越接近顶端，成交量越小。与上升楔形不同的是，下降楔形成交量的量价匹配是理想的，即价升量增，价跌量减。当价格上升突破下降楔形的上边线时，成交量会明显放大，同时下降楔形在突破上边线之后常常会有反抽，一般会受撑于上边线的延长线。从实战的经验讲，下降楔形向上突破与向下突破的比例为7∶3左右。从时间上看，如果下降楔形整理时间过长，超过三四个星期，那么向下突破的可能性就会相对大一些，下降楔形的最佳买点为突破上边线和突破之后回抽确认点。

校企合作案例

（一）切线理念的实盘应用

在和瑞奇期货合作过程中，我们跟踪了切线分析理论在期货市场中的应用，基本上符合理论预期。如：在 2019 年 1 月 7 日，我们发现螺纹 1905（品种代码：rb1905）在下跌趋势线被突破，如图 3-38 所示。

图 3-38　在下跌趋势线被突破

突破一周后，在确认是有效突破的情况下，我们认为趋势已经反转，于是在 2019 年 1 月 16 日尝试做多（上图最后一根 K 线的位置），并保持以上涨趋势线为依托中长期看涨持多单。（图 3-39 所示截至 2019 年 3 月 8 日）

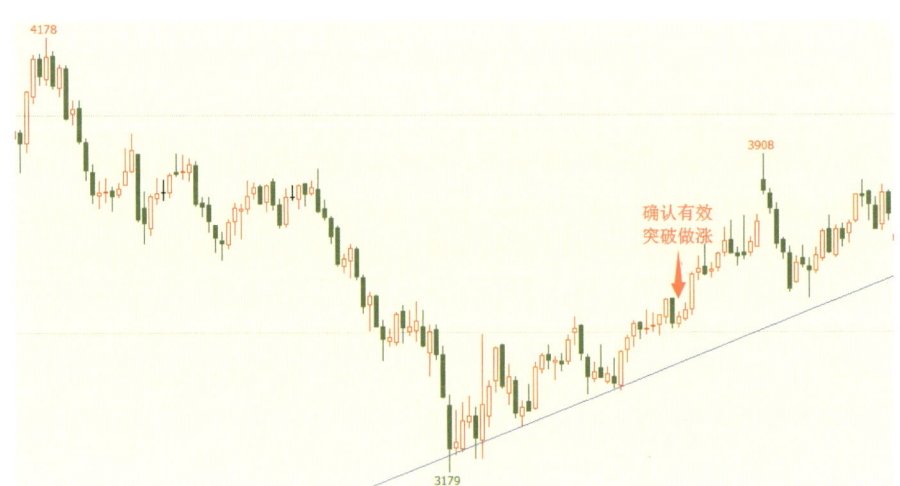

图 3-39　确认是有效突破

在跟踪交易的过程中，发现在下跌趋势线被突破后行情反转，之后依托上涨趋势线做多是相对可靠的。

（二）形态理念的实盘应用

在和福能期货合作过程中，我们跟踪了形态分析理论在期货市场中的应用，基本上符合理论预期。如：在 2018 年 10 月 24 日，我们发现 PTA1905（品种代码：TA1905）在下跌趋势线被突破，如图 3-40 所示。

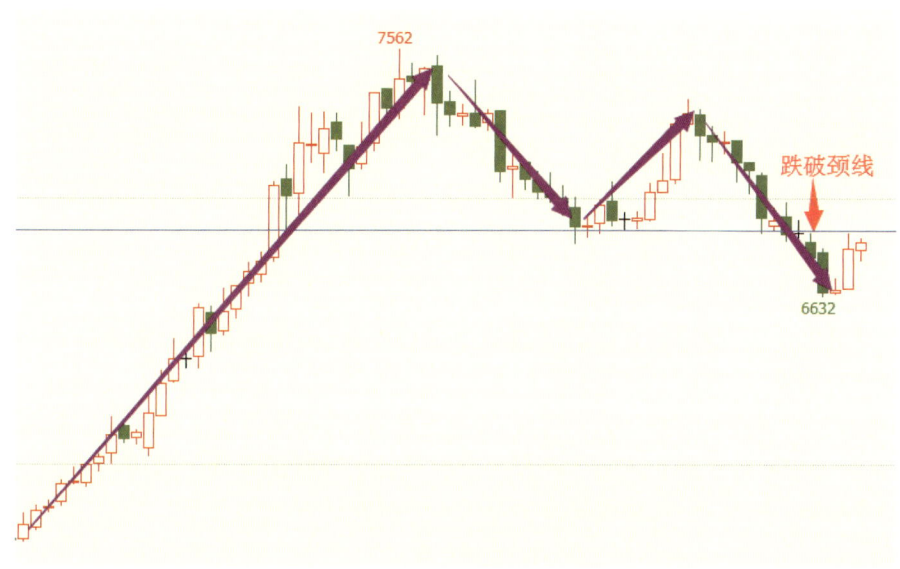

图 3-40　在下跌趋势线被突破

于是在反扑颈线时，于 2018 年 10 月 30 日尝试做空（图 3-40 最后一根 K 线的位置），并根据等幅测算一直持仓至 2018 年 11 月 15 日平仓。（图 3-41 最后一根 K 线的位置）。

图 3-41　在反扑颈线时的操作

在跟踪交易的过程中，发现在双重顶颈线突破后行情反转，之后依托在反扑颈线时做空是相对可靠的。

第四章
常用指标分析选析

第一节 均线指标分析技巧

所谓移动平均线,就是把某段时间的股价加以平均,再依据这个平均值做出平均线图像。在技术分析中,市场成本原理非常重要,它是趋势产生的基础,市场中的趋势之所以能够维持,是因为市场成本的推动力。例如:在上升趋势里,市场的成本是逐渐上升的,在下降趋势里,市场的成本是逐渐下移的。成本的变化导致了趋势的延续。均线代表了一定时期内的市场平均成本变化,因此均线是重要的技术分析基础。

移动平均线常用线有5天、10天、30天、60天、120天和240天的指标。其中,5天和10天的短期移动平均线,是短线操作的参照指标,称作日均线指标;30天和60天的是中期均线指标,称作季均线指标;120天、240天的是长期均线指标,称作年均线指标。

移动平均线最常用的方法,就是比较价格移动平均线与价格的关系。当价格上涨,高于其移动平均线,则产生购买信号。当价格下跌,低于其移动平均线,则产生出售信号。之所以产生此信号,是因为通常认为,移动平均线是支撑或阻挡价格的有力标准。当均线向上,价格在均线之上变动时,永远是开仓买入与守仓阶段。当均线向下,价格在均线之下变动时,永远是开仓卖出与守仓阶段。当均线向上,价格在均线之下变动,或均线向下,价格在均线之上变动时,是平仓观望阶段。

5日、10日、20日、30日均线是多数投资者常用的移动平均线,参考这些均线形成的通道方向对投资者的决策至关重要。操盘的重点在于趋势的把握,通道描述的是趋势的发展方向,处于上升通道的价格会随着时间的延续而上升,处于下降通道的价格会随着时间的延续而下降。在标准的上升通道中,当日K线位于5日均线的上方,或5日均线在10日均线的上方,或10日均线在20日上方等,价格下跌会受到均线系统的支撑;而在标准的下跌通道中情形正好相反,也就是价格的上涨会受到均线系统的压制。而其中每根均线所表现出来的内容和它们的特质,除了周期区别外,还有不少的不同点。

一、单根均线分析技巧

(一)5日均线分析技巧

5日均线属于超短线操盘参考指标,其操作手段也都是以超短或短线为主。当价格离开5日均线过远或高于5日均线过多,也即"5日乖离率"太大,则属于短线卖出时机。一般价格高于5日均线7%～15%,属于偏高,适宜卖出。一般价格低于5日均线7%～15%,适宜短线买进。

价格回落跌不破5日均线的话,再次启动时适宜买入。一般来说,当价格在上升途中,大多时间往往不破5日均线或者10日均线。只要不破,就可结合大势和市场基本面继续持仓。若是空头占市场主力,但价格略有回升且涨不破5日均线的话,再次出现较大抛单并展开下跌时适宜卖出。

价格如果跌破5日均线并在反抽5日均线时过不去的话,需要谨防追高风险,注意逢高卖出。价格如果升破5日均线并在反扑5日均线时跌不破的话,或者反抽5日均线跌破但又止住的话,需要谨防杀跌踏空,注意逢低买回。

价格如果有效跌破5日均线,一般将跌向10日均线或者20日均线。如果跌到10日均线、20日均线稳定且价格再次启动,则高位卖出的筹码,可以视情况短线回补,以免被轧空。价格如果有效升破5日均线,一般将向10日均线或者20日均线方向上升。如果升到10日均线、20日均线附近受阻且价格再次展开下跌,可以视情况短线卖出。

(二)10日均线分析技巧

当整个行情下跌的时候,底在哪里,谁也不能准确地做出预测,而只能顺势而为。那么,怎样才能做到顺势而为呢?10日移动平均线无疑为我们提供了非常重要的参考标准。当价格向上突破10日均线是重要的买入时机,即当价格在10日均线之上运行时,我们就认为价格的趋势向上,价格还会上涨;当价格向下突破10日均线是重要的卖出时机,即当价格在10日均线之下运行时,我们就认为价格的趋势向下,价格还会下跌。因此,10日移动平均线是指导我们分析、判断趋势并用于实际操作时的一个非常重要的客观标准。

在下跌趋势中,价格不断创出新低,高点不断下移,10日均线在价格的上方以一定的速度向右下方下行,表明最近10个交易日买进的投资者都被套牢或者说最近10个交易日做空的投资者都是正确的。而且,10日均线还是价格反弹的强阻力之一,只要下跌趋势尚未结束,价格就较难站上10日均线,即使偶尔站上,也很快会回到其下面继续下跌。最后,价格下跌速度明显减缓,甚至止跌上涨,10日均线也下降趋缓有走平并抬头上行的迹象,而价格从下向上突破并站上10日均线时,说明下降趋势结束,上涨行情开始,是投资者非常重要的买入时机。在上涨趋势中10日均线判断与上述相反。

1. 10日均线分析技巧一

(1)10日均线是多空双方力量强弱或市场强弱的分界线。当多方力量强于空方力量时,市场属于强势,价格就在10日均线之上运行,说明有更多的人愿意以高于最近10日平均成本的价格买进,价格自然会上涨。相反,当空方力量强于多方力量时,市场属于弱势,价格就在10日均线之下运行,表明有更多的人愿意以低于最近10日平均成本的价格卖出,价格自然会下跌。

(2)价格站上10日均线再买入,虽然离底部或与最低价相差一定价位,但此时上升趋势已明确,涨势刚刚开始,仍是买入的良机。

(3)价格向上突破10日均线应有量的配合,否则可能仅仅是下跌中途的反弹,很快又会跌回10日均线之下,此时就应止损出局再行观望,特别是在10日均线下降走平再上行而后又归下行时,更应止损,说明跌势尚未结束。

(4)价格站上10日均线才买进,最大的优点是在上升行情的初期即可跟进而不会踏空,即使被套也有10日均线作为明确的止损点,损失也不会太大。

(5)在持续较长时间的下跌趋势中,价格在下跌的中途产生反弹时站上了10日均线但又很快跌破10日均线继续下跌,待第二次甚至第三次价格站上10日均线才真正上涨,这种情况经常出现。因此,在下跌趋势末期,当价格第二次或第三次站上10日均线时往往是最佳的买入时机。

(6)10日均线适用于中短线结合的操作方式,因此经常与5日均线和30日均线配合使用。

(7)10日均线操作法用于趋势明确的单边上升和单边下跌行情中非常有效和可靠,而用于盘局效果会差些。

上升趋势中价格回档不破10日均线是买入时机,在上升趋势中,价格经过先期的快速上扬之后,由于短期获利盘太大,获利回吐必然出现而令价格调整,但只要价格不跌破10日均线且10日均线仍继续上行,说明是正常的短线强势调整,上行行情尚未结束,此时是逢低买入的又一次良机。特别是价格在10日均线获得支撑后又继续上涨时,说明调整结束,新的上升浪展开,更是追涨买入的时机。

2. 10日均线分析技巧二

(1)10日均线是波段操作的重要参考指标。在下跌行情中它是重要的阻力线,而在上升趋势中却是强有力的支撑线,只是价格回调不破10日均线说明强势特征明显,任何一次的回调都是买入时机,涨势还会继续。

(2)在上升趋势中,价格回档至10日均线附近时成交量应明显萎缩,而再度上涨时成交量应放大,这样后市上升的空间才会更大。

(3)如价格回调至10日均线附近买入,其后又很快跌破了10日线,还是应坚持止损原则,再等到调整结束价格重回10日均线之上时再买入。

上升趋势中价格跌破10日均线但10日均线仍上行,价格很快又重回10日均线上方时是买入时机;在上升趋势中,10日均线虽然是强支撑线,但有时会出现价格砸破10日均线然后再很快拉回10日均线上方并继续大幅上涨。为回避风险或保存利润,在价格跌破10日均线时卖出后,如价格在短期内又回升至10日均线上方且10日均线仍继续上行应再次买入甚至要追涨买入以防踏空。

3. 10日均线分析技巧三

(1)在上升趋势中,价格回调往往是买入的时机,但有时一些重要的支撑位会被击穿,出现头部的假象,将技术操作者洗出局,然后再扎空上涨,以便让更多的投资者追涨,这个时候就应该在价格重回10日均线之上时再次买入。

(2)上升趋势中,只要上升行情未结束,价格跌破 10 日均线的时间往往很短且成交量明显缩小,一般最多不超过 5 个交易日,价格就会重回 10 日均线之上,否则放量跌破 10 日均线又时间太长才回 10 日均线之上,上升的力度有限或是别的中途调整形态。

(3)上升趋势中价格跌破 10 均线又很快重回 10 日均线之上是买入时机,在上升行情的初期和中段较为可靠,如果是在价格大幅上涨已久之后或是第三次跌破 10 日均线时,还是要小心为妙,当价格跌破 10 日均线时应坚决止损,特别是放量长阴线跌破 10 日均线时。

下跌趋势中价格急跌或暴跌远离 10 日均线是买入时机,下跌趋势中,价格在 10 日均线之下运行,如价格连续出现急跌或暴跌并远离 10 日均线,致使 10 日负乖离率过大,应是买入抢反弹的时机,甚至是中期买入良机。

4. 10 日均线分析技巧四

(1)在持续性下跌之后再出现暴跌,致使 10 日负乖离率达 10%～15%后次日再跌往往是中期底部,中期以上头部出现以后不久便出现急跌或暴跌,而 10 日负乖离率达 10%～15%往往是短期强劲反弹的底部。

(2)急跌或暴跌致使 10 日负乖离率过大,之所以会产生反弹,其原因就在于空方力量在短期内就得以完全释放,以大幅下跌的空间换取了下跌的时间,而最近 10 个交易日做空的投资者平均有 10%～15%以上的亏损,存在摊低成本的需求。不过,人气的恢复需要一定时间,因此急跌或暴跌后先是报复性反弹,再经过一定时间的整固才会发生较大幅度的上涨。

(三)10 日均线分析技巧

60 日均线是市场的生命线,跌破生命线就有一定的下跌空间。价格在经过较长时间缩量下跌或在低位横盘且运行在 60 日均线之下,此时买入的赢利机会很小。但价格一旦突破 60 日均线且成功站稳在均线之上,突破时如有成交量的有效放大配合且随后 5 日和 10 日均线形成黄金交叉则更好,此时买入获利机会较大。但主力为避免成交量明显放大所吸引的喜欢抄底者的跟风盘,往往会使价格随后出现缩量的缓慢上涨或涨涨跌跌的振荡走势,以此清洗出博取短线收益的急躁筹码。

5 日和 10 日均线会出现粘合但始终会平稳运行在 60 日均线之上,原因是主力的初期建仓成本大致在 60 日均线附近,主力在低位进一步积蓄做多能量后,在展开壮观的主升浪前会进行最后一次打压价格以洗掉先前介入的较坚决跟风盘,即我们通常所说的"压价逼仓"。这时成交量会明显萎缩,打压幅度视主力的控盘程度而定,一般在 10%～20%之间。完成压价逼仓工作后,一切就绪,主力会采取快速拉升的方法使价格脱离其成本区,成交量亦有效放大,往往会超过前期天量,随后一轮主升浪喷涌而出。

60 日均线有以下五点分析技巧

(1)价格要经过大幅下跌或较长时间横盘运行于 60 日均线之下,成交量萎缩,平均换手率在 1%以下最好;

(2)突破 60 日均线时要有明显放大的成交量配合,随后价格能够站稳于 60 日均线之上,否则后市可能还有较长时间反复;

(3)除个别走势极强期货品种外,大多期货合约需要依托 5 日或 10 日均线缓步盘升或横盘一段时间以消磨闻风进驻者的耐心和积蓄上攻能量,这段时间越长且走势越强,则该期

货品种的后市上升空间将越大;

(4)展开主升浪前主力将会有一番压价逼仓动作,但成交量是极度萎缩的,跌幅一般在10%～20%之间;

(5)主力大幅拉升多以大阳 K 线的方式实现,成交量会急剧放大,多数会超过前期密集成交区的天量,换手率如达到10%以上更好,如果此时介入,获取的利润率将非常巨大。

二、双均线组合分析技巧

在均线的实际应用中,不同周期的均线搭配使用,比单根均线的效果好得多。常用两条均线组合分析的有:5日均线和10日均线组合,判断短期买卖点;30日均线和60日均线组合,判断中期买卖点;120日均线和250日均线组合,判断长期买卖点。

(一)5日、10日均线组合分析技巧

(1)5日均线上穿10日均线后,价格回落至10日均线附近时,如果10日均线上拐,则形成短线买点;

(2)5日均线与10日均线平行向上时,价格回落至10日均线附近时是买点,特别是第一次回落至10日均线附近时;

(3)5日均线与10日均线低位向上,同时具备下凸形态时,为价格短线起飞点;

(4)5日均线与10日均线在价格盘整末期如形成一条线,要注意一旦发散向上,是较有爆发力的起飞点。

(二)30日、60日均线组合分析技巧

(1)30日均线上穿60日均线后,如果60日均线也拐头向上,价格跌至60日均线处再次向上时是很好的中线买点;

(2)30日均线与60日均线平行向上时,价格回落至60日均线附近再次向上时是中线买点,特别是第一次回落至60日均线附近时;

(3)30日均线与10日均线低位向上,同时具备下凸形态时,为股价中线起飞点;

(4)60日均线向上,30日均线接近60日均线,距离极近时,30日均线又再次向上,如果此时价格再向上,则为中线买点。

(三)120日、250日均线组合分析技巧

(1)120日均线上穿250日均线后,如果两线平行向上,则期货品种为长线牛市。价格每次跌至两条均线之一再次向上时,都是极好的长线买点;

(2)120日均线与250日均线低位向上,同时具备下凸形态时或者距离极近成一线,为价格长线起飞点;

(3)如果同时具备上述两个特征,则该期货品种不是一般的牛,会反复向上,是长期的牛市。

三、三均线组合分析技巧

用多根均线组合来分析行情走势是均线分析技巧中最常用的一种形式。下面选取不同的三条均线,谈谈几种常见组合的均线组合分析技巧。(图4-1)

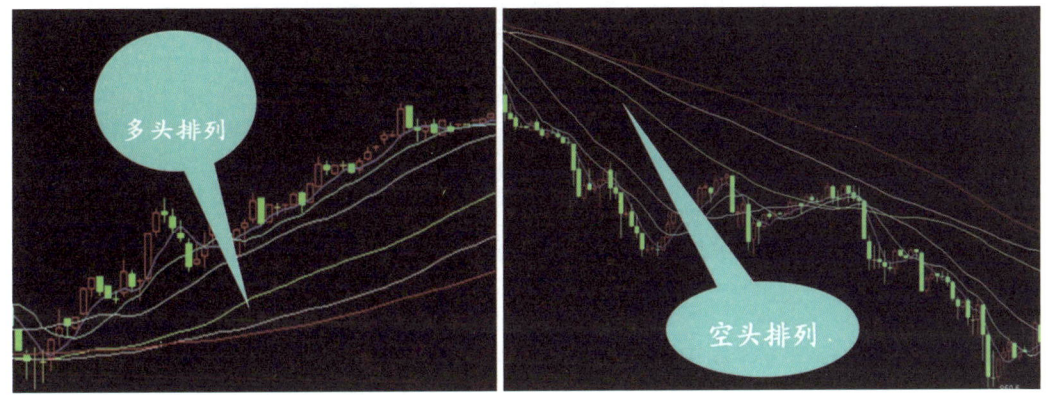

图4-1 多头排列与空头排列

(一)5日、10日、30日三均线组合分析技巧

当价格向上突破5日、10日、30日三条均线是最佳中短期做多时机。在中期下跌趋势中,5日、10日、30日均线自下而上顺序呈空头排列且均以不同的速率下行,价格的反弹往往会受到5日、10日均线的阻力,较难站上30日均线。但是,在中期下跌趋势的末期,空方抛压减轻,先知先觉者逢低试探性买入,此时5日、10日均线先是走平,然后5日均线上穿10日均线形成黄金交叉。随着买盘逐步增强,成交量放大,价格继续上涨并向上突破30日均线,此时5日、10日均线先后上穿30日均线形成黄金交叉并呈多头排列,三条均线成为价格回调时的强有力支撑线,从而确认中期下跌行情结束,上涨行情正式启动。一般来说,当价格向上突破5日、10日、30日三条均线(特别是三条均线呈多头排列)时是最佳买入时机。

1. 5日、10日、30日三均线组合分析技巧一

(1)5日、10日、30日三条均线组合是投资者最为常用的组合之一,具有极强的实用性和可靠性。其中,5日和10日均线可用于判断短期的趋势,而30日均线则用于中期趋势的判断。当价格向上突破5日、10日均线时,说明该期货品种短期趋势转强,再突破30日均线时中期趋势转强且一般可确认主力建仓完毕即将拉升,而下方三条均线特别是三条均线的黄金交叉点更是价格回档时的强有力支撑。

(2)价格在5日、10日、30日三条均线先后形成黄金交叉之后的上涨,成交量应逐步放大,回调成交量应明显萎缩,特别是在突破30日均线时应有量的配合。否则,其可靠性降低,至少其上涨幅度会有限。

(3)一般来说,5日、10日、30日三条均线形成黄金交叉后都是在中期底部,后市应有中期上升行情,特别是如有底部反转形态(如双重底、头肩底等)突破时,伴随三条均线形成黄

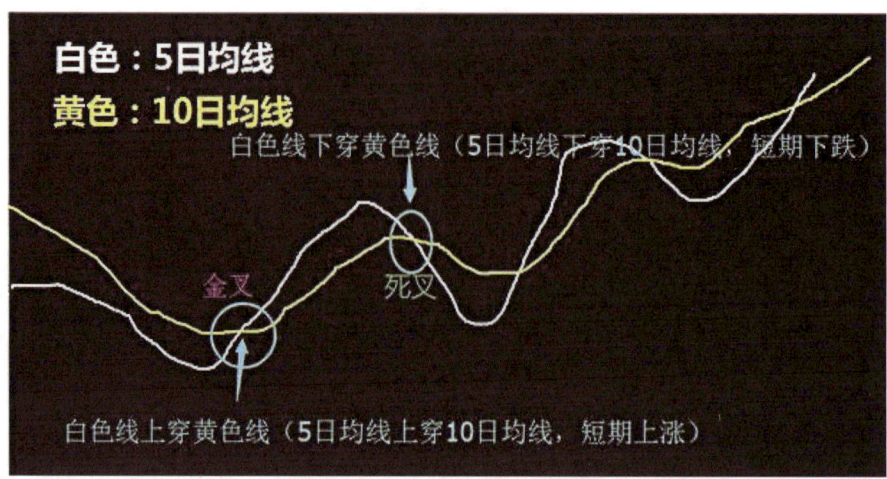

图 4-2　5 日均线与 10 日均线

金交叉可靠性更高。但万一在下降趋势中途三条均线形成黄金交叉后误认为是中期底部,买入后涨幅并不大,价格却很快跌破三条均线且三条均线再次形成死亡交叉发散下行,说明前期仅是反弹而已,跌势尚未结束,在价格跌破 30 日均线时应果断止损出局。

2. 5 日、10 日、30 日三均线组合分析技巧二

(1)价格运行的趋势有:上升趋势、下跌趋势和横向趋势。其中上升趋势和下跌趋势由于方向明确,移动平均线呈现多头或空头排列较易判断,而横向趋势由于移动平均线多呈粘合状互相缠绕,则较难判断它以后的突破方向。再者,横向趋势既可出现在下跌趋势中途和底部,也可出现在上升趋势中途和顶部,更增强了判断的难度。因此,应对横向趋势的最佳办法是在价格突破且趋势明确后才采取行动,从移动平均线的角度来说就是当其由粘合缠绕状发散上行或下行时才买入或卖出。一般来说,下跌趋势中急跌后形成的横向趋势往往向下突破,而长期下跌之后形成的横向趋势多是底部。

相反,上升趋势中急升之后形成的横向趋势往往向上突破。但涨幅或上涨时间持续太久后的横向趋势形成顶部的可能性大,有时即使向上突破也是多头陷阱。因此,在上升趋势中途和长期下跌后的低价区形成的横向趋势一旦向上突破,而 5 日、10 日、30 日均线由粘合状发散上行时是明确的中短线买入时机。

(2)价格之所以形成横向趋势,或者是下跌趋势中已到达相对的低价区,价格下跌动力不足,而多方又暂时找不到买进的理由,多空双方在较长时间里达成平衡;或者是低位有主力在逢底耐心吸纳建仓;或者是上升趋势中,价格上涨太快,但主力又无出货或打压的意图,价格在不大的空间内上下波动所形成的。

(3)横向趋势运行的时间往往较长,少则 1~2 个月。因此,横向趋势需要投资者具有十足的耐心,且向上突破后的上升往往与横盘一样持久,上升空间是可观的。

(4)横向趋势向上突破和 5 日、10 日、30 日均线发散上行应有成交量的配合,回调时成交量应明显缩小。

(5)横向趋势向上突破后,发散上行的 5 日、10 日、30 日均线是价格回调的支撑线,而不应很快跌破 3 条均线回到横盘区域内,否则是假突破,仍应止损。

(二)30日、60日、120日三均线组合分析技巧

在长期的空头市场中,价格往往大跌小涨,下跌中途的反弹虽能向上突破5日、10日均线的阻力(甚至能突破3日均线),但却会受制于上档60日、120日等长期均线的阻力,价格的上涨幅度有限。这是因为30日、60日、120日中长期均线仍继续下行,呈空头排列,空方能量尚未释放完毕。在经过长期的下跌之后,价格跌无可跌,中长线投资者或者主力入场买进建仓,价格在一定区域内横向波动构筑底部,30日、60日、120日均线的下降速率趋缓甚至有走平的迹象,价格也逐渐向3条均线靠近。最终,价格在成交量放大的配合下,一举向上突破30日、60日、120日3条均线,这意味着长期下跌趋势的结束和中长期上升趋势的开始。当价格放量突破3条均线时或回档不破30日均线时,便是中长线最佳的买入时机。

(1)很多投资者喜欢用5日、10日、30日等中短期均线分析趋势和指导操作,但实际上30日、60日、120日等中长期均线的组合对于中长线投资者更具有指导意义,它可以使我们看到更长远的趋势。有句话叫"看大势者赚大钱,看小势者挣小钱,不看势者尽赔钱",而30日、60日、120日均线的组合正是对大的趋势的一种有效判断方法。

(2)当价格向上突破30日、60日、120日均线时,就意味着最近30日、60日和120日买进该期货品种合约的投资者都已解套或有盈利,多方占有绝对优势,后市上涨就是自然的事了,且肯定有多头主力进场。

(3)价格向上突破30日、60日、120日3条均线时必须要有量的配合,而且量的大小将决定价格的上涨动力和上升空间。

(4)本条买入时机特别适用于价格长期下跌,30日、60日、120日均线呈典型空头排列而后价格向上放量突破的期货品种。对于价格按箱形整理运行的商品价格来回围绕30日、60日、120日均线上下波动的行情,倒不如运用5日、10日、30日均线组合波段操作更有效。

四、均线实战案例——葛兰维尔均线买卖法则

(一)葛兰维尔均线买卖法则原理

价格要始终围绕平均移动线上下波动,不能偏离太远,如果距离均线太远的话,就应该向价格回归,便会在平均线的吸引下发生回档,朝平均线靠近。

1. 四大买进法则

(1)平均线从下降逐渐走平转为上升,而价格从平均线的下方突破平均线时,为买进信号。

(2)价格虽跌破上升的平均线,但不久又调头向上,并运行于平均线的上方,此时可加码买进。

(3)价格下跌未破平均线,并重现升势,此时平均线继续在上升,仍为买进信号。

(4)价格跌破平均线,并远离平均线时,很有可能产生一轮强劲的反弹,这也是买进信号。但要记住,弹升后仍将继续下挫。这是因为大势已经转弱,久战势必套牢。

2. 四大卖出法则

(1)平均线走势从上升逐渐走平转为下跌,而价格从平均线的上方往下跌破平均线时,

是卖出信号；

(2)价格虽反弹突破平均线,但不久又跌到平均线之下,而此时平均线仍在下跌时,这也是卖出信号；

(3)价格跌落于平均线之下,然后向平均线弹升,但未突破平均线即受阻回落,仍是卖出信号；

(4)价格急速上涨远离上升的平均线时,投资风险激增,随时会出现回跌,又是一个卖出信号。

(二)葛兰维尔均线买卖法则图解

格兰维尔移动平均线八大法则中的前四条是用来研判买进时机,后四条是研判卖出时机(图4-3)。总而言之,运用移动平均线对价格走势进行研判时,大致应遵循如下规则：

当平均线上升时为买入机会,下降时为卖出机会；当平均线由跌转升,价格从平均线下方向上突破平均线时,为最佳买入时机；当平均线由升转跌,价格从平均线上方向下跌破平均线时,为重要卖出时机。

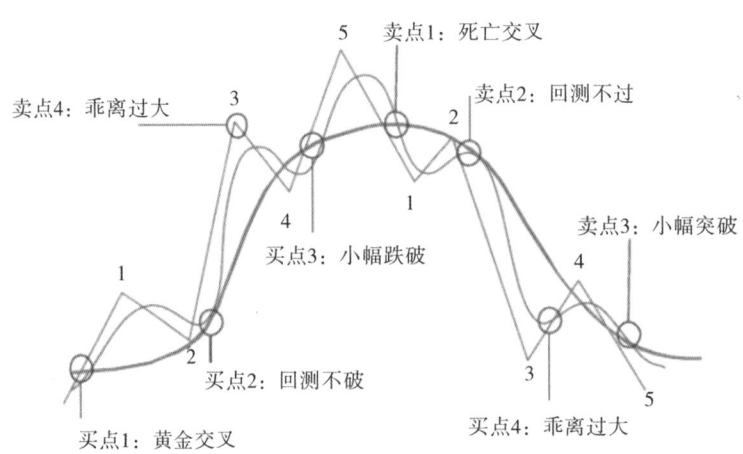

图4-3 八大买卖法则与波位

1. 四个买点

(1)买点1:长周期均线走平,短周期均线持续上扬,完成黄金交叉代表趋势可能反转,价格做小修正完成后突破高点,便是买点1。(图4-4)

(2)买点2:短周期均线走平或微幅下弯,回测长周期均线不破,长周期均持续上扬代表趋势持续,修正乖离完成后突破高点为买进点2。(图4-5)

(3)买点3:短周期均线下弯与长周期均线交叉,长周期均线持续上扬代表趋势持续,修正乖离完成后突破高点为买点3。买点3分以下两种情况：

①跌破立即拉上来——较强,如图4-6(a)所示。

②跌破整理后才拉上来——较弱,如图4-6(b)所示。

说明：买点3要区分较强和较弱,因为买点3在上升第4浪或回调B浪可能性最大,又因为第5浪可能会失败,所以要随时准备止损。

(4)买点4:短周期均线上弯与长周期均线交叉,长周期均线持续下跌代表趋势持续,修

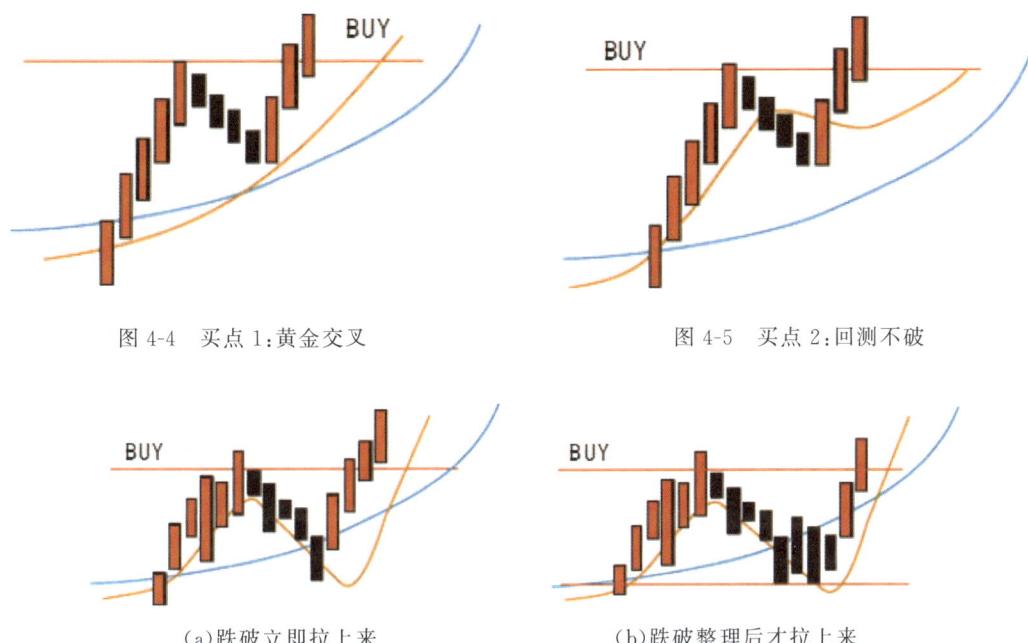

图 4-4 买点 1：黄金交叉　　　　图 4-5 买点 2：回测不破

（a）跌破立即拉上来　　　（b）跌破整理后才拉上来

图 4-6 买点 3：小幅跌破

正乖离完成后上攻为买点 4。（图 4-7）

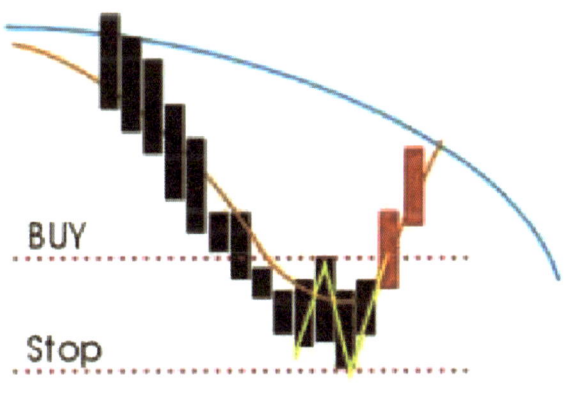

图 4-7 买点 4：乖离过大

2. 四个卖点

（1）卖点 1：长周期均线走平，短周期均线持续下弯，完成死亡交叉代表趋势可能反转，价格做小修正完成后跌破低点为卖点 1。（图 4-8）

（2）卖点 2：短周期均线走平或微幅上扬，反弹长周期均线不过，长周期均线持续下探代表趋势持续，修正乖离完成后跌破低点为卖点 2。（图 4-9）

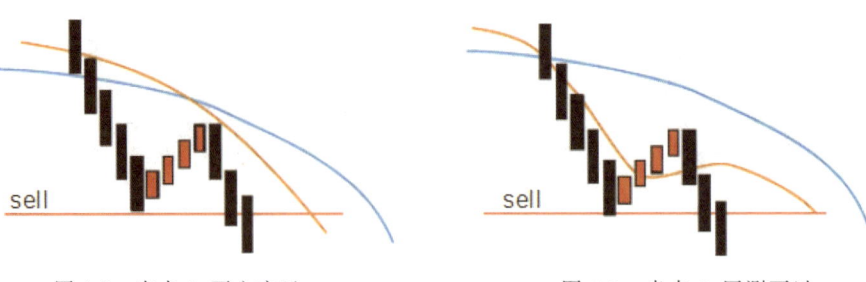

图 4-8　卖点 1：死亡交叉　　　　　图 4-9　卖点 2：回测不过

（3）卖点 3：短周期均线上扬与长周期均线交叉，长周期均线持续下跌代表趋势持续，修正乖离完成后突破低点为卖点 3。卖点 3 分以下两种情况：

①突破后立即下跌——较弱，如图 4-10(a)所示。

②突破整理后才下跌——较强，如图 4-10(b)所示。

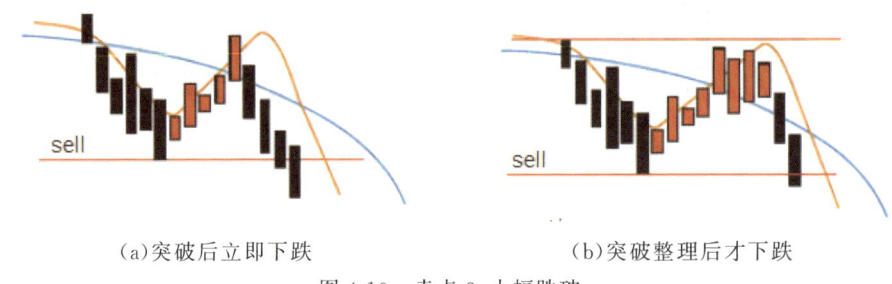

(a)突破后立即下跌　　　　　　(b)突破整理后才下跌

图 4-10　卖点 3：小幅跌破

（4）卖点 4：短周期均线下弯与长周期均线交叉，长周期均线持续上扬代表趋势持续，修正乖离完成后下攻为卖点 4。（图 4-11）

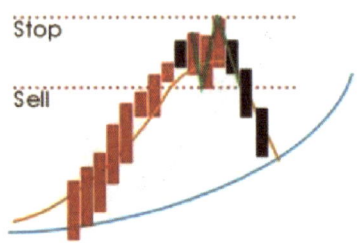

图 4-11　卖点 4：乖离过大

第二节　MACD 指标分析技巧

MACD 指标是从双指数移动平均线发展而来的，是由快的指数移动平均线（EMA12）减去慢的指数移动平均线（EMA26）得到快线差离值（DIF），再用（快线 DIF－DIF 的 9 日加权移动均线 DEA）×2 得到 MACD 柱。所以 MACD 指标是由两线一柱组合起来形成的，快速线为 DIF，慢速线为 DEA，柱状图为 MACD。MACD 的意义和双移动平均线基本相同，即由快、慢均线的离散、聚合表征当前的多空状态和价格可能的发展变化趋势。在期货投资分析中,MACD指标在保护投资者利益方面,远超过它发现投资机会的功效,MACD指标在中长期分析中表现优异,但它所产生的交叉信号,对短线买卖比较滞后。

一、MACD 指标模型原理

MACD在应用上应先行计算出快速(一般选12日)移动平均值与慢速(一般选26日)移动平均值。以这两个数值作为测量两者(快速线与慢速线)间的"差离值"依据。所谓"差离值"(DIF),即12日EMA数值减去26日EMA数值。因此,在持续的涨势中,12日EMA在26日EMA之上。其间的正差离值(+DIF)会愈来愈大。反之在跌势中,差离值可能变负(-DIF),也愈来愈大。至于行情开始回转,正或负差离值要缩小到一定的程度,才真正是行情反转的信号。MACD的反转信号界定为"差离值"的9日移动平均值(9日EMA)。

(一)MACD指标计算方法

下面以参数为12日和26日的EMA,参数为9日的DIF为例介绍MACD的计算过程:
1. 计算移动平均值(EMA)
12日EMA的算式为:
$$EMA(12)=前一日EMA(12)\times 11/13+今日收盘价\times 2/13$$
26日EMA的算式为:
$$EMA(26)=前一日EMA(26)\times 25/27+今日收盘价\times 2/27$$
2. 计算离差值(DIF)
$$DIF=今日EMA(12)-今日EMA(26)$$
3. 计算DIF的9日EMA

根据差离值计算其9日的EMA,即差离平均值,是所求的DEA值。今日DEA(MACD)=前一日DEA×8/10+今日DIF×2/10,计算出的DIF和DEA的数值均为正值或负值。用(DIF-DEA)×2即为MACD柱状图,如图4-12所示。

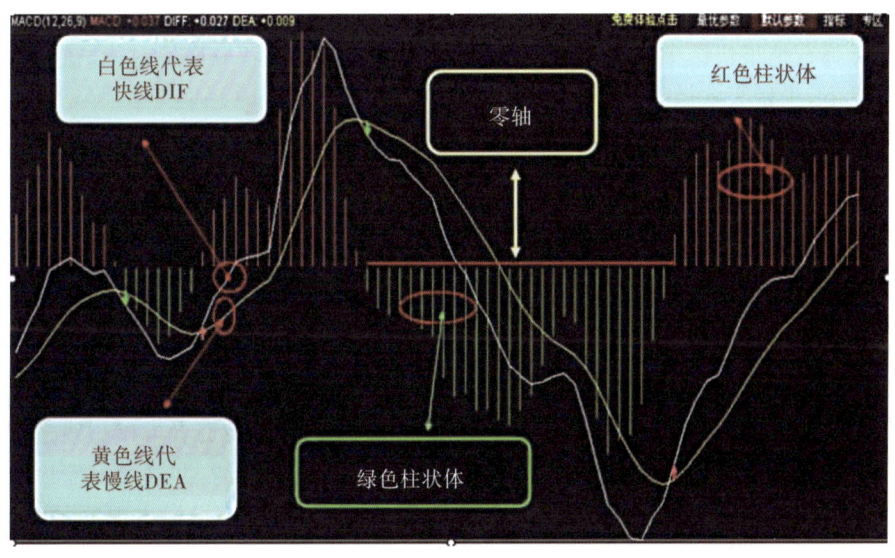

图4-12 计算DIF的9日EMA

（二）MACD指标的优缺点

MACD指标的作用是找出市场的超买、超卖点及市场的转势点。

1. 优点

MACD指标主要适于研判中长期走势。易判断上涨或下跌行情的开始与结束，利用MACD指标，可以判断出目前市况是多头市场还是空头市场，避免逆向操作。在确定趋势后，则可采用相应的买卖策略，减少无谓频繁进出。

2. 缺点

当价格在短时间内上下波动较大时，由于MACD反应迟缓，不能迅速产生买卖信号，所以不适于短线操作。在价格处于盘局中波幅较小时，MACD发出的买卖信号不明显，在分析K线图走势时，较适于比较活跃的大幅波动的期货品种，对于价格甚少变动的品种则不适用。

二、MACD指标分析技巧

MACD指标的分析技巧主要集中在MACD指标的"金叉""死叉"以及MACD指标中的红、绿柱状线的情况等两大方面。

（一）交叉分析技巧

1. 黄金交叉分析

(1) 0值线以下区域的弱势"黄金交叉"

当MACD指标中的DIF线和DEA线在远离0值线以下区域同时向下运行很长一段时间后，当DIF线开始进行横向运行或慢慢勾头向上靠近DEA线时，如果DIF线接着向上突破DEA线，这是MACD指标的第一种"黄金交叉"。它表示价格经过很长一段时间的下跌，并在低位整理，一轮比较大的跌势后价格将开始反弹向上，是短线买入信号。对于这一种"黄金交叉"，只是预示着反弹行情可能出现，并不表示价格的下跌趋势已经结束，还有可能出现的反弹行情很快结束价格重新下跌的情况。因此，投资者应谨慎对待，在设置好止损价位的前提下，少量买入做短线反弹行情。

(2) 0值线附近区域的强势"黄金交叉"

当MACD指标中的DIF线和DEA线都运行在0值线附近区域时，如果DIF线在DEA线下方并由下向上突破DEA线，这是MACD指标的第二种"黄金交叉"。它表示价格在经过一段时间的涨势并在高位或低位整理后，将开始一轮比较大的上涨行情，是中长线买入信号。它可能预示着价格的一轮升幅可观的上涨行情将很快开始，这是投资者买入建仓的比较好的时机。对于这一种"黄金交叉"，投资者应区别对待。

①当价格是在底部小幅上升，并经过了一段短时间的横盘整理，然后价格放量向上突破，同时MACD指标出现这种金叉时，是长线买入信号。此时，投资者可以长线逢低建仓。

②当价格是从底部启动，已经出现一轮涨幅比较大的上升行情，并经过上涨途中的比较长时间的中位回档整理，然后价格再次调头向上扬升同时MACD指标出现这种金叉时，是中线买入信号。

(3) 0 值线以上区域的一般"黄金交叉"

当 MACD 指标中的 DIF 线和 DEA 线都运行在 0 值线以上区域时,如果 DIF 线在 DEA 线下方调头并由下向上突破 DEA 线,这是 MACD 指标的第二种"黄金交叉"。它表示价格经过一段时间的高位回档整理后,新的一轮涨势开始,是第二个买入信号。此时,激进型投资者可以短线加码买入,稳健型投资者则可以继续持股待涨。

2. 死亡交叉分析

(1) 0 值线以上区域的强势"死亡交叉"

当 MACD 指标中的 DIF 线和 DEA 线在远离 0 值线以上区域同时向上运行很长一段时间后,当 DIF 线开始进行横向运行或慢慢勾头向下靠近 DEA 线时,如果 DIF 线接着向下突破 DEA 线,这是 MACD 指标的第一种"死亡交叉"。它表示价格经过很长一段时间的上涨行情,并在高位横盘整理后,一轮比较大的跌势将展开。对于这一种"死亡交叉",预示着价格的中长期上升行情结束,一个下跌趋势已可能开始,价格将可能展开一段时间较长的跌势,因此,投资者对于 MACD 指标的这种"死亡交叉"应格外警惕,应及时逢高平仓或空头开仓,特别是对于那些前期涨幅过高的期货品种更要加倍小心。

(2) 0 值线以下区域的弱势"死亡交叉"

当 MACD 指标中的 DIF 线和 DEA 线在远离 0 值线以下区域运行很长一段时间后,由于 DIF 线的走势领先于 DEA 线,因此,当 DIF 线再次开始慢慢调头向下靠近 DEA 线时,如果 DIF 线接着向下突破 DEA 线,这是 MACD 指标的另一种"死亡交叉"。(图 4-13)它表示价格在长期下跌途中的一段时间的反弹整理后,一轮比较大的跌势又要展开,价格将再次下

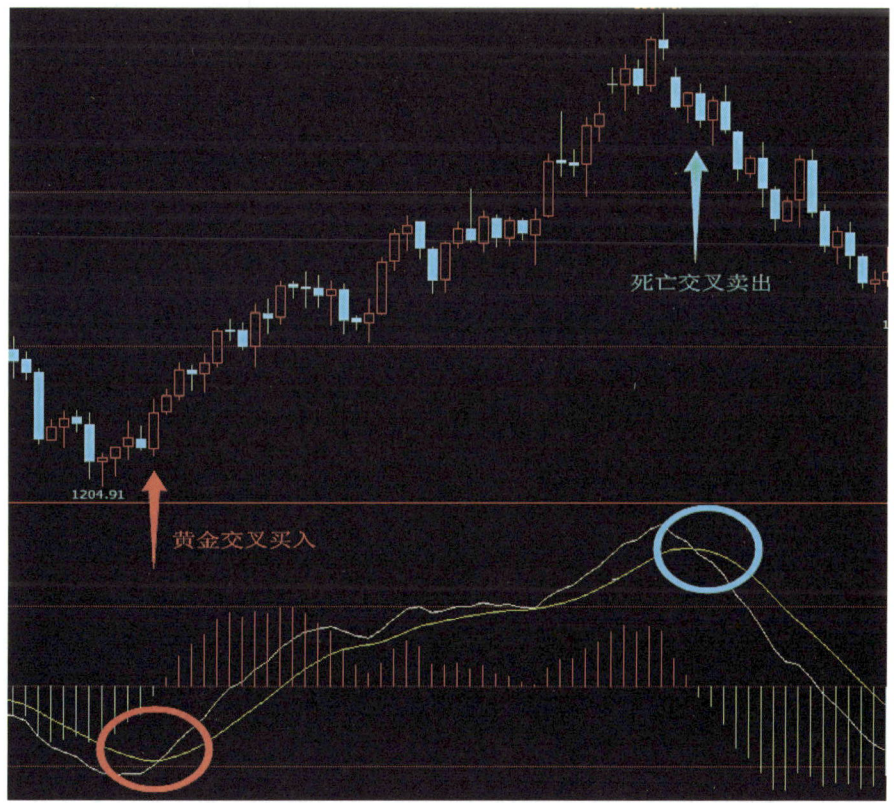

图 4-13 0 值线以下区域的弱势"死亡交叉"

跌,是短线卖出信号。对于这种"死亡交叉",它意味着下跌途中的短线反弹结束,价格的中长期趋势依然看淡,投资者应以逢高卖出或观望为主。MACD交叉分析汇总表见表4-1。

表4-1 MACD交叉分析汇总表

序号	名称	技术图形	特征	技术含义	操作建议	备注
1	DEA上穿0轴		DEA由负值变为正值	表示价格走势开始进入强势	投资者可以看多做多	投资都看多的依据
2	DEA下穿0轴		DEA由正值变为负值	表示价格走势开始进入弱势	投资者可以看空做空	投资都看空的依据
3	DEA调头向上,形成黄金交叉		①既可以出现在正值区域,也可以出现在负值区域;②向下的DEA转为向上移动;③DIF从下往上穿DEA产生"黄金交叉"	①在0轴之上出现表示后市看多;②在0轴之下出现表示反弹开始,为短线买进信号;③靠近将要穿越0轴为好买点	①在正值区域出现,将来上涨的机会大于下跌,激进型投资者可跟进做多,稳健型投资者可继续持仓②在负值区域出现,激进型投资者可在设好止损的前提下适时抢反弹,稳健型投资者应看空做空	①黄金交叉在0轴之上通常表示回档结束,新一轮升势开始;②黄金交叉在0轴之下通常表示反弹行情出现,但并不说明空头行情已结束,反弹随时可能夭折
4	DEA调头向下,形成死亡交叉		①既可以出现在正值区域,也可以出现在负值区域;②向上的DEA转为向下移动;③DIF从上往下穿DEA产生"死亡交叉"	①在0轴之上出现表示短期回调开始,后市谨慎看多;②在0轴之下出现表示要继续下跌,后市看淡	①在正值区域出现,激进型投资者可暂时退出观望,稳健型投资者可继续持仓观望;②在负值区域出现,投资者应看空做空	①死亡交叉在0轴之上通常表示短期回调开始,但中长期走势可继续看多;②死亡交叉在0轴之下通常表示反弹结束,中长期走势继续看淡

(二)柱状线分析技巧

在大多数期货技术分析软件中,柱状线是有颜色的,低于0轴以下是绿色,高于0轴以上是红色,前者表示趋势向下,后者表示趋势向上,柱状线越长,趋势越强。下面以红色柱状线为例说明分析技巧,绿色柱状线分析与红色柱状线相反。

红色柱状线的放出,表明市场上的多头力量开始强于空头力量,价格将开始一轮新的涨升行情,是一种比较明显的买入信号。对于这种买入信号,投资者也应从以下几个方面进行分析：

(1)当 DIF 线和 DEA 线都在 0 值线以上区域运行，说明价格处于多头行情中，价格将继续上涨。当 MACD 指标在 0 值线上方经过短暂的回调整理后，红柱线再次放出时，投资者可继续持仓做多，空仓者可逢低买入。

(2)当 DIF 线和 DEA 线都在 0 值线以下区域运行，说明价格处于空头行情中，价格将继续下跌探底。当 MACD 指标中的绿柱线经过很长一段时间的低位运行，然后慢慢收缩后，如果红柱线出现时表明价格可能出现反弹但中长期下跌趋势并没有完全改变。此时，激进型投资者可以在设置好止损点的前提下短线少量买入，稳健型投资者则可以继续持币观望。

(3)当 DIF 线和 DEA 线都在 0 值线以下区域运行，但这两条线在低位经过一次"黄金交叉"后，其运行方向开始同时向上并越来越向上靠近 0 值线时，如果此时红柱线开始放出（特别是第二次放出），表明价格经过长时间的整理后，下跌趋势已经结束，价格在大量买盘的推动下将开始一轮新的上升行情。这也是投资者中长线买入的一个较好时机。此时，投资者应及时多单买入或持仓待涨。

(4)当 DIF 线和 DEA 线都在 0 值线以上区域运行时，一旦红柱线开始无法放大并慢慢收缩时，说明价格的涨势已接近尾声，价格短期将面临调整但仍处于强势行情中。对于这种情况的出现，稳健型的投资者可先暂时短线获利了解，待价格运行趋势明朗后再做决策；而激进型的投资者可继续持仓观望。

(5)当 DIF 线和 DEA 线都在 0 值线附近区域运行时，一旦红柱线消失，说明价格的上升行情已经结束，一轮中长线下跌行情即将展开。对于这种情况的出现，多头投资者应尽早中长线清仓离场，特别是 DIF 线和 DEA 线也同时向下运行时，更应果断离场。

(6)当 DIF 线和 DEA 线都在 0 值线以下区域运行时，如果 MACD 指标中的红柱线再次短暂放出后又开始收缩，则表明价格长期下跌途中的短暂反弹将结束，空方力量依然强大，投资者还应看空、做空，抢反弹的投资者应尽快离场。

(三)MACD 指标背离分析技巧

MACD 指标的背离就是指 MACD 指标的图形的走势正好和 K 线图的走势方向相反。MACD 指标的背离有顶背离和底背离两种。

1. 顶背离

当价格 K 线图上的走势一峰比一峰高（价格一直在向上涨），而 MACD 指标图形的走势却是一峰比一峰低。即当价格的高点比前一次的高点高，而 MACD 指标的高点比指标的前一次高点低，这叫顶背离现象。顶背离现象一般是价格在高位即将反转转势的信号，表明价格短期内即将下跌，是卖出信号。（图 4-14）

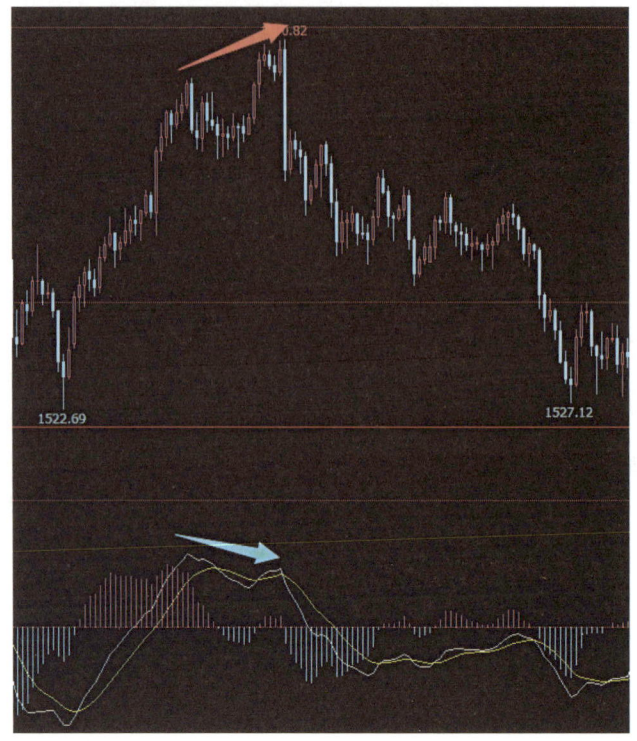

图 4-14　顶背离

2. 底背离

当价格 K 线图上的走势一峰比一峰低（价格一直在向下跌），而 MACD 指标图形的走势是一底比一底高，即当价格的低点比前一次低点低，而指标的低点却比前一次的低点高，这叫底背离现象。底背离现象一般是预示价格在低位可能反转向上的信号，表明价格短期内可能反弹向上，是短期买入信号。（图 4-15）

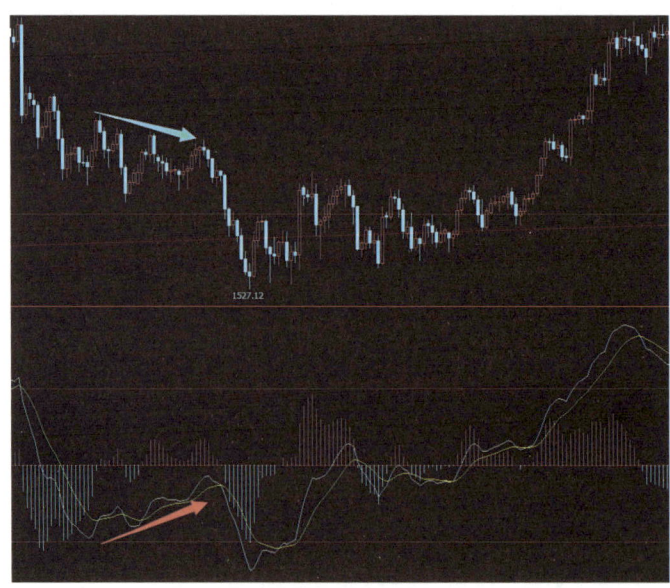

图 4-15　底背离

三、MACD 指标实战案例——MACD 八大形态

（一）佛手向上形态

DIF 与 DEA 出现金叉了之后，随着价格的上行而往上，之后也会跟着价格的回调而往下。这通常就是主力洗盘的时候，价格回调使得 DIF 回调到 MACD 线的附近之后，DIF 线立即调头向上，形成了佛手向上的形态，这时候的均线系统多数是多头排列的。（图 4-16）

（二）小鸭出水形态

DIF 在 0 轴以下金叉 DEA 线后，并没有上穿 0 轴或者是上穿了一点点就重新回到 0 轴以下了，然后向下死叉了 DEA，几天之后再次金叉 DEA 线，这形态出现在价格下跌探底后，抛盘穷尽的时候呈现底部形态，这时候可以将其理解为底部信号，可以择机入市做多。这时候的均线系统多数也是空头排列形态的。（图 4-16）

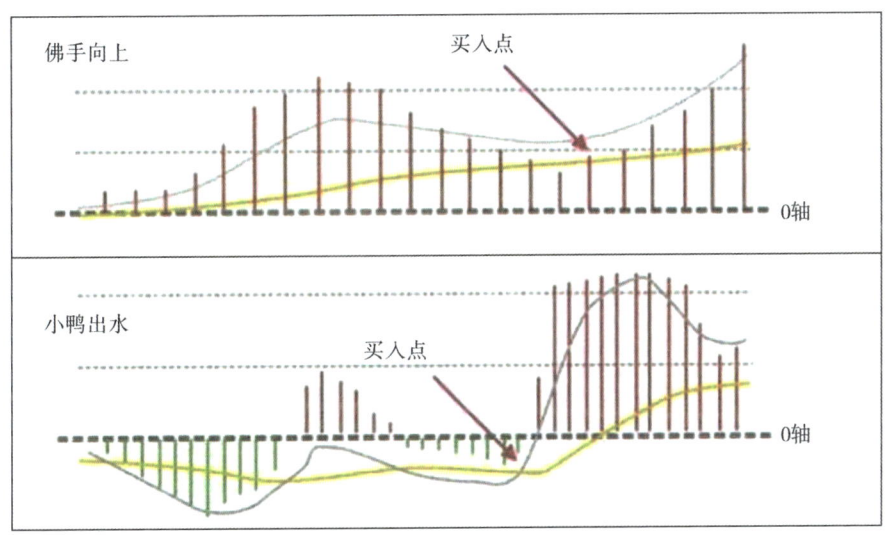

图 4-16　佛手向上与小鸭出水形态

（三）漫步青云形态

DIF 线在 0 轴上死叉了 DEA 线，继续下穿了 0 轴，在 0 轴以上金叉了 DEA。这时候的 K 线形态多数是正在穿越重要的均线，此形态的形成就是价格在探底回升途中做盘整，也会有筑底形态，呈现上攻之势，这时候可以积极介入。（图 4-17）

（四）天鹅展翅形态

DIF 在 0 轴以下金叉 DEA 线，之后没有上穿到 0 轴就出现了回调，向着 DEA 靠拢，MACD 的红柱缩短，但是没有死叉到 DEA 就再次反转向上，同时配合着 MACD 红柱加长，就形成了天鹅展翅的形态。此形态就是底部形态，这是价格下跌探底之后，抛盘穷尽时呈现

出的底部形态,这可以理解为主力建仓区域,这时候就可以择机做多了。(图4-17)

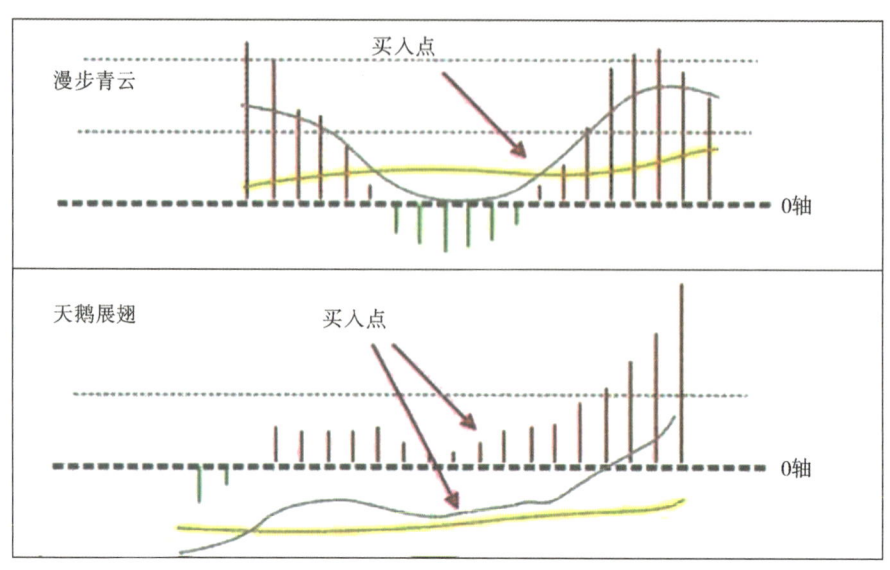

图4-17 漫步青云与天鹅展翅形态

(五)空中缆车

DIF在0轴之上死叉DEA线,但是不下穿0轴,过了几天就再次在0轴以上金叉DEA。此形态的出现多是上档盘整、主力洗盘所为。价格经过短暂的调整之后,呈现了强劲的上升动力,这时候可以积极地买入,如果还能连续地放量那就更好了。

(六)空中缆绳形态

DIF在0轴下金叉了DEA之后在0轴上运行了一段时间,之后价格调整,DIF也向下回调,当DIF调到了DEA线时,两线粘合在一起几乎成了一线,在它们分离并且多头发散的时候,就是买入的时机了,代表着新的涨停开始了。此形态的出现多为上档盘整合主力洗盘所为,价格在上升途中做了短暂的盘整之后,呈现强势上攻的形态,这时要果断买入。此形态和空中缆车的主要区别就是:它不发生死叉,而空中缆车发生了死叉!相同点就是它们的均线系统都是多头排列的。

(七)海底电缆形态

MACD在0轴下运行了一个多月的时间,DIF在0轴下金叉DEA之后,两线粘合成了一条线,数值几乎都相等,两线一旦开始向上多头发散了,就可以积极地买入。0轴以下的海底电缆形态的形成,多数发生在价格下跌探底之后,抛盘穷尽的时候呈现出的底部形态,这时候主力的介入,进入压箱底建仓吸筹,可以择机进场。

(八)海底捞月

DIF在0轴以下产生了两次金叉,说明筑底完成,开始走出了底部,可以择机介入,这时候的均线系统多数是多头排列,而价格出现在了重要均线的下方。

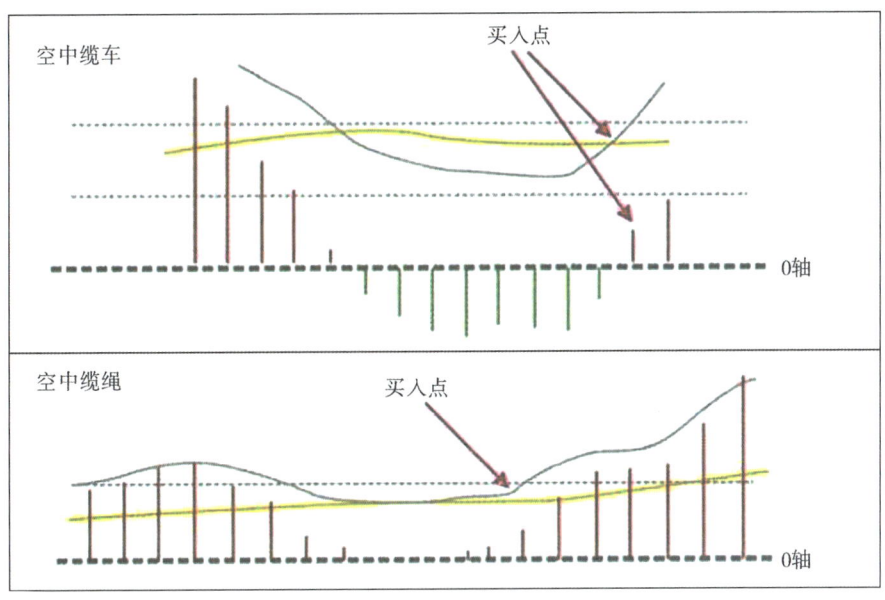

图 4-18　空中缆车与空中缆绳形态

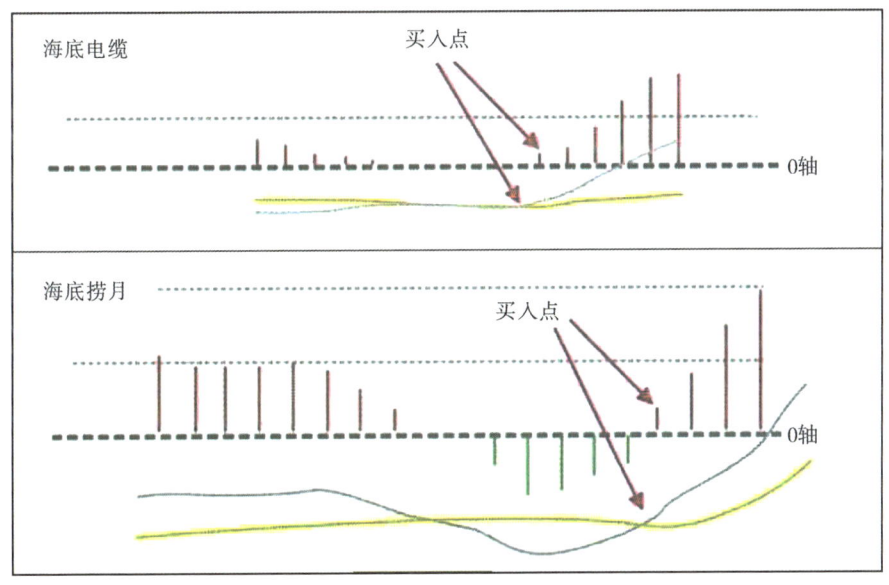

图 4-19　海底电缆与海底捞月形态

校企合作案例

（一）均线指标的实盘应用

在和瑞奇期货合作过程中,我们跟踪了均线指标在期货市场中的应用,基本上符合理论预期。如:在 2019 年 1 月 10 日,我们发现沥青 1906(品种代码:bu1906)在下跌趋势线被突破后,在 10 日均线上穿 20 日均线发出确认看涨信号。如图 4-20 所示。

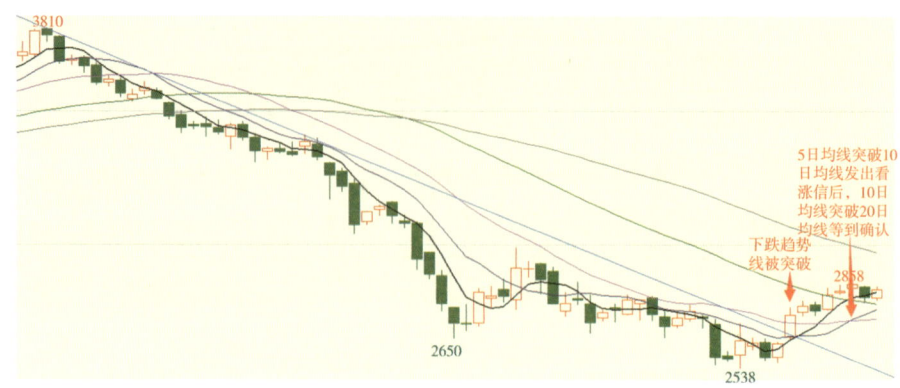

图 4-20　下跌趋势线被突破后,在 10 日均线上穿 20 日均线发出确认看涨信号

在均线确认看涨的情况下,我们认为趋势已经反转,于是在 2019 年 1 月 15 日尝试做多(图 4-20 最后一根 K 线的位置)。并在 2019 年 2 月 19 日 5 日均线向下突破 10 日均线发出整理信号后止赢观望(图 4-21 最后一根 K 线的位置)。

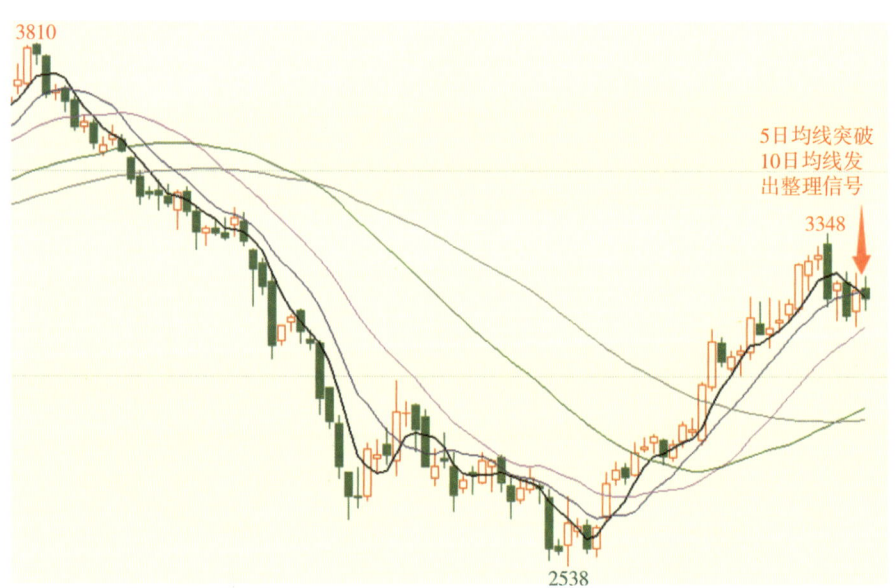

图 4-21　5 日均线突破 10 日均线发出整理信号

在跟踪交易的过程中,发现在下跌趋势线被有效突破行情反转后,以均线指标组合选择出入场点是相对可靠的。

(二)MACD 指标的实盘应用

在和易汇融公司合作过程中,我们跟踪了 MACD 指标在期货市场中的应用,基本上符合理论预期。如:我们发现郑醇 1905(品种代码:MA1905)在前期 MACD 指标发出"死叉"形成顶部之后,在 2018 年 10 月 19 日没有突破前高的情况下,MACD 指标又发出"死叉"看跌信号。如图 4-22 所示。

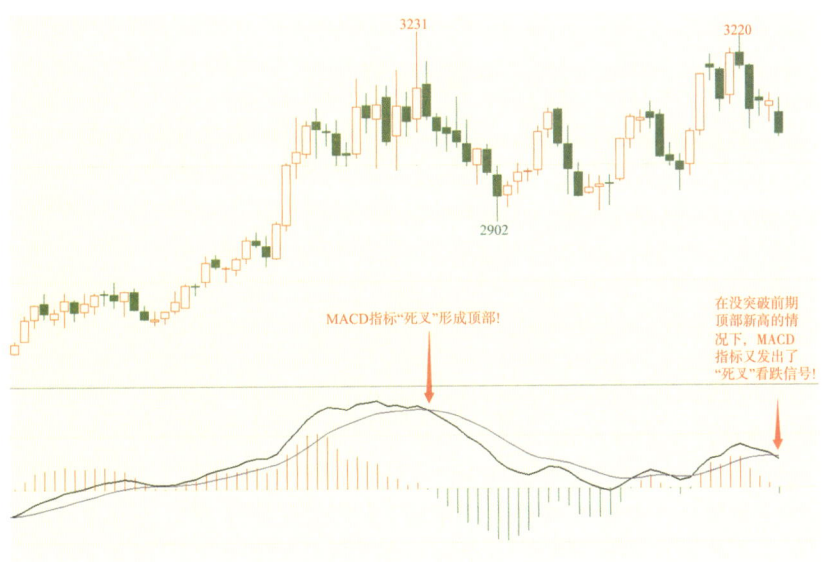

图 4-22　MACD 指标发出"死叉"形成顶部之后又发出"死叉"看跌信号

于是在 2018 年 10 月 19 日下午三点接近收盘时尝试做空（图 4-22 最后一根 K 线的位置），并于 2018 年 11 月 5 日 MACD 指标发出"金叉"看涨信号后平仓（图 4-23 最后一根 K 线的位置）。

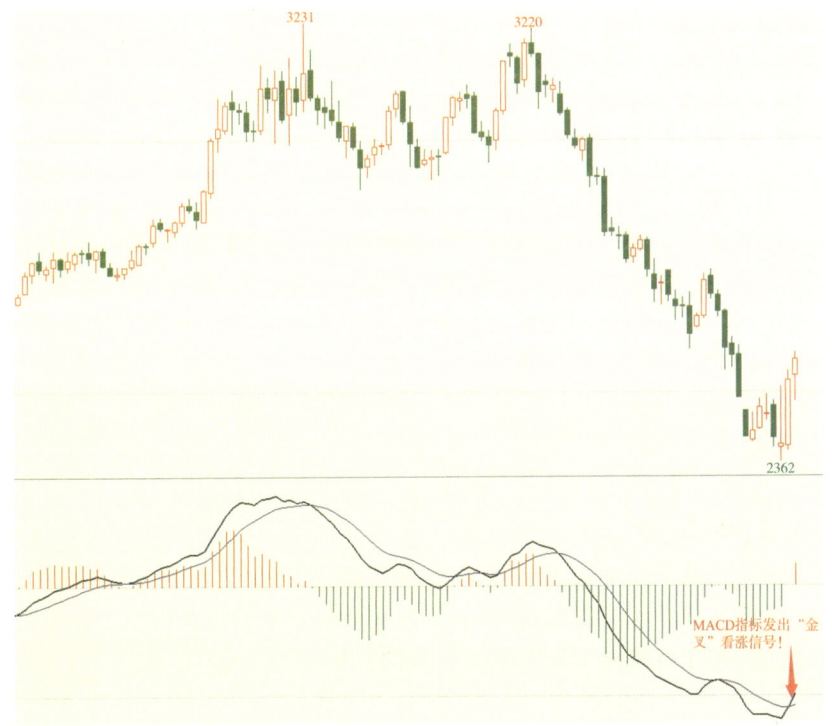

图 4-23　MACD 指标发出"金叉"看涨信号

在跟踪交易的过程中，发现用 MACD 指标作为进出场点是相对可靠的。

第五章
期货交易策略构建与技巧

第一节 日内短线交易策略与技巧

日内短线交易模式主要是指持仓时间很短,不留过夜持仓的交易方式。与普通的中长线交易不同的是它的持仓时间更短。日内超短捕捉入市后能够马上脱离入市成本的交易机会,入市之后如果不能马上获利,就准备迅速离场。因为这种交易方式在市时间短,所以承受的市场波动的风险较低。目前,国内有一些操盘高手采用此交易方式取得稳定的盈利,获得了成功。

一、日内短线交易认知

(一)短线交易的优缺点

1. 降低交易风险

每天进行短线交易,只需考虑即时行情,捕捉到其中细细的波段便可实现盈利,而不必多虑明天行情怎样走,大趋势如何。即使交易过程中出现错误,也会因及时处理,而不致酿成什么大损失。这与长线操作一旦被套就大亏,甚至血本无归的情况有很大的不同。短线操作可以降低风险包含了以下几个层面:
(1)有利必取,落袋为安;
(2)无利则逃,避开险境;
(3)防止突发事件而造成被动局面,使资金处于高度的灵活状态。

2. 便于利用交易机会

在某一天内行情的波幅可能很窄,而波段很丰富,亦即反复震荡几次,这对于长线交易者来说是一个免于交易的不起眼行情;但对于短线交易者来说则是增加了数个交易机会,并能有所收获。这样就使得长线交易者不屑一顾的行情变得有意义,且由一个机会演变为数个机会。

3. 以量取胜

短线交易中,虽然每一次交易所赚取的利润很有限,可能只是所用交易资金的百分之几,甚至更少,但由于在一天之内可以跑几个来回,累积起来的利润就很可观。有的"短枪手"用几十万元资金来来回回地交易,一天之内可以炒出几千手单,尽管平均起来每一手单的盈利在除去手续费之后少得可怜,可能还不足百元,这与长线操作者一手单要漂出几千元乃至上万元相比,简直可以忽略不计,但是因其交易频繁,交易总量可观,一天下来盈利少则几万元,多则十几万元,却也是实实在在的成绩。积少成多、集腋成裘,按月统计起来,那些一手单赚上几千上万元的长线交易者可能都不敌这每手单赚几十元的短线交易者。按年按季统计结果亦是如此。因为连续出现几千点的单边大行情的机会在一年之内难得有那么一两次,而能够把行情从头到尾都赚到的,那就更是少之又少;而一天之内反复波动十几点几十点的小行情却比比皆是,不贪不躁,获取小利润并不太难。

4. 避免心理负担

当天交易,当天了结,当天账目,当天算清,不论是盈是亏,收盘后都能安心休息。做成功了,第二天再继续;做亏了,停下来,认真总结一下,反正没有什么大的损失,很容易从头再来。不必担心操盘主力变卦,不必担心外盘有什么影响,也不必担心有什么突发事情发生,更有效地摆脱了前一天交易行情、情绪对操作产生的负面影响。

5. 避免攀比心理

对于长线交易者而言,由于受期价涨跌的影响,所持头寸不是长期处于盈利,便是被套得没有脾气了。盈得麻木的,不知什么时间出场,套得没有脾气的不知什么时间止损,其结果只能是一个,该赢的没有赢到,而不该亏的却变成了事实。一厢情愿的主观欲望占据着上风,就难免事不如愿,失望大于希望,沮丧情绪由此而生。一会儿贪欲涌起,幻想着一博定乾坤,一会儿悲观得不得了,觉得整个世界都是昏天黑地,心神不定,交易效果一定好不到哪里去。比如某客户在做天然橡胶时,一套就是大半年,整日里精神恍惚,硬是把原来的缕缕青丝熬成了满头白发。如果交易做成这样,还不如找份安稳的工作。

一厢情愿、不切实际的长线心理是培养侥幸的温床,止损的纪律便在一拖再拖之中化为乌有。只知求利,不思避险,只顾杀敌,不知防身,最后会陷入泥淖之中无法自拔。

6. 提高资金运作效率

短线交易,使资金处于一种高度灵活的运作状态,不仅避免了资金搁置,而且可以使资金产生意想不到的效用。假设,某一天行情在某一价格区间内来回波动三次,长线交易者最多只能赚到当天的波幅,而反复操作的短线交易者理论上能赚到三倍的波幅,可所动用的资金并没有增加,但资金效率明显大幅提高。薛斯理论认为,在一个大的薛斯通道中可以画出若干个小的薛斯通道,依据小薛斯通道交易所获得的交易利润要比按大薛斯通道交易所获得的利润多得多。这也证明了短线交易比长线交易更能获利。

7. 交易准确度大为提高

一般而言,时间越长,不可知事件发生的可能性越高,人的预见的正确性也就越差;而与之相反,时间越短,当前状态改变的可能性就越小,这是惯性使然。"顺势交易"被奉为期货交易的圭臬,而且多数人都是这样操作的,只有短到趋势尚未改变之前就做出了相应的处置,才是有效的。可见短线,也只有短线才能满足趋势不变的操作要求。因此,短线相对于长线来说更能提高交易的准确性。

8. 利于培养精确定价技能

短线要想操作成功,就必须对当前的价格走势预测做到既定性(价格的运动方向),又定量(价格的起止位置),否则短线就做不成。一个灵敏的短线交易者,常常可以精确地捕捉到当天的最高价和最低价。期货交易者,特别是初入市场的期货交易者宜从做好短线入手,以便建立良好的盘感和果断、利索的操作习惯。

任何东西有利必有弊,短线交易也有缺陷。每天不留头寸过夜的短线交易,有可能损失因价格跳空而带来的利润,有时也会因错过交易时间而导致交易机会损失,还会增加交易费用(手续费)。从心理因素上来说,也不利于形成良好的定力和耐性。尽管有这些不利因素,但从结果上来说,这只是利润的减少,而不是本金的重创。在期货投资这样的高风险投资中,在保本的基础上求利,才是最稳妥、最有效果的。否则,盲目贪多,就会适得其反、欲速则不达。

(二)短线交易的机会与风险

获利的机会有大有小,有些常见,有些则是在特定环境下才会发生,因此有必要对市场中提供的交易机会加以甄别并分类,最后再针对性地设计分析及交易思路。

1. 主要的交易机会

主要交易机会就是那些行情幅度大、持续时间长、又相对容易辨别的行情,交易者可充分参与而获取明显的收益。即:趋势行情中的主要行情段(不包括回抽动作)。

2. 次交易机会

次交易机会是指幅度不算很大,但出现的次数明显较主要交易机会多的行情。交易者通过把握波动的节奏来积累收益。一般来说,这样的交易机会存在于宽幅震荡区。

3. 来钱快的交易机会

无论市况背景,跳水和拉升始终是来钱最快的行情,伴有攻击性盘口是其基本表现。这是短线交易者最为向往的,也是下面技术研究的重点。

4. 垃圾交易机会

垃圾交易机会是指波动幅度小、持续时间短的行情。多发生于窄区间震荡市,是最容易持续出现止损的地方,因此一般建议将其过滤掉。(如大豆等品种,无量时常出现这样的走势)

5. 风险交易机会

风险交易机会是指可逆局部势下的抢反弹或博回调的行情。有一点儿波动空间,但由于局部逆势,若技术功底不够,不能把握其节奏,一是赚取的点位不大,二是容易被顺向再度攻击扫到而被迫止损。(因有相当的猜顶测底的主观情绪在里面,止损执行不果断,往往是大赔的开始)

6. 技巧性交易机会

技巧性交易机会是一些非主流的、不常见的行情,一般要求交易者经验丰富,反应快速才能把握到。如:主合约拉升(或跳水),次主力合约反应慢一拍,做次主力合约抓补涨(或补跌)。

短线交易的主要风险主要来自以下两个方面:一方面是在某种商品价格趋势形成后,期价会朝某个方向运动很大一段距离,短线交易者经常要将原本持仓不动即可轻松赚取的利润变成一小段一小段的小盈利,从而大大降低了盈利率,增加了交易风险;另一方面,某些时候在市场趋势一边倒的情况下,不能仅凭短线指标去逆势做单,以防止期价突然的大幅启动来不及止损造成大损失。

二、日内短线交易策略

因为是日内短线交易,所以只关心即时行情,可以抛开宏观面和基本面对行情趋势的困扰,单纯从技术面做分析即可。

(一)分时图交易策略与分析技巧

分时图中白色曲线表示价格每分钟的变化趋势,黄色曲线代表均价曲线,该线具有指引操作的作用。如果价格在均价线之上运行,属于多头市场,走势相对较强,投资者以应多开或持多单待涨为主;如果价格在均价线下方运行,属于空头市场,走势相对较弱,投资者应以空开或持空单待跌为主。下面以日内短线看空行情为例介绍七种常用分时图走势交易策略与分析技巧。

1. 均线挡道

均线挡道指价格上升到均价线附近或短暂上穿均价线后,就回头下行的走势。

走势分析:

①均价线应一直处在价格线之上,且呈水平状态横向移动;

②价格线绝大多数情况下,处在均价线之下,一般不向上突破均价线,即使突破,停留的时间也很短,突破的幅度也不会很大,并且很快回到均价线的下方;

③价格受到均价线的阻挡前,须与均价线有一段较大的距离,如果两线始终靠得很近,就不是均线挡道,更不能按均线挡道操作。

交易要点:

①注意均线挡道形态出现的价位。只有处在高价位的均线挡道才可做空。如果是处在调整后的低位,最好不做空,而是持仓待涨。

图 5-1 是一个标准的均线挡道分时图。价格开盘后下跌上摸到昨天的结算价后无力上攻,并在短时间内有第一次均线挡道,是最佳卖点。随后形成第二次均线挡道,是次佳卖点。超低反弹后价格上穿均线时不要平空仓单,因为价格处在均价线之下,一直没向上突破均价线,即使突破,停留的时间也很短,突破的幅度也不会很大。当重新跌回均价线下方时是第三次卖点。在跌幅达到一定幅度后形成双底时可平空仓单,激进者还可以买多。

②在价格受阻后向下跌落的幅度不能小于涨停幅度的 20%。当下跌的幅度小于涨停幅度 20%时,就不能"反手做多"了。图 5-1 的最大跌幅接近涨停幅度的 50%,符合条件,故可在开成新双底时平掉空仓单反手做多,因为当天跌幅较大,第 2 日必招到多头的反攻。

2. 跌破平台

跌破平台指价格在离均价线较近的地方进行长时间的横向整理后向下跌破平台的走势。

走势分析:

①跌破前,一定要出现一段横盘走势,形成一个明显的平台;

②价格跌破平台的低点后,多数情况下,会在短时间内又反弹到平台的低点附近,然后再次跌破平台的低点,此时就可确认跌破平台形态的形成,是最佳的卖点。

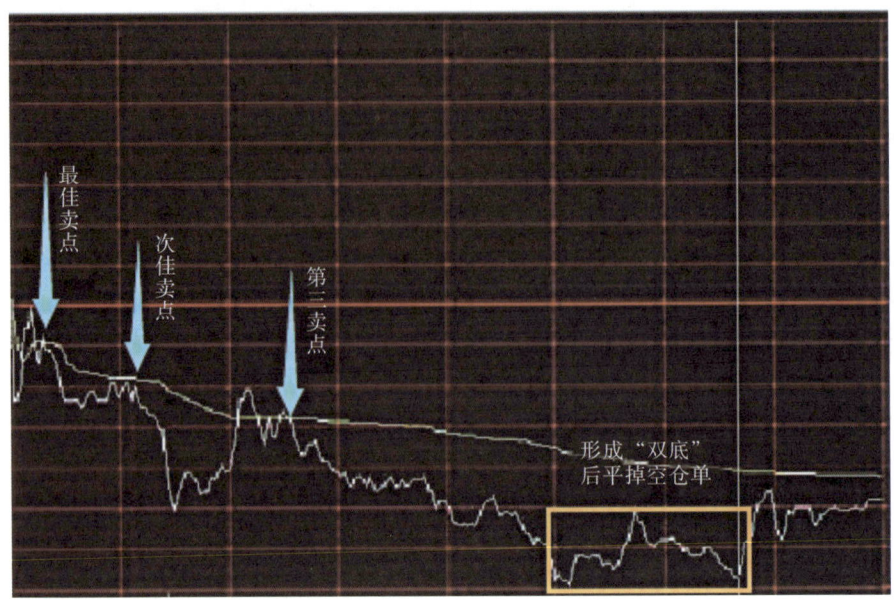

图 5-1　标准的均线挡道分时图

交易要点：
①要把握跌破平台的卖出时机。最好在第一个跌破平台卖出。第二个次之，因为跌幅较大；
②不可进行"反手做多"的买进；
③应考虑跌破平台的位置，如果平台是在低位，就不应该卖出，反而在破位时买进，第二天选个高点卖出。

图 5-2 是标准的跌破平台图，价格开盘拉高后，价格沿均价线进行长时间的横盘，上下无大的波动。接着向下跌破平台，随后在短时间内又反弹到平台的低点附近，对跌破平台形态形成的回抽确认后再度向下跌，形成最佳卖点，此后价格一泻千里。

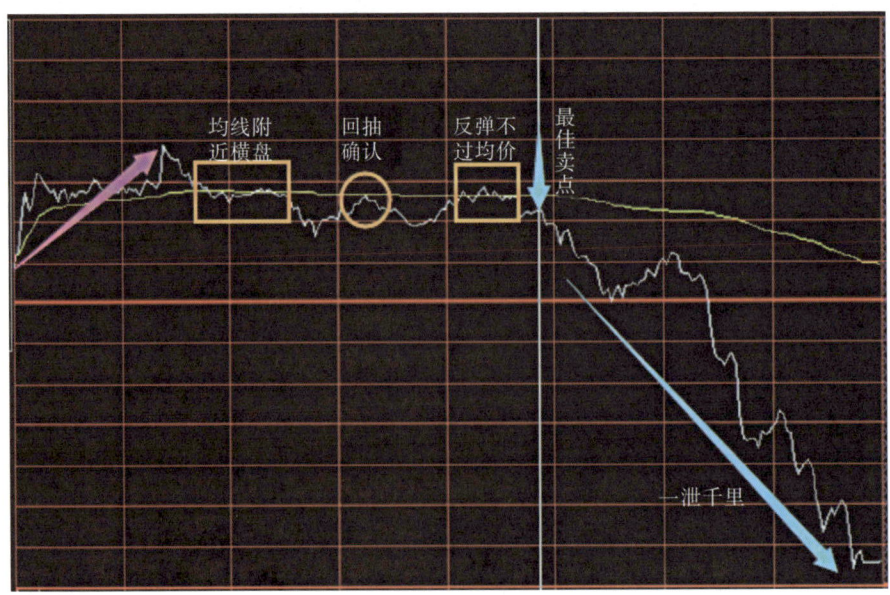

图 5-2　标准的跌破平台图

3. 一顶比一顶低

一顶比一顶低指价格上升到高位后,先后出现三个以上的顶峰,且顶峰一个比一个低。

走势分析:

①价格和均价线必须处在昨天的收盘线之上;

②第一个峰顶出现时,当天的价格上升的幅度不得少于涨停幅度的50%;

③形成三个顶部的峰顶和所夹的两个谷底的价格,均应处在均价线之上。

交易要点:

①要严格地按第一个峰顶要有涨停幅度的50%的上升幅度来执行;

②每个峰顶必须处在均价线之上;

③依据一顶比一顶低形态做空后,如果当天出现急跌的走势,跌幅超过涨停幅度的50%以上时,可能会出现止跌的迹象,在第二天可能会有所反弹。

图 5-3 是标准的一顶比一顶低的卖出图。价格在上升到高位后(第一个峰顶出现时,上升的幅度接近涨停幅度的50%),并先后出现三个以上的顶峰,且顶峰一个比一个低,此时是最佳的卖点。在接近尾盘时,因价格略有反弹。

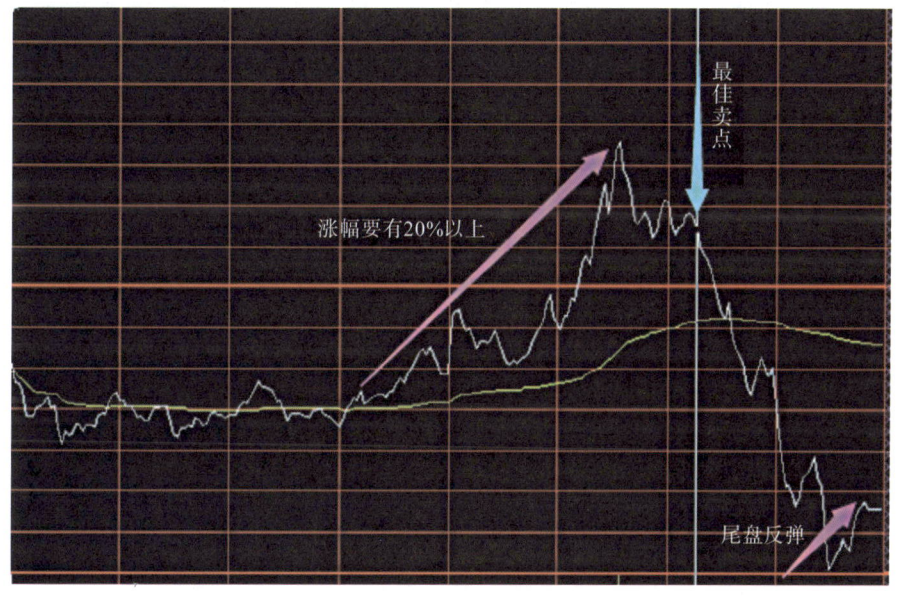

图 5-3　标准的一顶比一顶低的卖出图

4. 双平顶

双平顶指价格在经过一段涨升后,在高位形成了两个高点基本同值的顶部。

走势分析:

①"双平顶"形成时,起涨点到顶部高点的升幅不低于涨停幅度的30%;

②形成的两个顶部高点应基本同值;

③形成"双平顶"的价格应处在均价线之上。

交易要点:

①形成"双平顶"形态时,当日的价格上涨幅度应高于涨停幅度的30%,上涨幅度越大,有效性越大。上涨幅度小于涨停幅度30%的要避免操作。

②"双平顶"形态的最佳做空点在回抽确认后。

③"双平顶"形态只有在高位或波段的顶部时,才可放心做空。

图 5-4 是一个标准的双平顶卖出法,价格开盘后拉高形成"双平顶"形态,且当日的价格上涨幅度高于涨停幅度的 30%,形成的两个顶部高点基本为同值,在跌至均线下方后回抽确认,显示买盘力量不足,此时是最佳卖点。

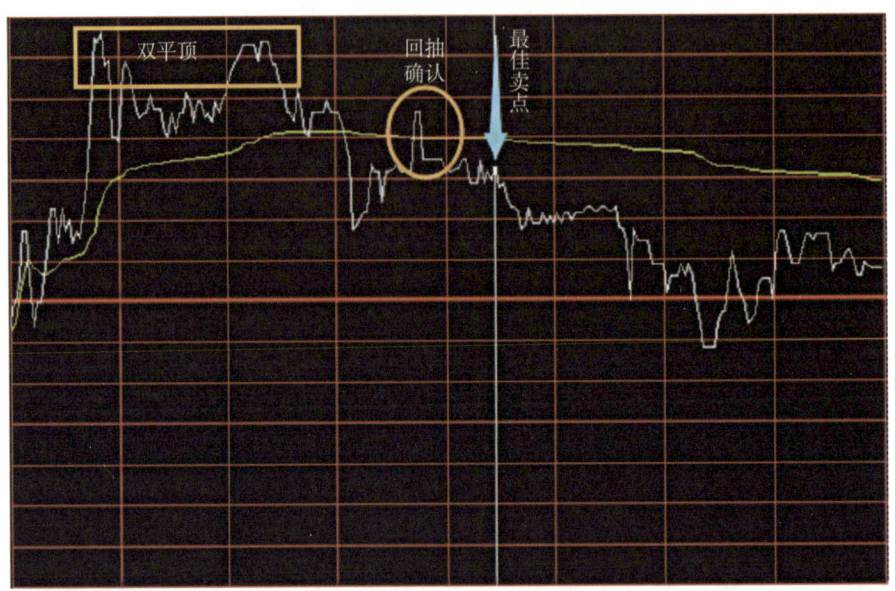

图 5-4 标准的双平顶卖出法

5. 对称上涨

对称上涨指价格先跌后涨,且涨跌的幅度大体相当的走势。这是高位做空的一个十分有效的指标。

走势分析:

①下跌和上涨的幅度应大体相当或相等,两者的差幅一般不超过两个价差;

②该形态下跌的低点到上涨的高点的波动幅度应在涨停幅度的 30% 以上,小于涨停幅度 30% 的"对称上涨"不适合操作。

交易要点:

①可以做"高位放空,低位接回";

②要严格把握下跌和上涨的幅度应在涨停幅度的 30% 以上;

③做"高位放空,低位接回"要注意止损点。

图 5-5 是一个"急跌急涨"卖出法,价格底开盘即下跌了涨停幅度的 18%,后迅速拉高到涨停幅度的 16.2%,符合价格先跌后涨、涨跌的幅度大体相当的走势(18%+16.2%>30%),是个极好的卖点。

6. 跌破前低

跌破前低指价格由升势转为跌势后,向下跌破了前面的低点。

走势分析:

①有跌破上升行情中调整浪的低点;

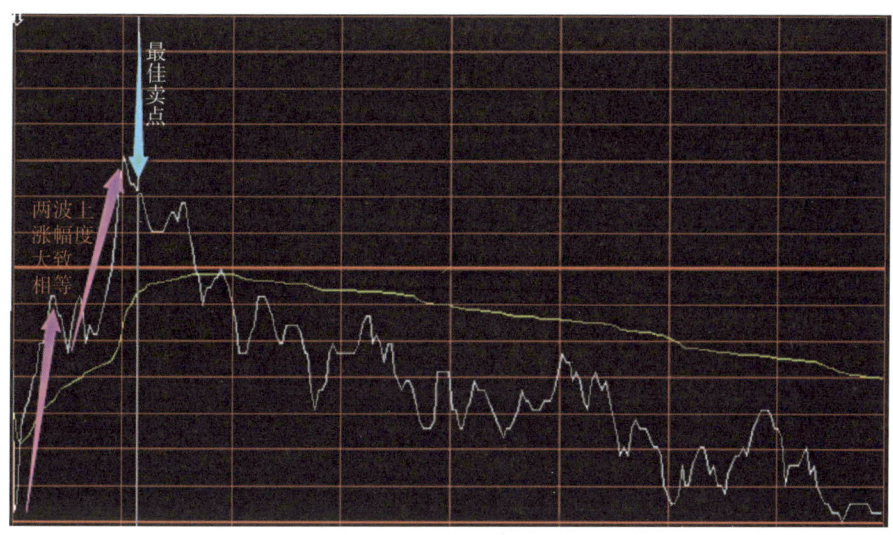

图 5-5 "急跌急涨"卖出法

②价格反弹后,跌破当前下降行情中反弹前的低点;

③一个交易日中,有多个"跌破前低",应在第一个和第二个"跌破前低"时做空,第三个就不适合操作了。

交易要点:

①一旦出现"跌破前低",价格会有不少的跌幅;

②"跌破前低"既可在前一上升波段中出现,也可在运行的下降波段中出现;

③在一个交易日中,会有多个"跌破前低",它们既可在前一上升波段中出现,也可在运行的下降波段中出现同存,只要跌破其中任何一个低点,均可放心做空。

图 5-6 是一个标准的在运行的下降波段中出现"跌破前低"分时图,可见"跌破前低"时是最佳卖点。

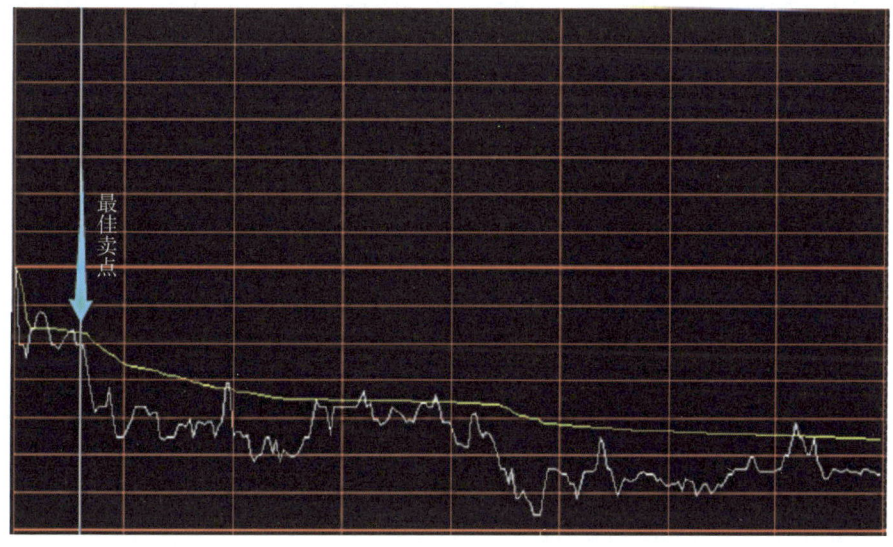

图 5-6 标准的在运行的下降波段中出现"跌破前低"分时图

7. 结算线阻挡

结算线阻挡指昨日结算价格阻价格向上涨升的一种走势。分接近式、接触式、略超式3种。

接近式：分时线离昨日结算线还有一点儿小小的距离时就停止前进。

接触式：价格与昨日结算线刚一接触就掉头下行。

略超式：价格上穿昨日结算线后才掉头下行。

走势分析：

①价格在开盘后有一段下跌的过程，跌幅不少于涨停幅度的30%，下跌的幅度越大，后市获利的可能性就大；

②"结算线阻挡"出现前，价格、均价、结算价三线必须出现过"价格线在下，均价线居中，结算线在上"的走势，没出现该走势形态的"结算线阻挡"不适合操作。

交易要点：

①注意"结算线阻挡"出现前该走势形态下跌的幅度，价格必须下跌到涨停幅度的30%，小于涨停幅度30%的获利较难，不适合操作；

②操作"结算线阻挡"前要注意K线图，只有K线图上的价格处在高位或处在下降途中，才可放心做空；

③若处在调整后的低位，要小心操作；

④要注意设好止损点。

图5-7是一个接近式结算线阻挡分时图。在第一次接近结算线附近回落，当价格第二次到达高点附近时是最佳卖点，随后形成"M头形态"调头下跌。

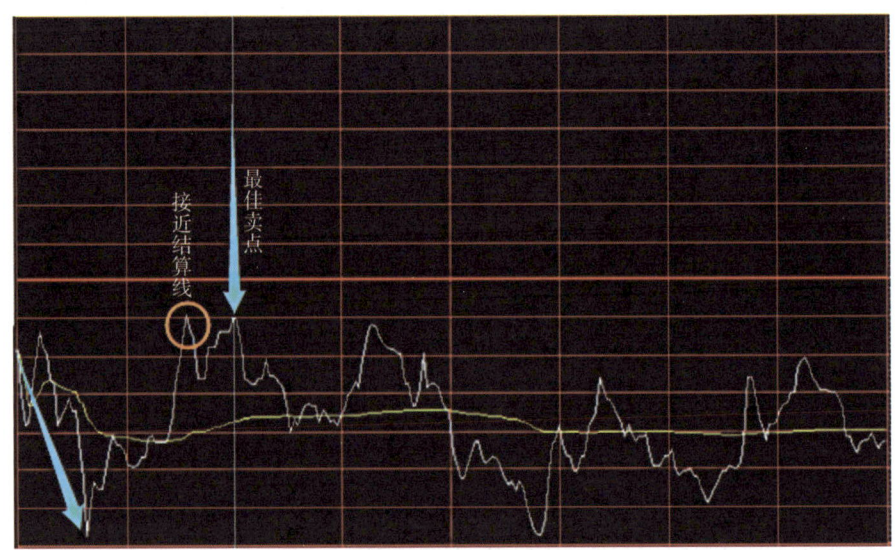

图5-7 接近式结算线阻挡分时图

图5-8是一个接触式结算线阻挡分时图。在第一次接触结算线后的第二高点是最佳卖点。

图5-9是略超式结算线阻挡分时图。

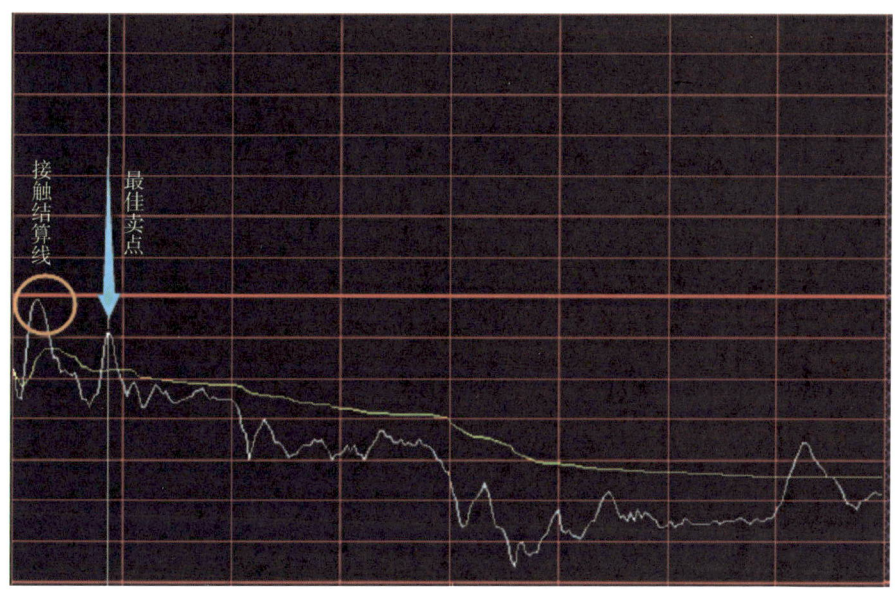

图 5-8 接触式结算线阻挡分时图

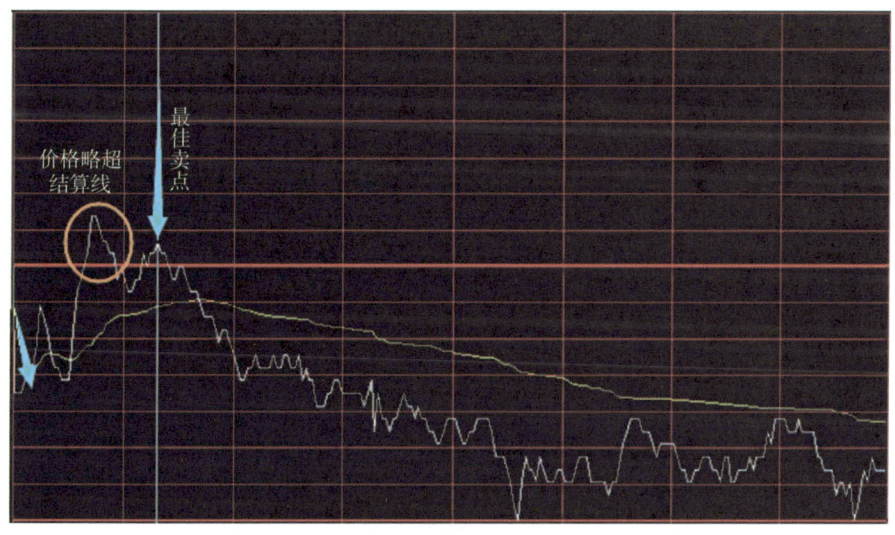

图 5-9 略超式结算线阻挡分时图

(二)日内短线交易实战案例——压力支撑分析法(以上涨为例)

1."波浪式上涨"压力支撑分析法

"波浪式上涨"压力支撑分析法实盘案例如图 5-10 所示。

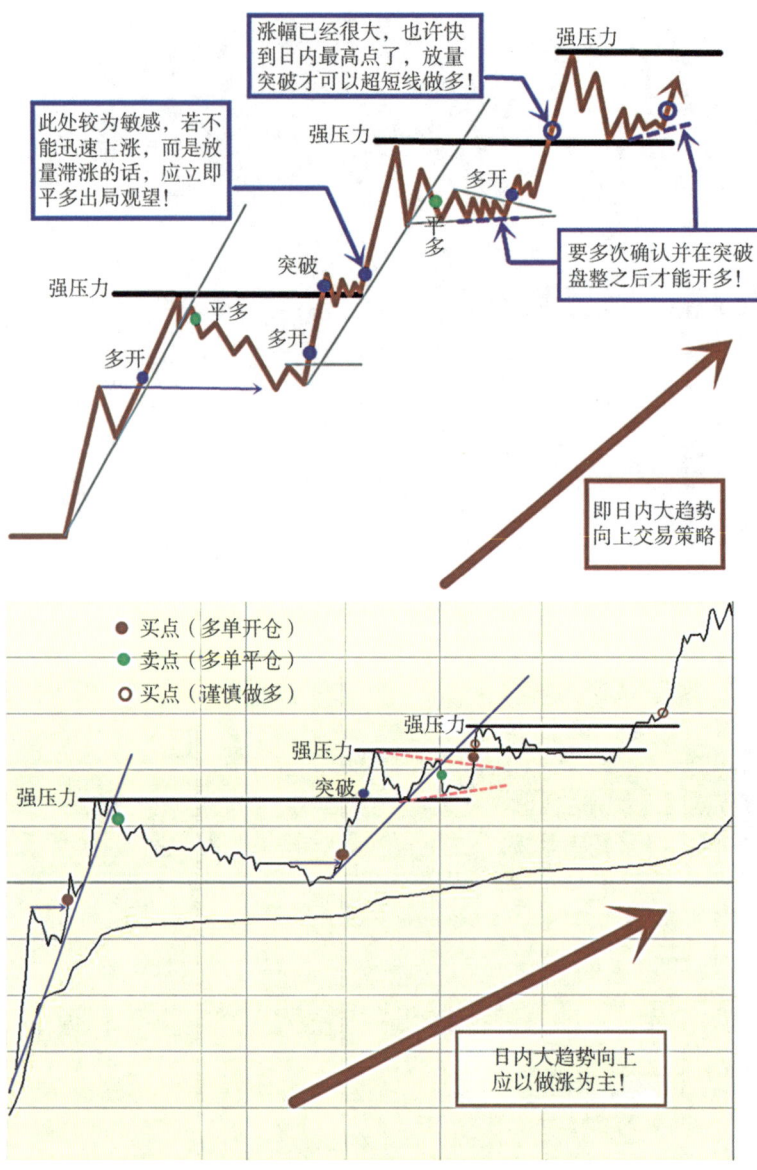

图 5-10 "波浪式上涨"压力支撑分析法实盘案例

2."见顶式上涨"压力支撑分析法

"见顶式上涨"压力支撑分析法实盘案例如图 5-11 所示。

3."触底式上涨"压力支撑分析法

"触底式上涨"压力支撑分析法实盘案例如图 5-12 所示。

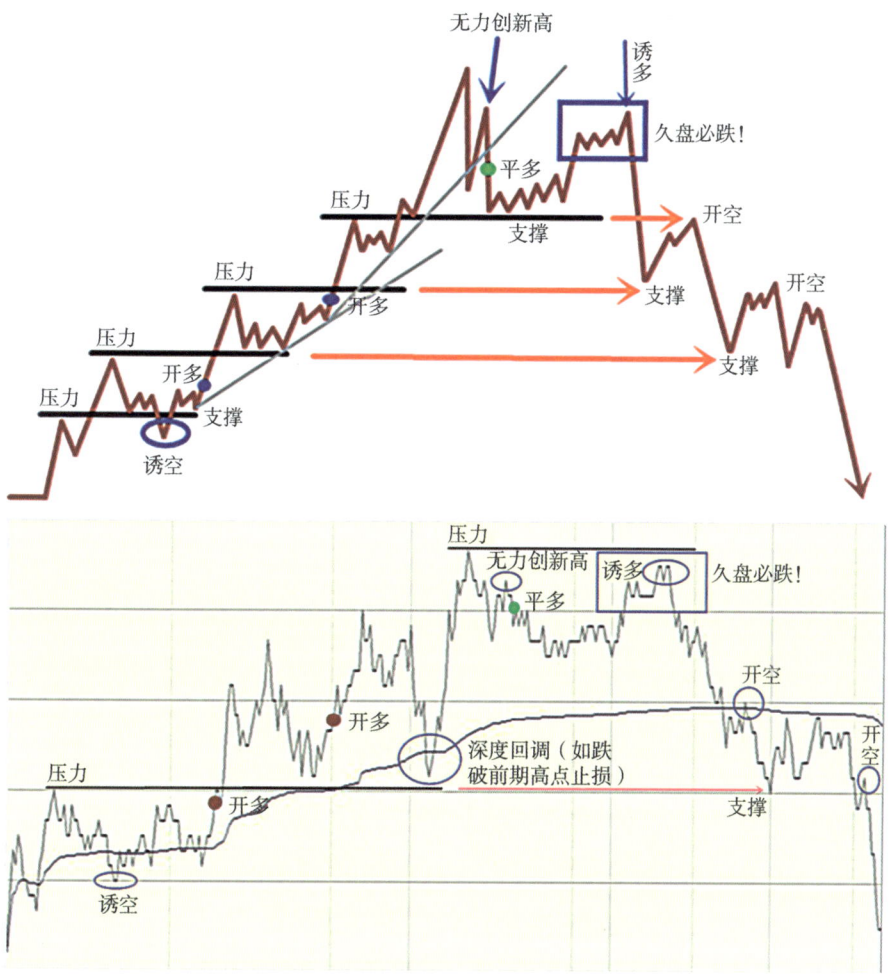

图 5-11 "见顶式上涨"压力支撑分析法实盘案例

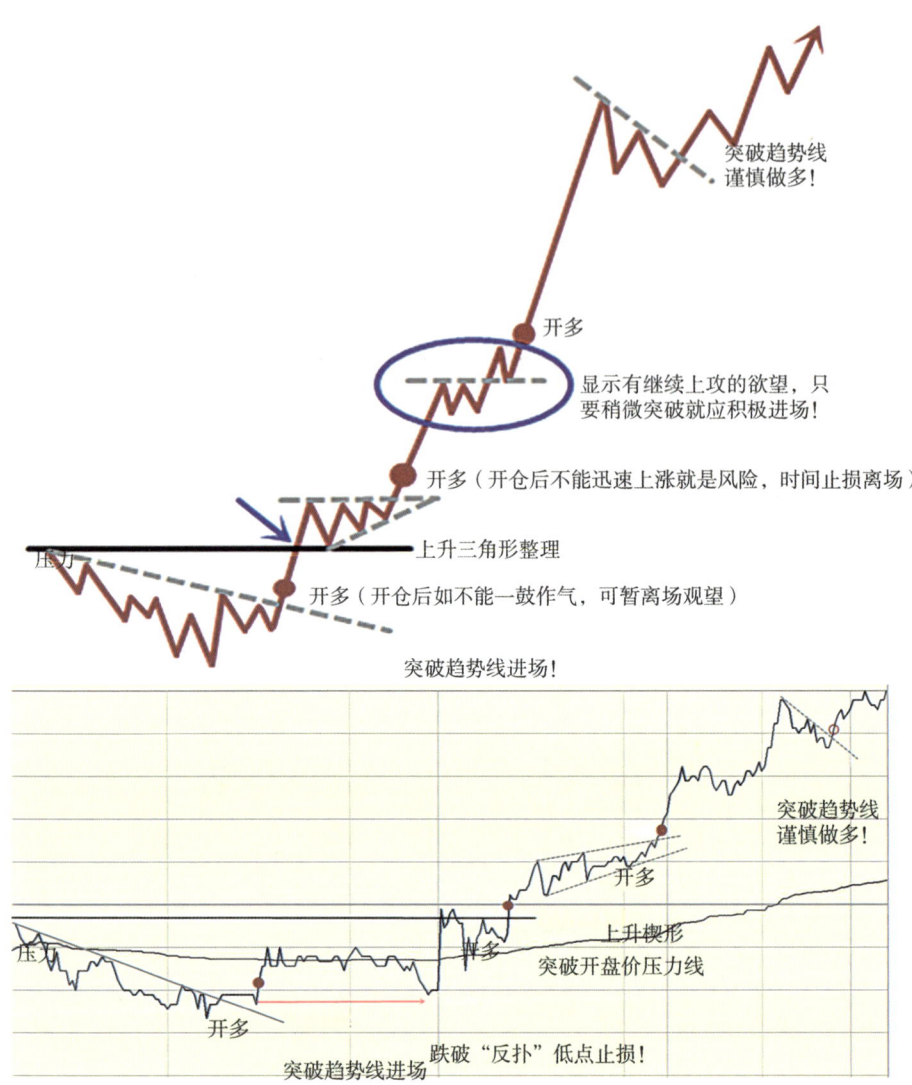

图 5-12 "触底式上涨"压力支撑分析法实盘案例

第二节 中长线交易策略与技巧

相对于短线交易,中长线交易必须要有完整的交易规则体系。而一套设计良好的交易系统,必须对投资决策的各个相关环节做出相应明确的规定。这种规定必须是客观的、唯一的,不允许有任何不同的解释。一套设计良好的交易系统,必须符合使用者的心理特征、投资对象的统计特征以及投资资金的风险特征。

一、交易系统的构建

一个完整的交易系统至少应该包括：市场选择，买入时机点位，卖出时机点位，头寸整理。市场选择指的是判断一个市场机会是否值得介入。买入时机点位包括方向判断，入市点位和入市时间。卖出时机点位包括止赢点位时机和止损点位时机。头寸整理是期货交易系统风险控制的最关键因素，决定了整个交易最终的结果。

交易系统的特点在于它的完整性和客观性。所谓完整性，即其对投资的一个完整交易周期中的各个决策点，包括市场选择、买入时机点位、卖出时机点位、头寸整理等都有明确具体的规定。从而形成一个完整的决策链。所谓客观性，即其决策标准体现的唯一性。如果条件集合(A)发生，则决策B发生，这种因果关系具有唯一性。

交易系统的完整性和客观性，保证了交易系统结果的可重复性。从理论上说，对任何使用者而言，如果使用条件完全相同，则操作结果完全相同。系统的可重复性即是方法的科学性，系统交易方法属于科学型的投资交易方法。

在介绍交易系统构建前先介绍几种交易模型。

(一)交易模型

交易模型是直接从价格形态中提炼出来的价格波动模式，它符合短线投资交易的原理，具备高的成功概率，并有足够的可操作性。

(1)交易模型符合投机定律的原理，保证交易者站在少数人位置上；

(2)模型交易法属于趋势跟踪交易的一种模式。

成功的交易模式一般有两种：引领趋势的模式(主力模式)和跟踪趋势的模式(散户跟庄模式)。下面介绍七个原始的交易模型(图 5-13～图 5-19)。其中模型一是基本交易模型，其他六种交易模型都是交易模型一推导出来的，或者说都是交易模型一的变体。

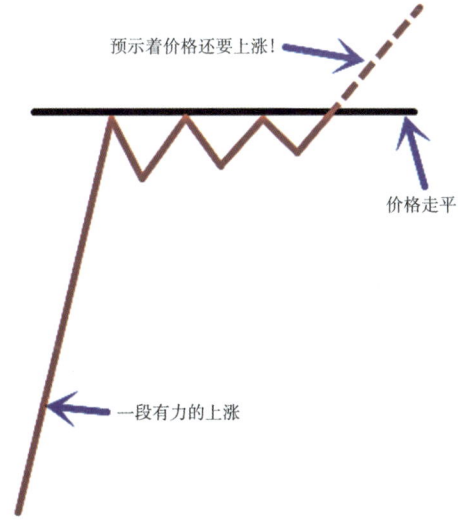

图 5-13 交易模型一

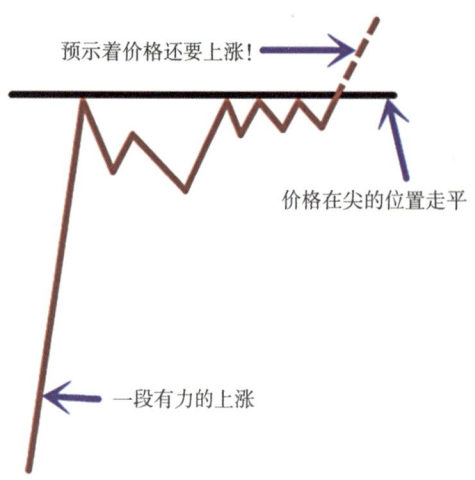

图 5-14 交易模型二

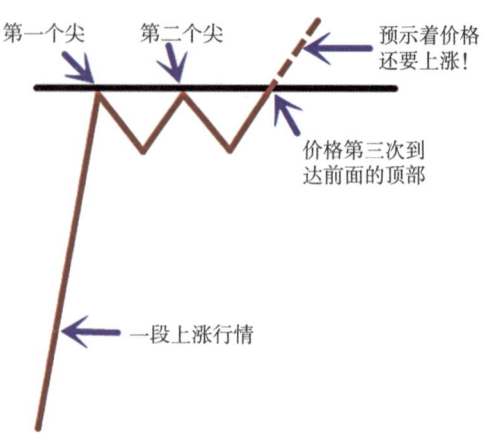

图 5-15 交易模型三(三尖必破)

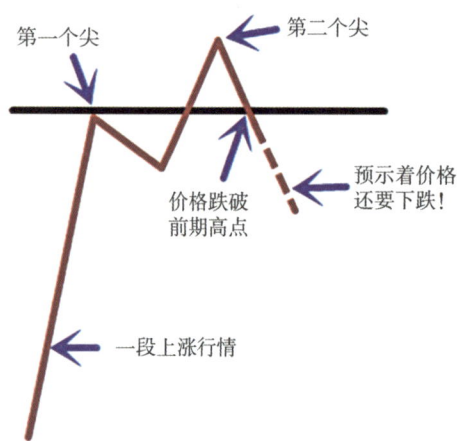

图 5-16 交易模型四(ABC 模型)

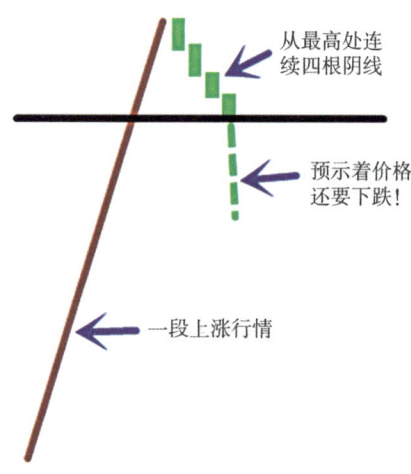

图 5-17 交易模型五(短线机会模型)

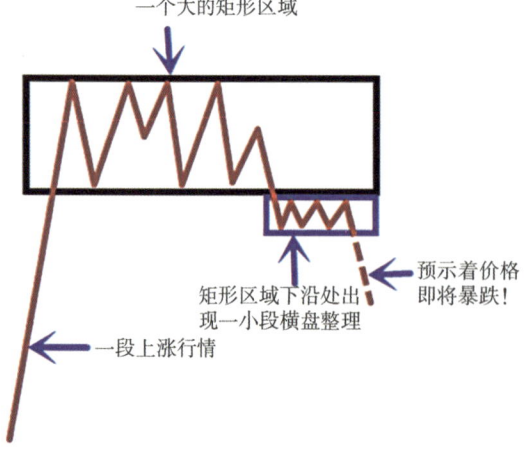

图 5-18 交易模型六(暴跌行情机会)

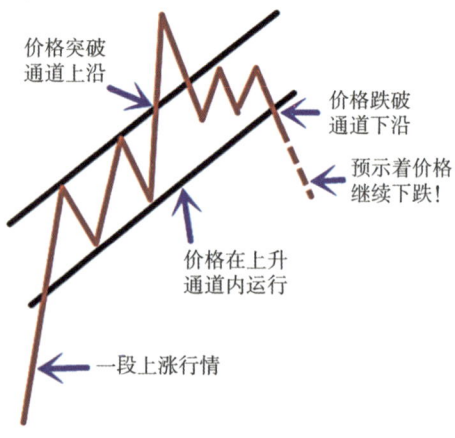

图 5-19 交易模型七

在绝大多数的期货品种日K线图上,价格的底部和顶部形态上都是尖的,出现平顶或者平底的情况几乎没有。特别是在日K线图的中期顶部和底部,几乎都是尖的,这种情况说明,很少有人能够在顶部和底部成交,只有极少数人能够卖在顶部,或者买在底部,能够抓住顶部和底部的人是很少的。

由此,我们可以得出结论:顶和底都是尖的。这样的一个结论对于我们参与期货交易并没有实战意义,因为只有在顶部和底部出现之后,我们才能判断出它是顶和底,在其出现之前,我们是不得而知的,那么这样的一个结论对我们还有什么实际意义呢?

我们可以把这个结论改变一下形式,在逻辑学上,一个正命题的逆反命题等同于原命题。所以"顶和底都是尖的"的逆反命题是"不是尖的地方一定不是顶和底"。这两个命题是等价的,如果原命题是正确的,那么它的逆反命题也是正确的,也就是说"不是尖的地方一定不是顶和底"这句话是正确的。

从交易的角度出发,"顶和底都是尖的"是没有实际的指导意义的,但是"不是尖的地方一定不是顶和底"却有实战意义,如果我们发现了价格形态出现走平的现象时,我们可以就此判断,此位置并不是顶和底,也就是行情会继续向上或者向下发展,所以很容易得出交易模型一。

交易模型一告诉我们:当价格出现一段猛烈的上涨并出现横盘走势,价格走平时,我们判断,这个价格位置一定不是顶部,也就是说,顶部还应该在更高的位置,价格会继续上涨,同理,当出现一段猛烈的下跌后横盘,价格走平时,我们判断,此价格位置不是底部,价格会继续下跌。

下面我们会围绕着交易模型一进行讨论,得出的结论也适用于其他的模型。我们再次从理论的角度来解释这个模型的实质。从投机少数人成功定律中我们知道,顶和底都是尖的,也就是说只有少数人才能够抓住顶部和底部,多数人是把握不住顶和底的。当大多数人发现可以在较高的价格卖出或在较低的价格买入的时候,往往意味着这样的一个所谓的机会其实是一个陷阱。

比如在交易模型一中,当价格上涨到一定高度,如果真正到达了顶部,应该是只有少数人能把握住这个机会的,多数人是卖不到这个价位的,而出现横盘时,恰恰是给了大多数人在这个位置卖出的机会,多数人可以从容地在这个位置卖出,这就明显地违背了少数人投机成功定律,但是能够真正违背定律的事情是没有的,因为这个位置根本不是顶部,行情不可能在大多数人卖出开仓之后下跌。

这种情况的实质是:行情上涨一段时间后,主力资金仍然有做多的愿望,但是,必须找到足够的交易对手才能够赢利,那么主力资金就会在这个位置等待散户资金的入市,散户资金判断此处为顶部,他们的动作就会卖出,而主力资金在此接盘,大批买入,当交易对手达到一定规模之后,主力资金发力,行情上涨,套牢在此位置卖出的散户,并最终迫使散户投降,主力获利。

(二)交易系统的构建

一个完整的交易系统应该包括:市场选择,买入时机点位,卖出时机点位,头寸整理。下面以交易模型一为例介绍交易系统的一般构建方法。

当出现一段剧烈的上涨并横盘后,模型本身就告诉我们交易的方向,我们只需要处理以下几个部分。

1. 入市点位和时机

入市点位和时机判断大致有三种入市时机,如图 5-20 所示。

(1)当价格突破 B 位置时买入,也就是等待价格发生突破的时候买入入市。

(2)在横盘整理过程中随机买入入市,也就是在 C 位置。

(3)在价格到达横盘整理的箱体下沿 a 位置时买入。

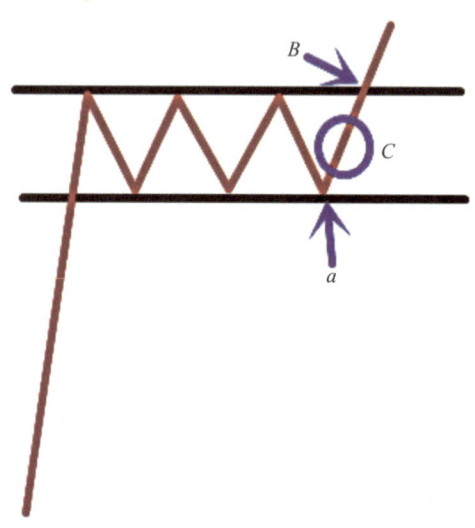

图 5-20　入市点位和时机判断的三种入市时机

三种入市时机各有利弊,第一种买入方式,价格已经发生了突破,也就是多空双方的争夺已经出现了结果,多方胜出,空方溃败,此时入市,成功的概率更高一些,这是这种入市方式的优点,但是它的劣势也很明显,入市之后的获利空间不如后面两种大,更重要的是,当发生突破的时候,由于价格波动猛烈,可能出现跳空形态,由此产生的滑点损失很多,这种滑点损失大大地削弱了获利的空间。滑点损失对于趋势跟踪系统的影响是很大的,第一种入市方式基本上属于跟随趋势入市的,所以必须考虑滑点造成的损失。

第二种入市方式就是为了避免出现大量的滑点损失而不等待突破就提前入市了,这种方式不会有滑点损失,但是,由于没有发生突破,价格随时可能下来,它的成功概率不如第一种高。

第三种入市方式是第二种方式的特例,它是等待价格反转到矩形的底部时入市,如果未来价格发生突破并上涨了,它产生的利润空间是最大的,但是它属于逆趋势入市,这样的机会也不容易把握,而且逆势入市容易被提前洗出,造成不必要的损失。第二种和第三种入市方式比第一种入市方式的获利空间更大,但是止损的次数也多,所以三种入市方式各有利弊,交易时需要根据实际情况做好计划,选择其中一种方式入市。

2. 止赢时机点位

获利空间的估算:当我们择机入市之后,就面临着离市的问题,也就是何时了结头寸,获利出场。我们无从得知何时到顶,也就是说向上的空间具体有多大我们是没法知道的,只有等行情走出来之后才能知道,但是我们在入市之前必须制定出离市的策略,包括离市点位和时机。不过,我们可以对价格的上涨空间做一个简单的估量,K 线形态分析方法指出,当出现横盘整理时,未来上涨的空间大致等于前期上涨的空间,如图 5-21 所示。

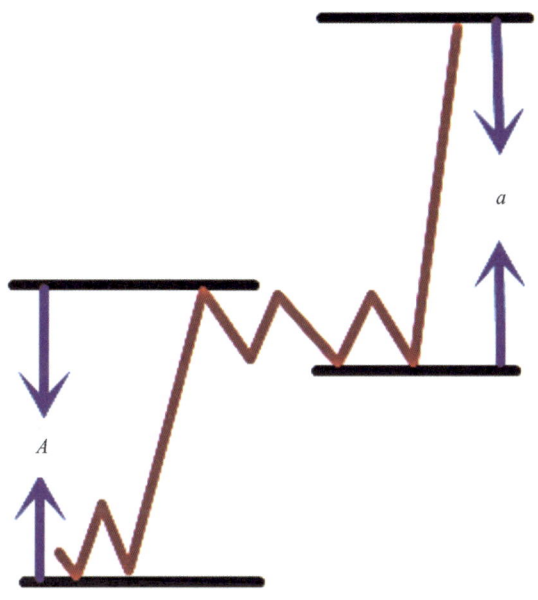

图 5-21　止赢时机点位

幅度 $A=a$ 有大量的事实说明这种判断是正确的。理论上,当主力资金在横盘整理之后,寻得了大量的交易对手,如何取得盈利呢?唯一的途径就是向上拉动行情,直到空头挺不住被迫平仓为止,空头不死,多头不止,而要让空头被迫离市,那么这个上涨必须有足够的幅度,这个幅度具体有多大,需要根据实际情况来定,但是如果空头始终不平仓退出,那么多头必须不断地向上拉升,理论上当价格到达 a 点时,即使在 a 点附近跟进的多头买入者,当他选择横盘位置做空时,到达 a 点位置时也已经没有任何获利了,所以一般情况下 $A=a$,我们在入市之前暂时把赢利空间定位 a 点位置。

上面的分析只是在价格上方没有明显的压力的时候适用,当上方存在压力位时,需要考虑压力对获利空间的影响。

3. 止损时机点位

止损也是离市策略的一部分,当我们入市后,行情朝着不利于头寸的方向发展时,止损就会出现,但是我们应该在入市之前就确定出止损方案,止损方案应该是交易计划的一部分,是在入市之前就确定好的。止损策略也涉及止损点位和时机的选择。

在交易模型一中存在两种止损方案,当我们以第一种入市方案买入后,价格跌至矩形下沿后止损。也就是说,如果价格发生了突破又重新返回,我们以矩形整理的下沿为止损点。而当以第二、第三种入市方式入市后,价格并没有向上发生突破而是向下行走时,我们在矩形的下方至一倍于矩形宽度的位置作为止损价位。止损的原则:

(1) 止损必须有,它是交易系统中不可或缺的一部分。止损是为了防止巨大损失的发生,是交易的成本之一,是交易者生存必须掌握的技能。

(2)止损要合理,避免不必要的损失,一般的原则是"超出噪音"。幅度太小的止损容易导致止损频繁,影响正常交易,而幅度过大的止损可能使损失加大,所以设计合理的止损是止损策略的关键。

(3)止损需要注意"众地莫企",比如整数关口的止损。所谓的"众地莫企"原则,就是如前面的投机原理一样,不要把止损位置设置在大多数人执行止损的位置,如整数关口,当行情向下跌破某一个整数关口时,多数多头交易者往往在价格一跌破此整数价位就立即执行止损指令,而某些多头主力有意使价格跌破此整数价位,让跟随趋势的多头就此平仓。当多数人平仓后,主力资金会立即拉升行情,使止损的多头踏空行情。所以,合理的止损位应该远离这个整数位置,在整数位向下一些位置设置止损,避免被诱骗平仓的结局。

4. 头寸整理

在决定介入某个市场机会以后,入市之前,最后一个关键的步骤就是确定交易的规模,即头寸水平(持仓数量),这也是交易系统中最重要的一个构成部分。多数期货交易者喜欢尝试高风险操作,仓位很高,他们充分利用杠杆,但是那样操作风险太大,即使他们的交易理念和交易系统有正的期望收益,也很难在概率上实现。

头寸数量的确定由交易者的风险承受和资金总量来决定。假如交易者每次交易的风险承受为总资金的5%,也就是每一次交易失败后所造成的损失不超过总资金量的5%,那么我们可以得出交易者每次承受的亏损资金数量为总资金的5%。那么我们就可以确切地得出某一交易机会的入市头寸数量为:总资金量×5%/止损点数。

比如:交易者的资金总量为100万,每次的风险承受为5%。也就是5万,某一次交易机会的止损点数为50点,止损后的亏损为50点乘以10等于500元。那么这次交易的头寸数量就是50000÷500=100(手)。

对于风险承受的选择,我们需要更深入地说明。

有一种赌博游戏叫押大押小,游戏的规则为:押大或者押小,资金无限制,押对了,赢利一倍的赌注,押错了,输掉赌注。假如这个游戏中,庄家可以出千,即庄家总是让赌注更多的一方输掉,那么,跟庄者的策略就是:①最后选择时机押注;②把赌注押在筹码少的一方。这样,跟庄者也就获得了一种优势,即获胜的次数会多于输掉的次数。假如跟庄者押一百次,跟庄者可以获得60∶40的赢率,这时跟庄者必须注意一个问题,那就是资金管理。跟庄者需要有两个原则:①跟庄的筹码不能太多,以至于影响了庄家的选择;如同趋势跟踪者的资金不能影响到趋势一样。②跟庄者要想获得概率上的优势,必须能够坚持下去,也就是所下的筹码能够保证自己把游戏始终玩下去,不能中途破产。因为尽管跟庄者的策略有概率上的优势,但是并不代表他最终能赢得这种优势,他必须对可能出现的对他不利的概率分布做出最坏的打算。

假设交易者的赢率为60∶40,他一共交易100次,其中60次是赢利的,40次是亏损的。只是交易者无从知道输赢的概率分布,我们先分析两种极端的情况:①前面40次都是亏损的,后面60次都是赢利的;②前面60次是赢利的,后面40次是亏损的。交易者最简单的下注方式就是每次定量下注,从保守到激进,即从最小单位下注到满仓下注(孤注一掷)。假如跟庄者的资本是100元,最小主码为1元,那么最保守的下注策略就是每次都下1元的注。100次下注后,他赢利20元。即使遭遇到最极端的第一种情况,前面40次都是输钱的,输完40次以后,他手中还有60元的筹码来完成后面的60次投注。这种最保守的投注策略保证了赌博者无论遭遇何种概率分布都可以最终获利,能够顺利地完成他的系统的期望收益。

进一步,假如赌博者采取比第一种较为激进的投注方式,每次下注2元,那么他投注100次以后能够获利40元,他所承受的风险增加了,但是最终的收益也增加了,当他遭遇第一种极端分布时,前面40次亏损80元,但是手中仍然有20元的筹码供其完成剩余的投注。

再进一步,当赌博者把筹码增加到每次3元,这时问题就出现了,也许他最终会获得60元的收益,但是如果他很不幸遭遇到第一种概率分布时,当他完成33次投注后,已经输掉了全部的资本,再也不能完成后面的赢利机会了,尽管我们承认,第一种概率分布出现的概率是很小的,我们只是用它来说明某些问题。但是在100次投注中,连续出现十几次亏损的情况的概率还是很高的。

而赌博者最极端的一种投注方式就是孤注一掷,每次满仓,这种方式只需要一次失败就会破产。所以,赌博中的资金管理就是在保守和最激进的两个极端中间寻找一个均衡点,在这个均衡点上,赌博者是在保证不破产的前提下,所获得收益最大。

前面讲的都是简单的资金管理策略,还有更复杂一些的策略,大致分为两种,等价鞅策略和反等价鞅策略。等价鞅策略指的是连续赢利后减少投注筹码,连续亏损后增加注码。反等价鞅策略与之相反。曾经有人利用等价鞅策略在福利彩票的3D游戏中大获成功。但是后来福彩中心更新了游戏规则,这种策略也就失去了效用。

前面尽管我们得出均衡点这个概念,但是在实际操作中,因为我们得不到确切的概率分布,这个均衡点只是一个概念,不同的人根据自身情况酌情而定,只有一个原则是正确的,保守的策略总是最安全的,再保守的策略也不为过。

而在期货交易中,情况更加复杂。亏损时,并不是亏损所下筹码,赢利时也不是一定赢得双倍的注码,所有的一切都是变数,所以在制定资金管理策略时需要考虑更多的因素。对于资金量比较少的投资者,他可能会选择少数几个品种的机会,只把资金集中在有限的几个品种当中,这样获得的交易机会就很少;对于资金量大的交易者,为了获得更多的交易机会,就必须把资金分散到更多的品种中去,这时候会面临资金管理的另一个问题,如何控制整体的风险。他需要在整体和个体中寻找平衡,例如在某一个品种承受的风险太大的话,就没有足够的风险承受分布在其他的品种里。

所以建议交易者每个品种每次交易机会所承受的风险不要超过总资金的3%。资金管理是期货交易中最重要的一项技术,科学合理的资金管理能保证你的交易账户稳定赢利并避免破产风险。

模型交易法的适用范围及优缺点:

(1)模型交易法中使用的模型,只是使用于价格形态的日K线图,对于更短周期的K线形态不宜使用,因为从它产生的原理上讲,只有K线形成的周期,才能够产生足够的交易量,而在更短周期内,尽管从形态上符合模型,但是在原理上是讲不通的。短周期的价格波动更容易受到偶然因素的影响。

(2)模型交易法的优势是简单实用,对于交易者的保证金要求也不高,不需要太多的资金。

(3)模型交易法的缺点是在确认模型时,主观因素影响较大,难以客观。

(4)因为模型交易法只适用于日K线图,属于一种中长期的趋势跟踪系统,所以它的交易机会不是很多,每个品种一年内就几次交易机会,对于习惯短线交易的人不适用。

二、中长线交易实战案例——趋势交易 123 法则与 2B 法则

(一)123 法则与 2B 法则分析要点

1.123 法则

123 法则相当于道氏理论对于趋势发生转变的定义,其内容包括:

①趋势线被突破;

②上升趋势不再创新高,或下降趋势不再创新低;

③在上升趋势中,价格向下穿越先前的短期回档低点,或在下降趋势中,价格上穿先前的短期反弹高点。

123 法则买入与卖出基本形态如图 5-22 所示。

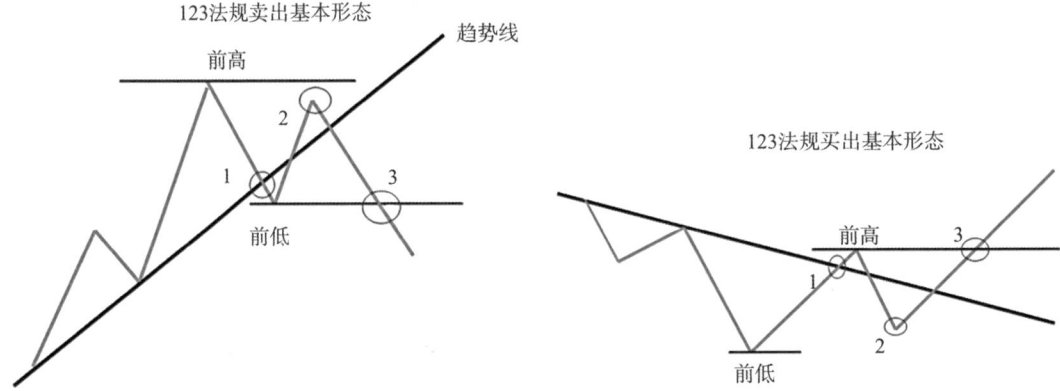

图 5-22　123 法则买入与卖出基本形态

注意:

①其中两个条件成立,趋势可能改变;三个条件全部成立,趋势确认改变,并可能向相反的方向发展。

②三个条件的先后出现顺序可以改变。

③趋势交易 123 法则有两个拓展形态,如图 5-23 所示。

2.2B 法则

2B 法则是对 123 法则中第二条的补充,弥补了价格穿越先前高点或低点而行情未能持续延伸的情况,所以 2B 法则实际上是逆势操作方法。

在上升趋势中,如果价格已经穿越先前的高价而未能持续挺升,稍后又跌破先前的高

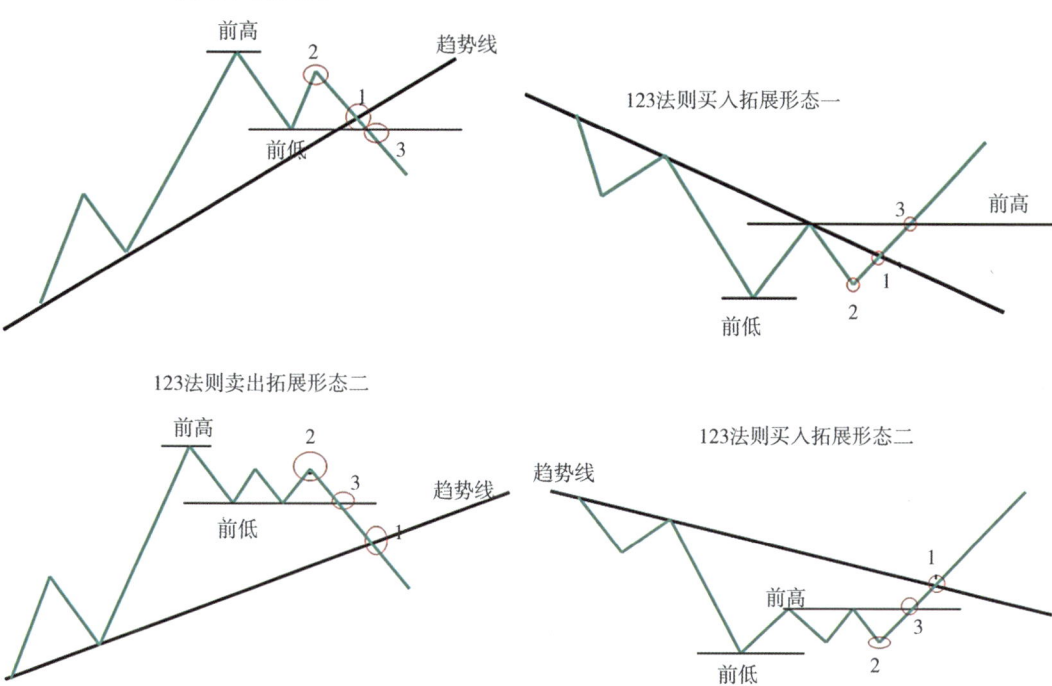

图 5-23　趋势交易 123 法则拓展形态

点,则趋势很可能会发生反转;在下降趋势中,如果价格已经穿越先前的低价而未能持续下跌,稍后又涨回先前的低点,则趋势很可能会发生反转。(图 5-24)

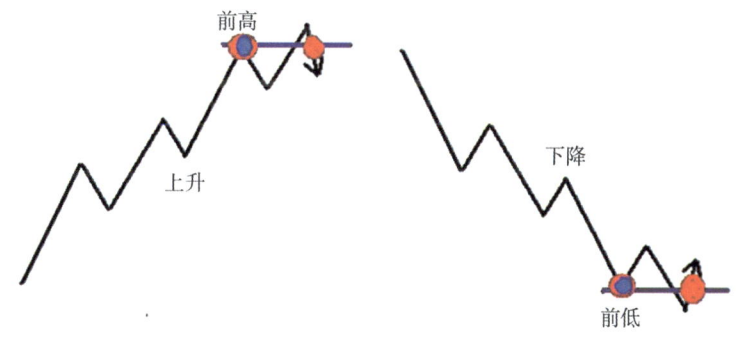

图 5-24　2B 交易法则

(二)123 法则与 2B 法则操作技巧

这两个法则不论是中长线的趋势中还是短线当日交易中都可以加以运用。在实盘交易中保护性止损价的设置非常关键,而运用上述两个法则操作过程中,止损价可以这样设置:运用 123 法则,在上升中出现法则中第 3 条,开立空头头寸,止损价位设在前低稍上方;在下降中出现法则中第 3 条,开立多头头寸,止损价位设在前高点稍下方。运用 2B 法则,在上升趋势中,价格已经穿越先前的高价,稍后又跌破先前的高点,立即开设空头头寸,止损价位设在先前的高点稍上方;在下降趋势中,价格已经穿越先前的低价,稍后又涨回先前的低点上方,立即开设多头头寸,止损价位设在先前的低点稍下方。如果之后又发生符合123法则的情况,结合123法则的操作方法追加头寸,原先头寸的止盈价和追加头寸的止损价共同放在前低点稍上方(或前高点稍下方)。

123法则和2B法则在期货交易操作运用中其优势不仅仅在于较好地把握了价格转向的先机,而且在于止损价位和开仓价位非常接近,使风险能被控制在更小的范围内,从而获得较高的收益,图5-25是123法则和2B法则的综合应用的图文说明。

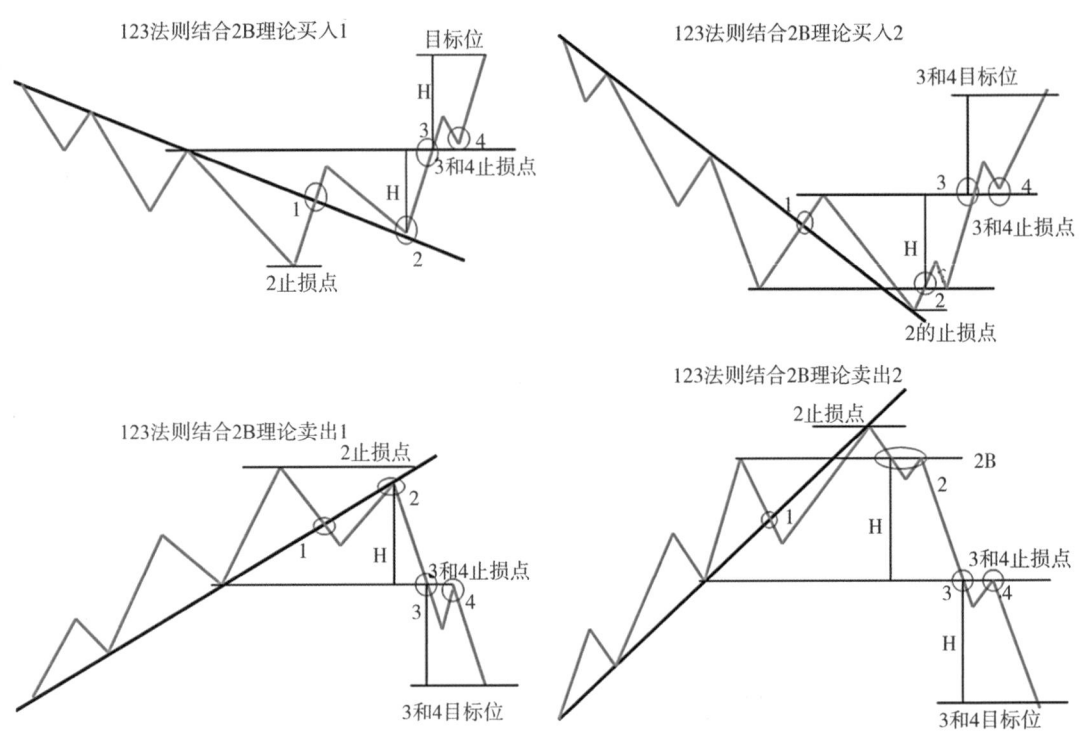

图 5-25 123 法则和 2B 法则的综合应用

(三)趋势交易123法则与2B法则实战案例

逆势2B交易法则注意事项。

(1)严格止损,严禁逆势加码。

(2)趋势线被长期突破,这里必须强调长期突破。

(3)逆势在关键的点位上使用必须考虑速度以及时空的概念。

(4)在同一个趋势中不应该在同一水平线上第2次使用2B法则。

(5)逆势使用时必须有立即的出场计划,并随时调转枪头。这与顺势交易有较大的差别。

(6)在小时级别的逆势使用,绝不是让趋势奔跑的时候,而是没有趋势的时候或是趋势随时会被破坏的时候,是趋势跑不起来的时候,除非新趋势非常强。

(7)逆势出现时而且新趋势非常强,也是前一大的趋势未来出现翻转的可能性大增之时。

(8)在小时级别的逆势使用时价格应该远离3日,5日均线。

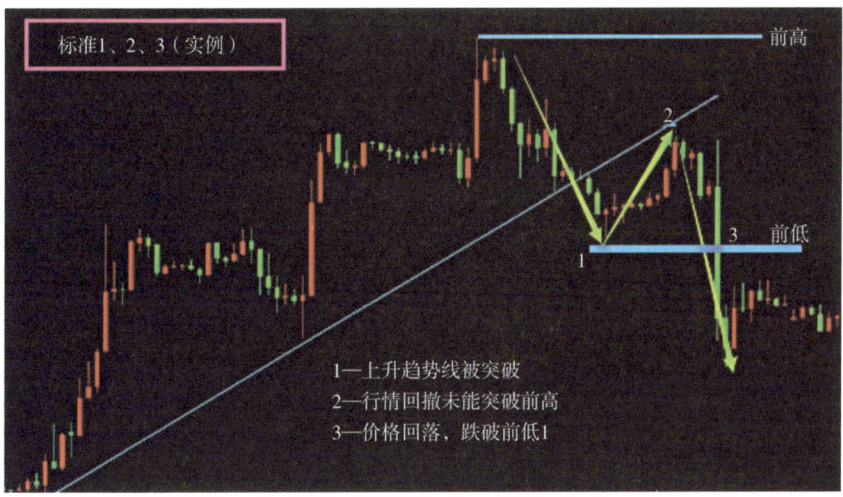

图 5-26　实战案例操作 1

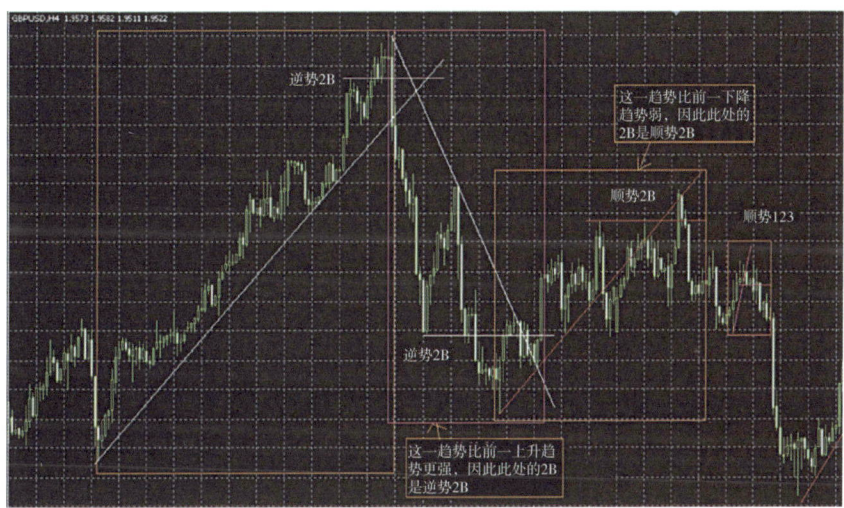

图 5-27　实战案例操作 2

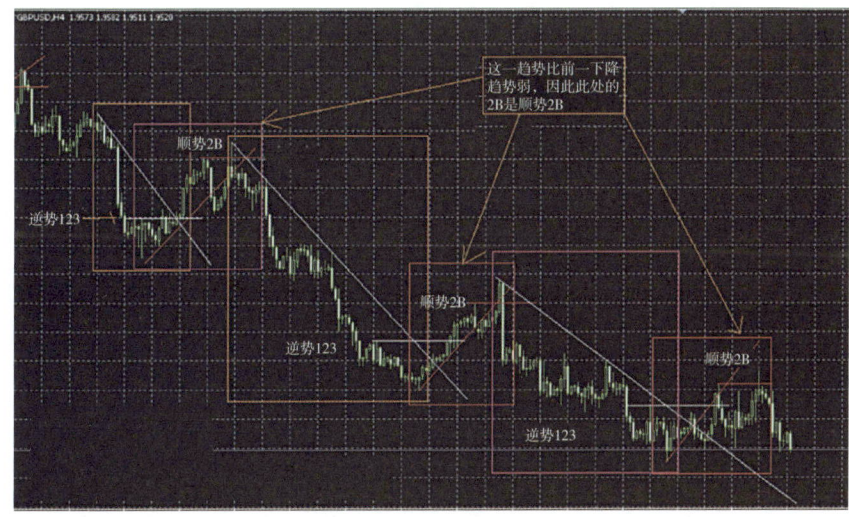

图 5-28　实战案例操作 3

校企合作案例

（一）日内交易的实盘应用

在和瑞奇期货合作过程中，我们跟踪了闪电图进行期货市场的日内交易。如：在 2018 年 12 月 3 日，我们发现螺纹 1905（品种代码：rb1906）在早盘开盘五分钟内价格就达到涨停，所以后期只要高点被突破就是发出看涨信号。于是在 2019 年 1 月 2 日，我们发现价格刚好回调到上涨趋势。如图 5-29 所示。

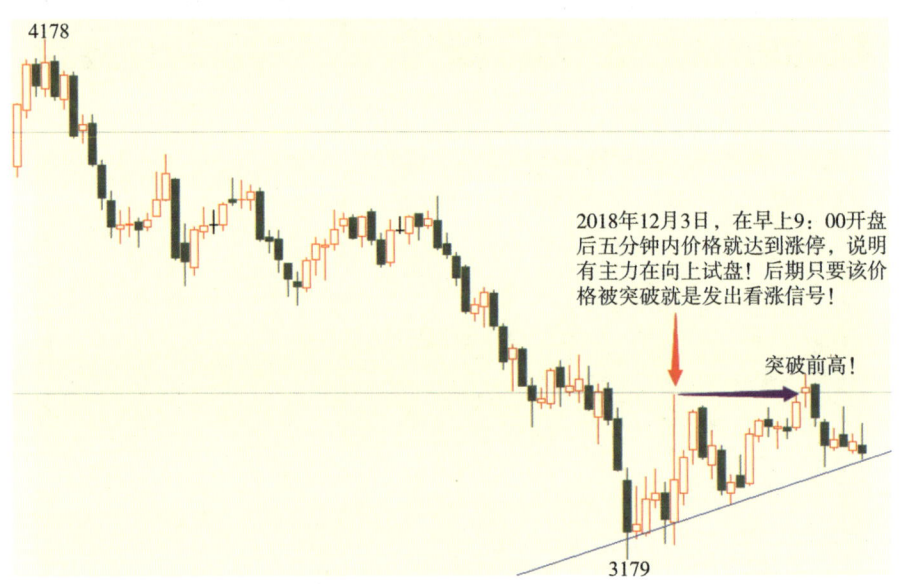

图 5-29　价格刚好回调到上涨趋势

于是在 2019 年 1 月 3 日进行日内短线交易，如图 5-30 所示。在行情企稳向上突破时突破做多进场。

在跟踪交易的过程中，发现在日内闪电图一浪高过一浪，底部一直在抬升（如前底有被跌破就止赢），并在收盘前平仓获利。日内交易比较顺畅，符合理论预期。

（二）交易模型的实盘应用

在和福能期货合作过程中，我们跟踪了交易模型在期货市场中的应用，基本上符合理论预期。如：白糖 1905（品种代码：SR1905）在 2018 年 7 月 13 日、2018 年 8 月 16 日、2018 年 9 月 11 日、2018 年 9 月 25 日共有四次在底部走平反弹，所以我们认为这个走平的价格肯定不是低点，下跌趋势还会继续。如图 5-31 所示。于是在 2018 年 10 月 15 日尝试做空（图 5-32 最后一根 K 线的位置），并于 2019 年 1 月 4 日创新低企稳后获利平仓。

在跟踪交易的过程中，发现用交易模型进行交易是相对可靠的。

图 5-30　在行情企稳向上突破时突破做多进场

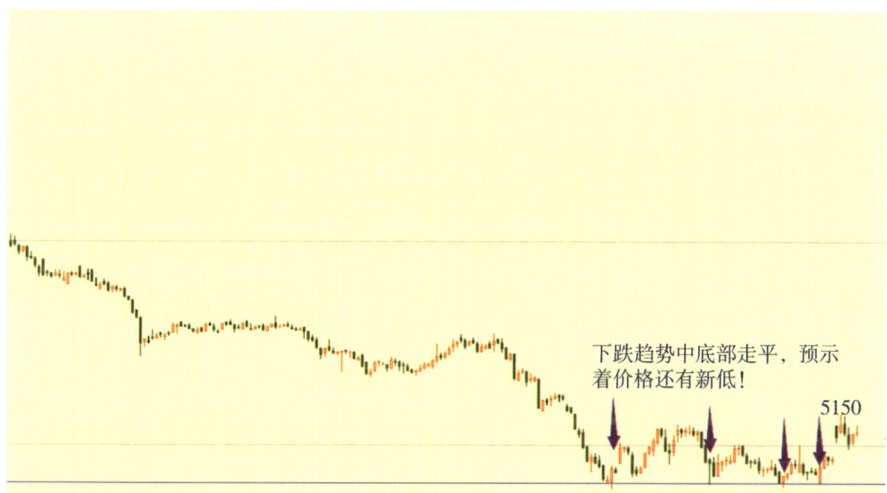

图 5-31　下跌趋势中底部走平

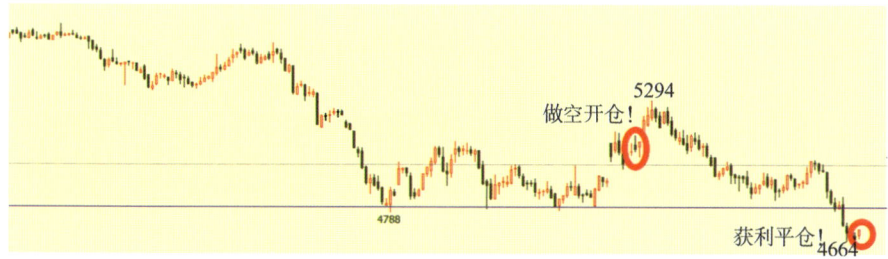

图 5-32　获利平仓

第六章
期货期权交易策略与套保技巧

第一节 期货期权交易策略与技巧

期货期权是对期货合约买卖权的交易,包括商品期货期权和金融期货期权。一般所说的期权通常是指现货期权,而期货期权则是指"期货合约的期权",期货期权合约表示在期权到期日或之前,以协议价格购买或卖出一定数量的特定商品或资产的期货合同。期货期权的基础是商品期货合同,期货期权合同实施时要求交易的不是期货合同所代表的商品,而是期货合同本身。如果执行的是一份期货看涨期权,持有者将获得该期货合约的多头头寸外加一笔数额等于当前期货结算价格减去执行价格的现金。

一、期权损益

(一)看涨期权损益

1. 买进看涨期权损益

买进一定履约价格的看涨期权,在支付一笔权利金后,便可享有买入或不买入相关标的物的权利。一旦价格上涨,便履行看涨期权,以低价获得标的物资产,然后按上涨的价格水平高价卖出标的资产,获得差价利润,在弥补支付的权利金后还有盈余;或者在权利金价格上涨时卖出期权平仓,从而获得权利金收入。如图 6-1 所示,存在一个损益平衡点:损益平衡点=履约价格+权利金。

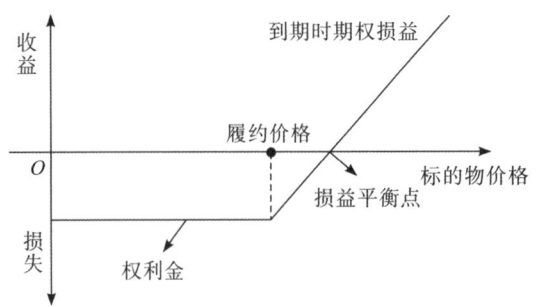

图 6-1 买进看涨期权损益

在损益平衡点以上,标的物价格上涨多少,期权便盈利多少。如果价格不但没有上涨反而下跌,则可放弃或低价转让看涨期权,其最大损失为权利金。

该损益图有如下性质:

(1)市场观点:购买者从相关标的物价格上升中寻求收益或避免损失。

(2)波动性观点:购买者预期标的物价格波动率上升。

(3)风险:限制在权利金范围内。

(4)收益:在上升市场中,到期时有无限的收益潜力。

(5)损益平衡点:履约价格+权利金。

(6)使用者:市场的牛市预期越强,看涨期权买入时的虚值程度就越高。换句话说,看涨期权购买者得到的履约价格越高。

2. 卖出看涨期权损益

以一定履约价格卖出看涨期权可以得到权利金收入。如果标的物价格低于履约价格,则买方不会履约,卖方可获得全部权利金;如果标的物价格在履约价格与损益价格之间,卖方由此获取一部分权利金收入;如果标的物价格大于损益平衡点,则卖方将面临标的物价格上涨的风险,如图6-2所示。

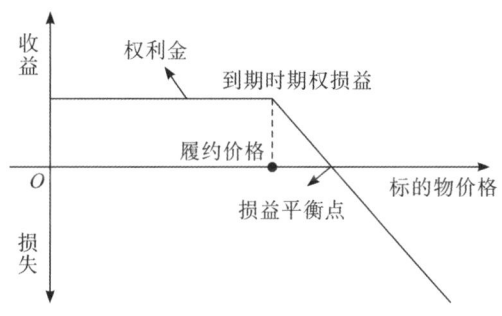

图 6-2 卖出看涨期权损益

该损益图有如下性质:

(1)市场观点:卖出者从相关标的物价格下跌中寻求收益或避免损失。

(2)波动性观点:购买者预期标的物价格波动率下降。

(3)风险:在上升市场中,到期时有无限的潜在损失。

(4)收益:限制在权利金范围内。

(5)损益平衡点:履约价格+权利金。

(6)使用者:市场的熊市预期越强,看涨期权卖出时的实值程度就越高,以获取最大的权利金,换句话说,看涨期权卖方的履约价格应越低。

(二)看跌期权损益

1. 买进看跌期权损益

以一定履约价格并支付一笔权利金获得看跌期权多头部位后,买方就锁定了自己的风险,即如果价格高于履约价格,就放弃期权,它的最大风险是权利金;如果标的物价格在履约价格和损益平衡点之间,会损失部分权利金。如果标的物价格在损益平衡点以下,则买方仍可以较高的履约价格卖出,只要价格一直下跌,就一直获利,如图6-3所示。因此,看跌期权买方的损失有限,但盈利可能巨大。

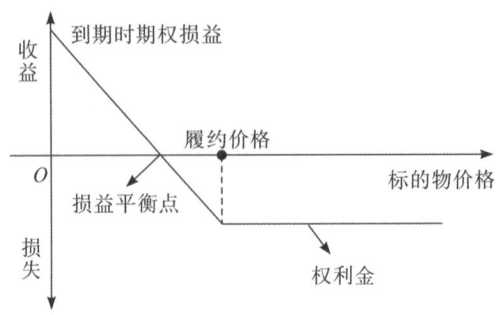

图 6-3　买进看跌期权损益

该损益图有如下性质：
(1)市场观点:购买者从相关标的物价格下跌中寻求收益或避免损失。
(2)波动性观点:购买者预期标的物价格波动率上升。
(3)风险:限制在权利金范围内。
(4)收益:在下降的市场中,到期时有无限的收益潜力。
(5)损益平衡点:履约价格－权利金。
(6)使用者:市场的熊市预期越强,该看跌期权买入时的虚值程度就越高,换句话说,该看跌期权购买者得到的履约价格越低。

2. 卖出看跌期权损益

看跌期权卖方的损益与买方正好相反,买方的盈利即卖方的亏损,买方的亏损即卖方的盈利,如图 6-4 所示。

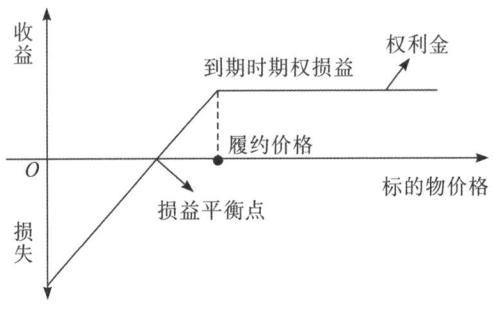

图 6-4　卖出看跌期权损益

该损益图有如下性质：
(1)市场观点:卖方从相关标的物价格上升中寻求收益或避免损失。
(2)波动性观点:卖方预期标的物价格波动率下降。
(3)风险:在下降市场中,到期时有无限的损失潜力。
(4)收益:限制在权利金范围内。
(5)损益平衡点:履约价格－权利金。
(6)使用者:市场的牛市预期越强,看跌期权卖出时的实值程度就越高,换句话说,看跌期权卖方的履约价格就越高。

二、期权交易策略与技巧

按期权合约上的标的划分,有股票期权、股指期权、利率期权、商品期权以及外汇期权等种类。以下选取了不同种类的标的来介绍期权的四种基本交易策略与技巧。

(一)看涨期权交易策略与技巧

1. 买进看涨期权损益

[例 6-1] 某石油提炼商担心石油的价格会上涨,但他又不想通过购买一张期货合约而将其锁定在固定的价格,因此,该提炼商买入一份每桶 1 美元权利金的履约价格为 16 美元的国际石油交易所布伦特原油的看涨期权。在到期时,该多头看涨期权的收益损失如图 6-5 和表 6-1 所示。

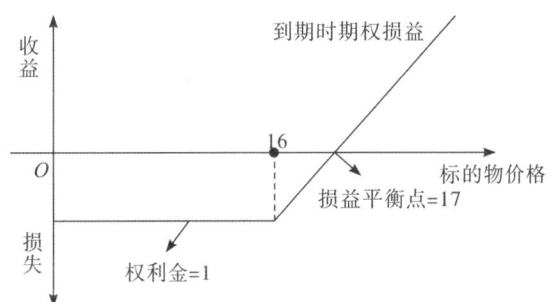

图 6-5 多头看涨期权的收益损失

表 6-1 多头看涨期权的收益损失

市场价格	结果
大于 17 美元	收益=市场价格-17 美元
17 美元	损益平衡点
16~17 美元	损失=17 美元-市场价格
小于 16 美元	损失=全部权利金(1 美元)

2. 卖出看涨期权损益

[例 6-2] 某投资了长期国库券的基金经理希望增加其投资组合的收益。他认为未来几个月内市场价格将保持稳定或略有下降。当前的长期国库券的价格为 100 美元,因此该经理卖出 100 美元履约价格的看涨期权,并收取 4 美元的权利金。如果该期权被执行,该经理将从他的投资组合中交付长期国库券,收到的权利金将增加他的收益。在到期时,该空头看涨期权的收益损失如图 6-6 和表 6-2 所示。

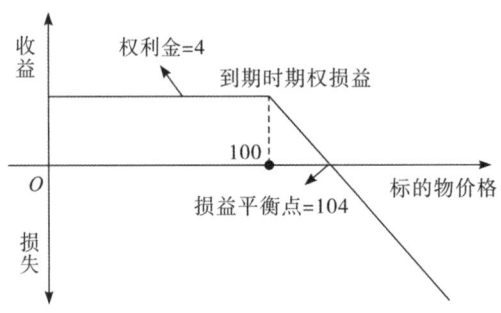

图 6-6 空头看涨期权的收益损失

表 6-2 空头看涨期权的收益损失

市场价格	结　果
大于 104 美元	损失＝市场价格－104 美元
104 美元	损益平衡点
100～104 美元	收益＝104 美元－市场价格

（二）看跌期权交易策略与技巧

1. 买进看跌期权损益

［例 6-3］ 美国某机械公司与一英国公司达成了一笔生意,向其供应机器零部件,但是零部件的款项将在 3 个月后以英镑交付,在当前汇率为 1.6000 时,该笔交易对美国公司是有利可图的。但是,该美国公司担心在 3 个月的时间里汇率将下跌。因此,该公司买入一份 1.6000 的看跌期权,并支付了 2 分/英镑的期权费。在到期时,该多头看跌期权的收益损失如图 6-7 和表 6-3 所示。

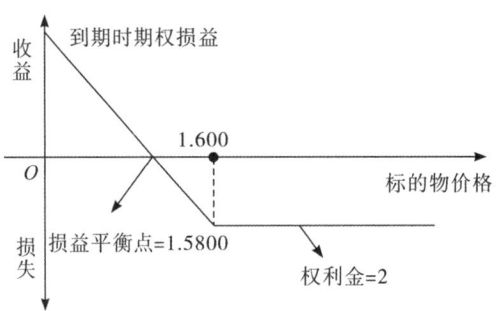

图 6-7 多头看跌期权的收益损失

表 6-3 多头看跌期权的收益损失

市场价格	结　果
大于 1.6000	损失＝全部权利金（2 分/英镑）
1.6000～1.5800	损失＝市场价格－1.5800
1.5800	损益平衡点
小于 1.5800	收益＝1.5800－市场价格

2. 卖出看涨期权损益

[例 6-4] 某投机者发现 XYZ 公司的股票价格在近期的下跌中从 600 点降至 550 点，尽管市场中仍存在忧虑，但该投机者认为价格不会降至 500 点以下，且可能会很快回升，为了从该观点中牟利，该投机者卖出 XYZ 履约价格为 500 点的看跌期权，并收取 50 点的权利金。在到期时，该多头看涨期权的收益损失如图 6-8 和表 6-4 所示。

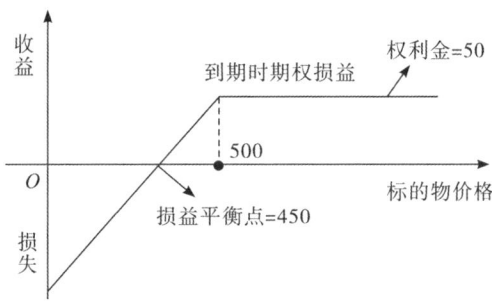

图 6-8 多头看涨期权的收益损失

表 6-4 多头看涨期权的收益损失

市场价格	结　果
大于 500	收益＝全部权利金（50 点）
450～500	收益＝市场价格－450
450	损益平衡点
小于 450	损失＝450－市场价格

三、期货期权交易实战案例——企业经营过程中的期权应用

（一）实战案例 1：买入螺纹钢看涨期权，锁定采购成本

1. 企业担忧
（1）希望以较低价格买入补库；
（2）不想补库后面对市场价格波动，而是到需要使用时再采购。

2. 交易策略
买入看涨期权，相当于提前锁定买入价格。

3. 策略原理
（1）价格上涨，看涨期权行权获利，可以补偿现货采购成本的增加；
（2）价格下跌，期权仅损失权利金，现货仍保留了低价采购获利空间。

4. 案例
2017 年 9 月 26 日，螺纹钢现货价格为 2290 元/吨，期货 RB1801 价格 2217。该企业愿意以目前价格补库，于是买入 1 个月后到期、行权价 2300 元/吨看涨期权，权利金 66 元/吨，则具体损益如图 6-9 所示。

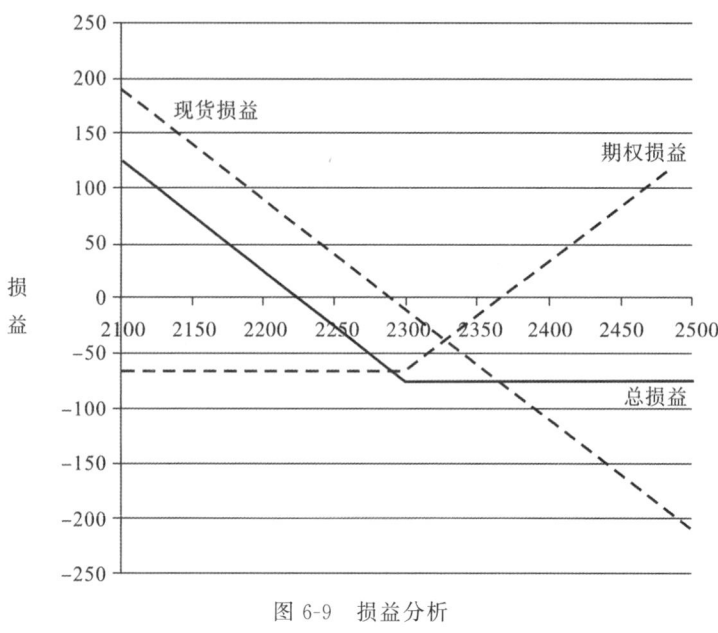

图 6-9 损益分析

5. 策略解析：

(1) 最大收益：∞；

(2) 风险敞口：-76 元/吨；

(3) 盈亏平衡点：2234 元/吨；

(4) 初始资金流：权利金流出 66 元/吨；

(5) 效果：最终锁定采购成本，无论市场价格如何上涨，都能以最高 2366 元/吨采购，而价格下跌则能享受更低的价格采购。

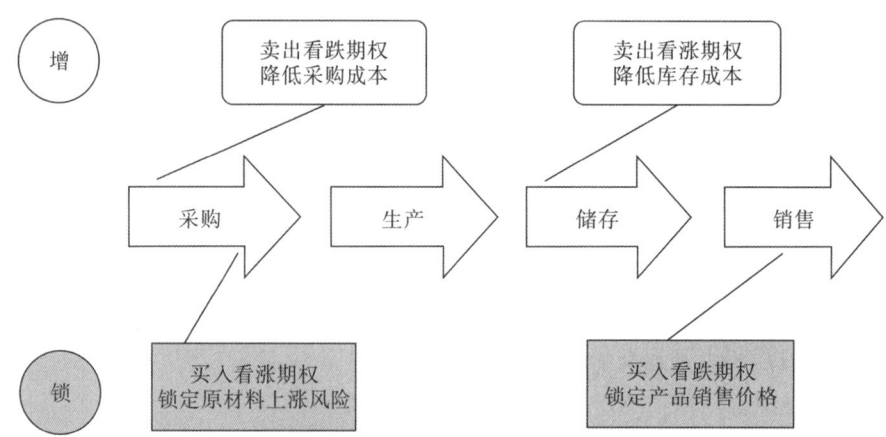

图 6-10 实战案例 1 策略解析图

(二)实战案例 2:买入螺纹钢看跌期权,锁定销售价格

1. 企业担忧

(1)生产销售过程耗时久,企业担心一段时间后产品价格下跌;

(2)企业库存较大,面临库存贬值的风险。

2. 交易策略

买入看跌期权,相当于买入价格下跌保险。

3. 策略原理

(1)价格大跌,看跌期权获利,可以贴补产品或库存的价值损失;

(2)价格上涨,期权最多损失权利金,产品和库存仍然可以高价出售。

4. 案例

2017 年 10 月 26 日,螺纹钢现货价格为 2360 元/吨,期货 RB1801 价格 2458。该企业愿意以目前价格销售,于是买入 1 个月后到期、行权价 2300 元/吨看跌期权,权利金 92 元/吨,则具体损益如图 6-11 所示。

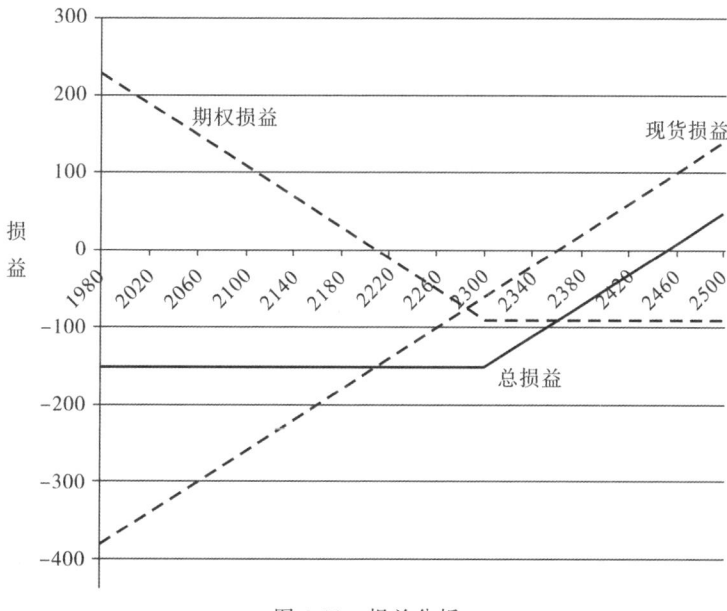

图 6-11 损益分析

5. 策略解析

(1)最大收益:∞;

(2)风险敞口:-152 元/吨;

(3)盈亏平衡点:2392 元/吨;

(4)初始资金流:权利金流出 92 元/吨;

(5)效果:最终锁定了销售价格,无论市场价格如何下跌,都能以 2208 元卖出,而市场价格上涨则能享受随之带来的销售收益。

第二节 期权套期保值策略与技巧

一、期权套期保值交易原理

期货是现货的衍生品,所以期货可以为现货进行套期保值,对冲价格变动的风险。期权以期货为标的,可以说是衍生产品的衍生品。因此,期权不但可以为现货保值,还可以用来为期货部位进行保值,有效规避交易者期货部位的风险。期货市场中多头与空头的概念为交易者所熟悉。同样,现货市场中的不同企业,根据其经营性质,在现货交易中就是先天的多头与空头。如,生产性企业和个人,持有现货,即现货多头;从价格的上涨中获取更多利润,面对的是价格下跌的风险;加工商即现货空头:价格的下跌可以降低生产成本,面对的是价格上涨的风险。在后面举出的例子中,有的是现货企业,有的是期货投资者。但运用期权进行套期保值,无论是保护现货部位还是期货部位,无论是什么品种,其原理是相同的。

同种商品的现货、期货与期权价格之间存在相关性。期货套期保值交易的原理在于:同种商品期货价格走势与现货价格走势一致,同涨同跌。在此基础上,再根据方向相反、数量相等、月份相同或相近的操作原则进行交易。总是一个部位亏损而另一个部位盈利,从而实现规避风险、锁定成本的目的。对于期权套期保值交易,同样是利用期权价格与现货、期货价格的相关性原理来进行操作,价格的变化同样会引起一个部位盈利和一个部位亏损。在其他因素不变的情况下,标的(现货或期货)价格上涨,则看涨期权价格上涨,看跌期权价格下跌;标的(现货或期货)价格下跌,则看涨期权价格下跌,看跌期权价格上涨。与此相对应,为了规避价格上涨的风险,保值者可以买入看涨期权或者卖出看跌期权;为了规避价格下跌的风险,保值者可以买入看跌期权或者卖出看涨期权。

在期货套期保值交易中,买进期货以建立与现货部位相反的部位时,称为买期保值;卖出期货以对冲现货部位风险时,称为卖期保值。套期保值者在交易中要遵循方向相反的原则。期权交易中,不能简单地以期权的买卖方向来操作,还要考虑买卖的是看涨期权还是看跌期权。确定操作是买期保值或卖期保值,可以按所持有期权部位履约后转换的期货部位来决定。如买进看涨期权与卖出看跌期权,履约后的部位是期货多头,所以类似于买期保值;买入看跌期权与卖出看涨期权,履约后的部位是期货空头,所以类似于卖期保值。

期权交易有四个基本部位:买入看涨期权、卖出看涨期权、买入看跌期权和卖出看跌期权。根据买卖方向,期权的套期保值策略可以分为保护性策略与抵补性策略。

通过买入期权,为现货或期货部位进行套期保值,可以有效地保护基础部位的最大损失,这被称为保护性策略;通过卖出期权,为现货或期货部位进行套期保值的策略,权利金可以抵补基础部位的损失,但风险不能得到完全的转移,称为抵补性策略。表6-5给出了套期保值交易策略。

表 6-5 套期保值交易策略表

价格风险	策略		
	期货	期权	
		保护策略	抵补策略
规避价格上涨风险	买入期货	买入看涨期权	卖出看跌期权
规避价格下跌风险	卖出期货	买入看跌期权	卖出看涨期权

保护性策略的优点是:最大损失是有限的(权利金),而获利的潜能是开放的。保值者在进场的时候能够将损失完全控制在已知的范围之内,不会存在做错方向损失不断扩大的风险,最大的风险和损失就是已经支付的权利金。而当操作方向正确的时候,获利能够跟随价格的变化而提升;保护性策略不用交纳保证金,可以弥补期货交易中进场时机不佳的缺点,保值者能够承受行情的震荡,不存在追加保证金及追加不及时的强平风险。可以保持较好的交易心态,使保值计划得到完整地执行。保护性策略的缺点在于其成本较高,买入期权需要向卖方交纳权利金,只有在价格的有利变化弥补权利金的损失之后,才会开始出现净盈利。与保护性策略相比,抵补性策略是负成本,但降低风险的能力有限。

对于保护性策略和抵补性策略,两者各具优点与缺点,但都可以用来对冲投资者的基本部位风险,结合不同情况下可以做出不同的保值策略选择。首先要考虑的是期权的价格与其价值相比,是高或是低。如果期权的价格低于其价值,采用买入期权的保护性策略比较有利;反之,选择抵补卖出期权比较有利。而评价期权的价格离不开隐含波动率。假定其他条件一定,如果隐含波动率偏高,投资者应该尽可能多卖出而少买入期权;如果隐含波动率偏低,投资者应该尽可能多买入而少卖出期权。一些投资者在面临策略选择时,可能更在乎其对期货价格的看法,特别是对风险的承受能力。因为只要市场与你的预测一致,你就可以充分享受策略的优点,回避其缺点。如果你对市场价格的看法比较坚定,并愿意承担"万一"情况下的风险,建议你采用抵补性策略,这样可以在市场波动率降低的情况下,扩大你的盈利。如果你讨厌"风险无限"的字眼,你就应该支付权利金,去向卖方买入"保险"吧。

二、期权套期保值交易策略与技巧

(一)保护性的保值策略

1. 多头的保护性保值策略

套期保值目标:保护现货或期货多头部位,规避价格下跌的风险,同时保持价格上涨所带来的盈利。生产商或贸易企业为了防止价格下跌所采取的保值策略,类似于期货卖期保值策略。该种策略需要向卖方支付权利金,但无须交纳保证金。

实例分析:某白糖贸易企业库存有白糖,市场价格为 5000 元/吨,担心价格下跌,于是买进一个月后到期、行权价格为 5000 元/吨的白糖看跌期权,支付权利金 117 元/吨。分析如图 6-12 所示。

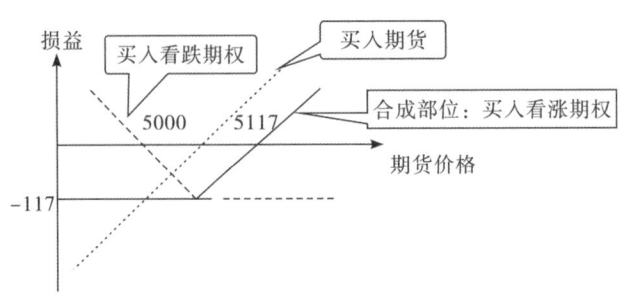

图 6-12　实例分析 1

情况 1：如果白糖价格上涨。现货部位盈利（企业可以在现货市场上卖出更高的价格），期权部位亏损。投资者可以卖出看跌期权，平仓了结或者放弃权利。白糖价格涨得越高，该企业的总体盈利越大。

情况 2：如果白糖价格下跌，现货部位亏损，期权部位盈利，投资者平仓了结后，期权部位的盈利可以弥补现货部位的亏损。或者投资者提出执行，获得 5000 元/吨的期货空头。看跌期权的行权价格，即为最低的卖出价。

所以，持有现货标的投资者或企业，通过买入看跌期权，价格下跌时，则可以有效锁定标的多头部位的风险，损失不会持续扩大。买入看跌期权，等于锁定了最低的卖出价格。在价格上涨时，期权的损失有限，可以保持以更高卖出价格带来的好处，使盈利不断随着价格的上涨而提升。

2. 空头的保护性保值策略

套期保值目标：保护现货或期货空头部位，规避价格上涨的风险，同时保持价格下跌所带来的盈利。加工企业为了防止采购成本上涨所采取的保值策略，类似于期货买期保值策略。该种策略需要向卖方支付权利金，但无须交纳保证金。

实例分析：某糖厂一个月后需要采购加工用白糖，目前现货市场价格为 5500 元/吨。为了规避白糖价格上涨的风险，锁定生产成本，该糖厂买入白糖看涨期权，一个月后到期，行权价格为 5500 元/吨，支付权利金 130 元/吨。分析如图 6-13 所示。

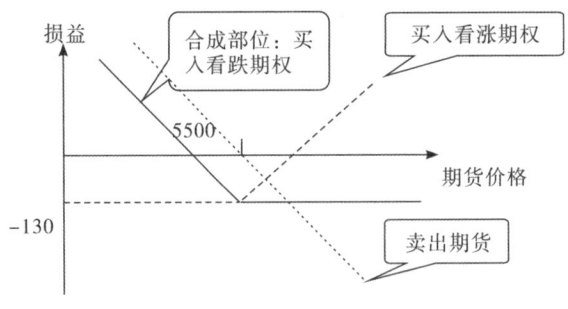

图 6-13　实例分析 2

情况 1：如果价格下跌，现货部位盈利（企业在现货市场上能够以更低的价格采购），买入的看涨期权部位亏损。投资者可以卖出看涨期权，平仓了结或者放弃权利。价格跌得越多，糖厂的总体采购成本越低。

情况 2：如果价格上涨，采购成本提高，现货部位亏损。看涨期权价格上涨，期权部位盈利。平仓了结后,可以用期权部位的盈利弥补期货部位的亏损,也可以提出执行,获得5500元/吨的期货多头,参与实物交割。对于糖厂来说,看涨期权的行权价格,即其最高的买入价。

(二)抵补性保值策略

抵补性保值策略是在期货交易的同时也卖出期权部位,因此权利金的收入可以视为是降低了期货投资的进场成本;但是另一方面,因为已经预设了期货价格目标而卖出虚值期权,等于放弃了预期价格以外的盈利空间,因此并没有办法赚取超额的利润,并且当操作的方向错误时,抵补性策略也没有控制损失继续扩大的能力。与保护性策略相比,抵补性策略没有成本,同时降低风险的能力有限。

1. 期货多头的抵补性保值策略

套期保值目标:持有现货或期货多头部位,卖出看涨期权,收取权利金,规避价格下跌的风险。愿意接受较大的风险,换取成本方面的优势。生产商或贸易企业为了防止价格下跌所采取的保值策略,类似于期货卖期保值策略。

实例分析:某投资者以市场价格5700元/吨买入白糖期货,认为期货价格会在5700~5800元/吨之间波动,因此卖出同月份行权价格为5800元/吨的白糖看涨期权,收到90元/吨的权利金。分析如图6-14所示。

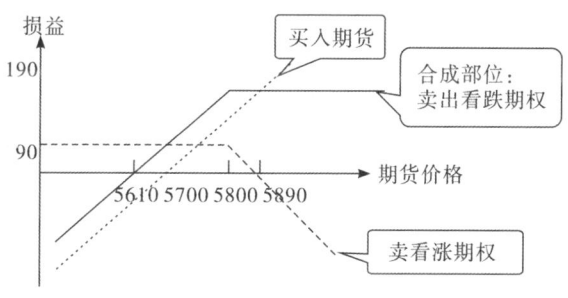

图6-14 实例分析3

情况1:如果期货价格上涨,达到或低于5800元/吨,证明投资者基于期货价格的判断是正确的。期货部位盈利,但期权仍处于平值或虚值状态,买方不会提出执行。投资者得到的权利金可以提高投资盈利。

情况2:如果期货价格上涨到5800元/吨以上价格,期货部位盈利,期权部位亏损。期权转化为实值状态,如期权买方提出执行,投资者会被指派建立期货空头部位,价格为5800元/吨。正好对冲其5700元/吨的期货多头,获利100元/吨,加上其获得的权利金收入,总获利可达到190元/吨。相当于以5890的价格平仓。

情况3:如果价格下跌,但不低于5610元/吨,期货部位的亏损和期权部位的盈利进一步扩大,如果持有到到期日,投资者仍可以用权利金收入来弥补期货多头的亏损。但如价格跌破5610元/吨后,期货部位的损失继续扩大,期权部位的盈利却不再增加,因为期权卖方的最大盈利为其收到的权利金。所以,在市场价格下跌超出预期的情况下,投资者的期货多头的风险将无法通过卖出看涨期权而完全得到弥补。

2. 期货空头的抵补性保值策略

套期保值目标:持有现货或期货空头部位,卖出看跌期权,收取权利金,规避价格上涨的风险。愿意接受较大的风险,换取成本方面的优势。加工商为了防止价格上涨的风险所采取的保值策略。类似于期货买期保值策略。

实例分析:某投资者认为白糖期货价格会有 400 点的跌幅,因此以市场价格 5500 元/吨卖出白糖期货。同时,以 414 元/吨卖出同月份行权价格为 5100 元/吨的看跌期权。损益图如图 6-15 所示。

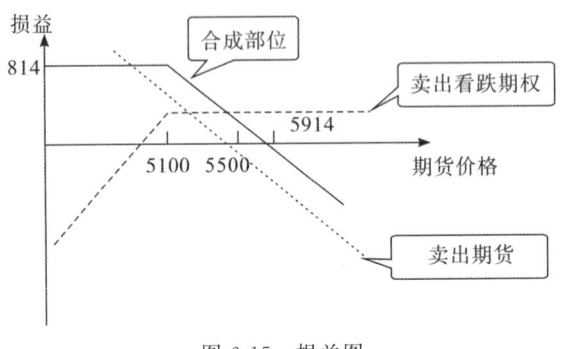

图 6-15 损益图

情况 1:如果期货价格下跌,但不低于 5100 元/吨,期货部位盈利。期权仍处于平值或虚值状态,买方不会提出执行。

情况 2:如果期货价格下跌到 5100 元/吨以下,期货部位盈利,期权部位亏损。同时期权转化为实值状态,如期权的买方提出执行,投资者会被指派建立期货多头部位,价格为 5100 元/吨。正好对冲其 5500 元/吨的期货空头,获利 400 元/吨,加上其获得的权利金收入,总获利可达到 814 元/吨。相当于以 4686 元/吨的价格平仓。

情况 3:如果价格上涨,但不超过 5914 元/吨,期货部位亏损,期权部位盈利,期权到期后,投资者仍可以用权利金收入来弥补期货空头的亏损。如果投资者判断失误,价格向上突破 5914 元/吨后,期货空头的亏损继续增加,看跌期权空头部位的盈利却不再增加,因为期权空头的最大盈利是其收到的 414 元/吨的权利金。在市场大幅上涨的情况下,投资者期货空头的风险将无法通过卖出看跌期权而完全得到弥补。

(三)双限期权保值策略

在保护性保值策略与抵补性保值策略的介绍中,我们总面临风险与支付权利金两相矛盾的烦恼。要么规避了风险,但是需要付出权利金成本;要么没有成本,但风险不能完全规避。于是我们很自然地想到,把两种策略结合起来,是否可以满足保值者更多的要求,获得更好的效果呢？双限期权保值策略给我们提供了这种可能。

双限期权保值策略又叫零成本保值策略、篱笆墙策略等。投资者在建立一个现货或期货多头(空头)部位后,采取的保值行动包括:支付权利金,买入一个虚值的看跌期权(看涨期权),来保护期货部位。为了降低权利金成本,再抵补卖出一个虚值的看涨期权(看跌期权),获得权利金收入。这样,投资者可以避免价格向不利方向变化所带来的风险,并且不需要付出权利金。如果卖出的期权价格高于买入的期权,还可以收到权利金。保值者需要做的是:找出两个具有相等价格(或大致相等)的看涨期权和看跌期权。双限期权保值策略经常被机构投资者使用,对于一个没有保险费的"保险",如果不考虑预期外的盈利空间的话,更受到务实保值者的青睐。

双限期权的保值效果:成本低,既能规避价格不利变化的风险,又能保留一定的获利潜能,但放弃了无限收益的能力。最大损失与盈利都是确定的,或者说盈亏均被限定,是谓双限期权保值策略。

1. 期货多头部位的双限期权保值策略

构成:多头基础部位+买入虚值看跌期权+卖出虚值看涨期权。

适用:期货多头、生产企业和个人。

实例分析:某投资者以市场价 5900 元/吨买入白糖期货,并且买入同月份行权价格为 5880 元/吨的看跌期权,支付权利金 149 元/吨;卖出同月份行权价格为 5920 元/吨的看涨期权,收到权利金 149 元/吨。其到期日损益图如图 6-16 所示。

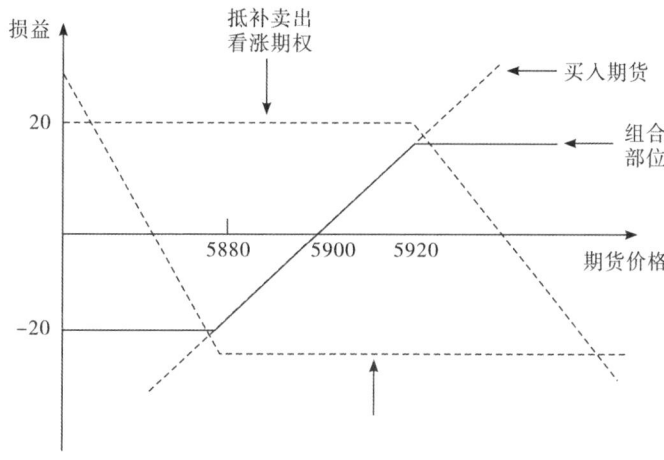

图 6-16 到期日损益图

情况 1:价格上涨,但没有超过 5920 元/吨。即期货价格位于 5900~5920 元/吨之间。期货多头盈利,买入的看跌期权虚值状态,价值为 0。卖出的看涨期权处于虚值状态,价值为 0。看涨期权与看跌期权均处于虚值状态,不会出现执行的问题。期货多头的盈利就是整个组合的盈利。

情况 2:价格向上突破 5920 元/吨,期货多头盈利,卖出的看涨期权成为实值期权,买入的看跌期权虚值程度更深。看涨期权的买方将提出执行,该投资者作为看涨期权的卖方,获得 5920 元/吨的期货空头部位,正好与其期货多头部位对冲平仓,获利 20 元/吨。无论期货价格涨到多高,投资者的获利最高为 20 元/吨。

情况 3:价格下跌,没有跌破 5880 元/吨。期货多头亏损,但看涨期权与看跌期权仍处于虚值状态,均不会出现执行的问题。期货多头的盈亏就是整个组合的盈亏。

情况 4:价格向下突破 5880 元/吨,期货多头亏损,买入的看跌期权成为实值期权,卖出的看涨期权虚值程度更深。该投资者作为看跌期权的买方,可以提出执行,获得 5880 元/吨的期货空头部位,正好与其期货多头部位对冲平仓,亏损 20 元/吨。无论价格跌到何种价格,总体亏损最大为 20 元/吨。

在买入期货的情况下,运用双限期权保值策略,主要是基于期货价格处于区间震荡,但又存在暴跌的可能。通过买入看跌期权,将风险控制在确定的范围之内。卖出看涨期权,则用来降低买入保护性期权的成本。当期货价格运行在 5880~5920 元/吨,即两个行权价格之间时,期货部位的损益可以不受期权的影响,而期货价格向上突破 5920 元/吨的行权价格时,投资者的期货多头收益却"戛然而止",这就是采用该策略保值者需要付出的代价:放弃预期之外的盈利潜能。当期货价格向下突破 5880 元/吨的价格时,投资者的亏损将会被有效"切断"。这是该策略向投资者提供的好处。

2. 期货空头的双限期权保值策略

构成:空头基础部位+买入虚值看涨期权+卖出虚值看跌期权。

适用:期货空头、现货加工企业。

实例分析:某投资者以市场价 5000 元/吨卖出白糖期货,并且买入同月份行权价格为 5200 元/吨的看涨期权,支付权利金 46 元/吨;卖出同月份行权价格为 4800 元/吨的看跌期权,收到权利金 46 元/吨。其到期日损益图如图 6-17 所示。

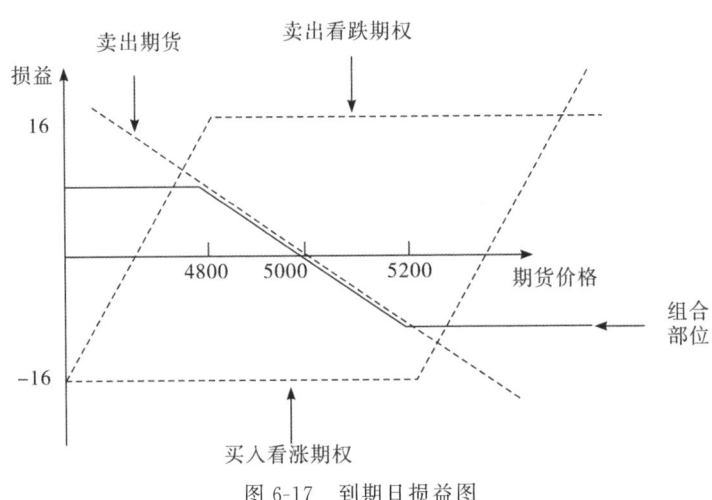

图 6-17 到期日损益图

到期日损益分析:

情况 1:价格下跌,但没有跌破 4800 元/吨。期货空头盈利,但看涨期权与看跌期权仍处于虚值状态,均不会出现执行的问题。期货空头的盈利就是整个组合部位的盈利。

情况 2:价格向下突破 4800 元/吨,期货空头盈利,卖出的看跌期权成为实值期权,买入的看涨期权虚值程度更深。看跌期权的买方将提出执行,该投资者作为卖方,获得 5000 元/吨的期货多头部位。正好与其期货空头部位对冲,获利 200 元/吨。但无论期货价格下跌有多深,投资者的获利最高为 200 元/吨。

情况 3:价格上涨,没有突破 5200 元/吨。期货空头亏损,但看涨期权与看跌期权仍处于虚值状态,均不会出现执行的问题。期货空头的亏损就是整个组合的亏损。

情况 4:价格向上突破 5200 元/吨,期货空头亏损,买入的看涨期权成为实值期权,卖出的看跌期权虚值程度更深。该投资者作为看涨期权的买方,提出执行权利,获得 5000 元/吨的期货多头部位,正好与其期货空头部位对冲,亏损 200 元/吨。但无论价格涨到何种程度,总体最大亏损为 200 元/吨。

在卖出期货的情况下，运用零成本保值策略，主要是基于期货价格会缓慢下跌的可能性较大，但又存在暴涨的风险。当期货价格运行在 4800～5200 元/吨，即两个行权价格之间时，期货部位的损益同样不受期权的影响，期货部位的盈亏就是整个组合部位的盈亏。而期货价格向下跌破 4800 元/吨时，投资者的期货空头收益却"嘎然而止"，这就是采用该策略的投资者需要付出的代价：价格下跌至预期之外的盈利可能。当期货价格向上突破 5200 元/吨的价格时，投资者的亏损将会被有效切断。

三、期权套期保值交易实战案例——豆粕期权套期保值交易案例

（一）豆粕"采购定价"模式期权套保案例

大豆压榨企业的采购环节锁定的是压榨利润，从盘面头寸来说属于做空压榨利润。对于做空压榨利润而言，压榨利润变好是其头寸面临的风险，在压榨利润变好的情况下盘面会出现亏损。在通常情况下，压榨利润变好企业可以进行循环操作，在更高的压榨利润水平下继续进行套期保值。但是可能出现的情况是企业对压榨利润持看涨态度，但是出于自身生产安排，必须要在当前偏低的压榨利润水平下进行套期保值，在这种情况下，豆粕期权对于优化盘面套保持仓就可能起到重要作用。

1. 明显看多压榨利润的情况

在市场价格波动剧烈的情况下，企业可能对盘面的压榨利润持有不同的态度，在明显看多压榨利润的情况下，企业也要基于当下的盘面的利润进行套期保值，按照生产计划进口大豆进行加工和生产，那么在这种情况下进行套期保值头寸的优化就很有必要。

看多压榨利润分为两种情况：

(1) 基于国内油粕需求强劲带来的压榨利润明显改善

应用条件：因国内油粕需求强劲看多压榨利润。

期权优化策略：CBOT 大豆多单加 DCE 豆粕看跌期权（DCE 豆粕期货空单部分或全部置换为豆粕看跌期权多单）。

[案例 6-5]　某大豆加工厂 5 月份预期将在 11 月份买入大豆压榨，当前 CBOT 大豆价格为 1250 美分/蒲式耳，DCE 豆粕价格为 3200 元/吨，这两个价格可以锁定 100 元/吨的压榨利润。此时，企业认为国内需求强劲，看多压榨利润，但又担心豆粕价格下跌带来的风险。因此买入大豆期货合约，同时买入执行价格为 3200 元/吨的豆粕看跌期权，权利金为 30 元/吨，则此时锁定的实际压榨利润为 70 元/吨。

损益分析：

①价格上涨情形：假如 11 月份大豆价格上涨到 1300 美分/蒲式耳，豆粕价格上涨到 3400 元/吨，压榨利润增加到 150 元/吨。此时，虽然看跌期权作废，损失权利金（但显然，这种情况下若采用豆粕空单套保，产生的损失要更多）。但大豆期货合约多头可获得 50 美分/蒲式耳利润。这样就有效实现了压榨利润套保头寸的优化。

②价格下跌情形：假如 11 月份大豆价格下跌至 1200 美分/蒲式耳，豆粕价格下跌到 3000 元/吨，此时，豆粕看跌期权效果与豆粕空单是一致的，即压榨利润依然被锁定在 70

元/吨。

策略总结：看多压榨利润的前提在于认为明显的上涨行情当中，国内油粕涨幅高于国外，从而导致国内压榨利润的改善，基本面上的依据可能来自于中国需求的强劲带动的一波上涨行情。在这种利用豆粕期权优化压榨利润套期保值的模式当中，企业需要权衡的重点在于愿意舍弃多大的权利金来换取可能得到的利润改善空间，也就是看跌期权的价格和压榨利润预期改善空间之间的对比。（图6-18）

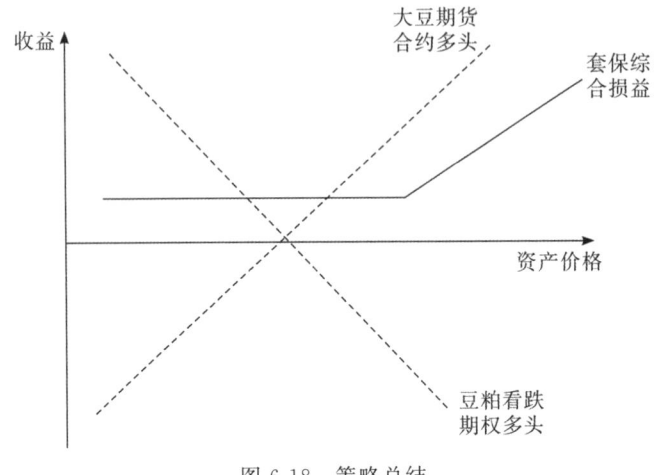

图6-18 策略总结

（2）基于国际市场下跌带来的压榨利润明显改善

应用条件：因国际大豆市场下跌看多压榨利润。

期权优化策略：压榨利润套保头寸基础上增加大豆看跌期权多单（保护CBOT大豆期货多头头寸）。

损益分析：

①价格上涨情形：大豆看跌期权变成废纸不会执行，前期锁定的压榨利润在扣除权利金的情况下依然能够得以保证。

②价格下跌情形：看跌期权的多头能够很好地锁定大豆多头损失，而国内的豆粕空头在利润上得到很好的表现。

策略总结：通常在国际大豆产量增加，大豆价格下跌的过程中会出现压榨利润的明显改善。如果企业基于国际市场下跌更多来判断压榨利润改善的话，这种情况下国内豆粕期权合约对于优化套期保值头寸的作用相对有限，企业可能更多需要参与CBOT大豆期权市场的交易来优化套保组合。（图6-19）

2. 明显看空压榨利润的情况

在明显看空压榨利润的情况下，不管是基于国际市场涨幅大于国内还是国内市场跌幅大于国际市场的行情背景，压榨利润的锁定都是朝预期方向发展，这种情况下期货盘面的利润锁定成为最高效的保值模式，期权在这种情况下所能起到的优化作用较小。

（二）豆粕"延期结价"模式期权套保案例

对下游饲料企业或豆粕经销商来说，"延期结价"是短期内看空市场的一种心态表现。

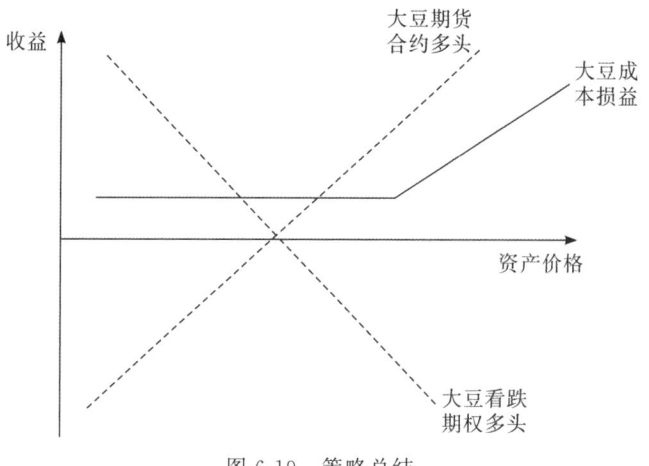

图 6-19 策略总结

在这种情况下,企业面临的风险是价格出现意外上涨。但如果采取期货买进套保,就如同即期结价,原本看空的未来收益则荡然无存,"延期结价"也变得毫无意义。因此,考虑买入豆粕看涨期权既可以规避价格上涨风险,又能保住看空市场的未来收益。具体案例分析见表6-6。

表 6-6 豆粕"延期结价"模式期权套保案例分析

市场状况	上游压榨企业对销售豆粕采取"延期结价"方式促销
企业预期	饲料企业预计未来一段时间豆粕价格下跌的可能性较大
期货套期保值方案设计	豆粕采购方采购现货后通常是不会立刻结价的,否则"延期结价"失去意义。但一旦对价格走势判断失误,即价格不跌反涨,则企业将面临巨大的经营风险
套期保值方案优化设计	豆粕现货+豆粕看涨期权多单

[案例 6-6] 6月底,某饲料企业趁上游压榨企业促销购进了5000吨豆粕。饲料企业可以先将豆粕提走,提货价为签订采购合同之日起1个月内由饲料厂根据压榨企业每日挂牌销售价格,在任意一天的点价为准,当天压榨企业的豆粕挂牌销售价为3600元/吨。由于饲料企业预期未来1个月内豆粕价格下跌的可能性较大,因此想尽可能地拖延点价,但又担心自己对豆粕价格走势判断失误,未来豆粕价格不跌反涨,企业将面临巨大的经营风险。

此时,如果在期货市场上以即时价3400元/吨买入豆粕期货9月合约进行买入套保的话,虽然可以规避价格上涨风险,但也同时规避了未来现货价格下跌带来的采购成本降低的好处,"延期结价"则变得毫无意义。

为了既能规避7月豆粕价格意外上涨风险,又能保住7月豆粕价格下跌带来的益处,企业决定通过买进看涨期权为已经采购的豆粕上个保险,即买入500份执行价为3400元/吨的豆粕期货9月合约看涨期权,支付权利金50元/吨。

操作结果分析如下:

情形一,假如到了7月底,豆粕期货和现货价格均下跌,其中期货价格跌破3350元/吨,企业放弃看涨期权的行权。此时,企业豆粕原料成本尽管会增加50元/吨权利金,但通过延期结价方式点价,企业豆粕采购成本下降了至少大于50元/吨,企业原料采购成本得到降低。

情形二,假如到了7月底,豆粕期货和现货价格均上涨,其中期货价格上涨超过3450元/吨,企业因时间到期,不得不点价,豆粕采购成本高于3600元/吨。但此时豆粕看涨期权成为实值期权,企业行使看涨期权。在扣除50元/吨的权利金后,还有盈利可以补偿现货采购成本,无论豆粕价格涨多高,企业最终采购的豆粕成本价始终保持在3650元/吨的水平,对企业饲料产品的销售利润仍无大的影响。

由此可见,在"延期结价"销售模式下,采用买进看涨期权来配合点价,无论豆粕价格未来是涨还是跌,饲料企业的原料采购既能规避风险,又能保留可能的获利机会。(图6-20)

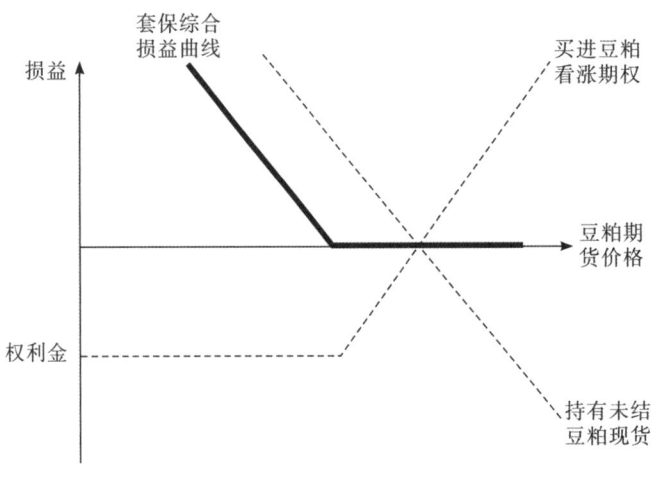

图6-20 策略分析

(三)豆粕"一口价"模式期权套保案例

对饲料企业来说,上游压榨企业采用"一口价"购销模式的好处在于报价变得相对透明,能在较短的时间内知晓各家压榨企业的当日报价,对比后能更好地决定采购行为。但该购销模式的弊端在于"一口价"的每日价格波动性较大,饲料企业处于价格被动接受状态,承受着较大的价格单边波动风险,并有可能造成潜在的提货压力。

在"一口价"购销模式下,饲料企业面临的基本上都是单边敞口多头风险。其风险特征表现为,一方面,当看好豆粕市场行情时,饲料企业可以按时采购或者提前采购,来锁定豆粕成本,也可以在豆粕期货市场买入套保,来锁定原料成本,最不济也可以水涨船高,将增加的成本转移给饲料消费下游。另一方面,对饲料企业最为不利的情况是市场行情弱势下跌。由于企业不能随意停产,迫于生产的需要,企业要不断采购原料满足生产。在这种情况下,如果在期货市场卖出套保,一旦判断失误,未来豆粕价格不跌反涨,则企业将会同时在现货和期货两个市场上出现亏损,风险极大。为解决这一难题,饲料企业可以通过买进豆粕看跌期权,来锁定饲料销售价格。

表 6-7 豆粕"一口价"模式期权套保案例分析

市场状况	饲料企业每间隔一段时间必须采购豆粕以满足生产需求
企业预期	预计未来一段时间豆粕价格上涨,但也担心提货后豆粕价格下跌
期货套保方案设计	由于企业是豆粕的需求方,因此通常只能在期货市场进行买入套保操作:豆粕现货+豆粕期货多单
套期保值方案优化设计	为防止采购豆粕后的未来一段时间内豆粕价格下跌,采用期权工具套保:豆粕现货+豆粕期货多单+豆粕看跌期权多单

[案例 6-7] 某饲料加工企业每 3 个月都需要购进一批豆粕原料,以满足生产需求,该企业通常是在每个季度末向上游压榨厂以"一口价"购销模式采购豆粕。一方面,3 月底,企业发现豆粕期货价格正在大涨,马上购进了 1 万吨提货价为 3600 元/吨的豆粕;另一方面,由于企业担心三季度的豆粕采购成本还会大幅提高,于是又急忙以 3400 元/吨的价格买入 1000 手大商所豆粕期货 9 月合约,进行买入套期保值。

结果发现豆粕期货价格没有再继续上涨,反而有下跌的迹象,这让企业担心未来三季度豆粕价格有出现回调的可能。虽然企业对豆粕期货持仓并不担心,因为到时期货价格可能会下跌,但随着豆粕期货价格降低,企业的采购成本也会降低。令企业感到最棘手的是已经采购的 1 万吨豆粕存在贬值风险,所生产出来的饲料产品在二季度可能会亏本销售。为了保护 1 万吨的豆粕现货敞口头寸,企业决定为已经采购的豆粕再上个保险,即买入 1000 份执行价格为 3600 元/吨的豆粕期货 9 月合约看跌期权,支付权利金 50 元/吨。

操作结果分析如下:

情形一,假如到了 6 月底,豆粕现货价格上涨,高于 3650 元/吨,企业放弃看跌期权的行权。此时,企业豆粕原料采购成本尽管会增加 50 元/吨权利金,但豆粕成本仍能降低到 3600 元/吨以下,对企业的饲料产品销售没有大的影响。而且手头上的期货持仓多头部位也是盈利的,三季度采购的豆粕成本也得到了很好的锁定。

情形二,假如到了 6 月底,豆粕现货价格下跌,跌破 3550 元/吨,企业行使看跌期权。此时,企业豆粕原料采购成本 3600 元/吨尽管高于现货市场即时价格,但由于看跌期权开始发挥收益补偿作用,采购的豆粕成本仍能保持仅比现货即时价高 50 元/吨(权利金)的水平,豆粕价格下跌对企业饲料产品的销售利润仍无大的影响。此时,企业手头上的期货持仓部位也出现亏损,但三季度企业豆粕采购成本在同期跌幅大致相当。6 月底,企业向上游压榨油厂采购新一批豆粕的成本仍然能得到很好的锁定。

由此可见,采用期权与期货工具的综合配套,无论豆粕价格是涨还是跌,饲料企业的原料采购成本和销售利润都能得到保证。(图 6-21)

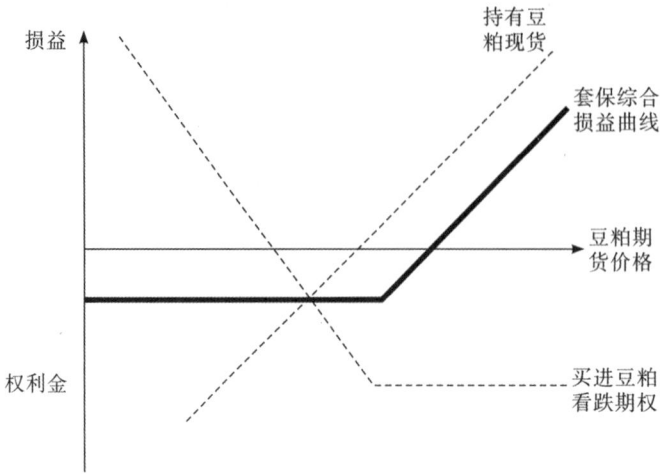

图 6-21 策略分析

第七章
期货程序化交易策略与编程技巧

第一节 常用模型编程技巧与案例分析

在期货市场中,随着程序化交易的思想日益加深,计算机程序化交易的比重在我国期货市场中所占分量飞速提高。在高频交易、趋势交易、套利交易等多种方式的交易中,计算机执行指令的速度以及纪律,要远远高过交易员,更高过一般投资者。可以预见,在不远的将来,中小个人期货投资者,将面对一个新的强大对手,就是交易技巧优秀、交易纪律严明的计算机程序化"部队"。下面以麦语言为例介绍几种常用的结构编程。

一、条件描述模型

(一)阶段涨幅

N 日收盘价的差值的百分比:
$$(CLOSE-REF(CLOSE,N))/REF(CLOSE,N)*100$$

(二)再创新高

所谓再创新高就是指今日最高价是 N 日以来的最高价。
HIGH=HHV(HIGH,N)
该函数在当日最高价创 N 日新高时为 1,否者为 0。
放量上攻:指价格上扬,成交量剧增。
价格上扬可以描述为:CLOSE/REF(CLOSE,5)>1.2;//表示 5 日上涨 20%。
成交量剧增可描述为:VOL>MA(VOL,5)*3;//表示成交量超过 5 日均量的 3 倍。
所以公式可写成:
$$CLOSE/REF(CLOSE,5)>1.2\ AND\ VOL>MA(VOL,5)*3$$

(三)窄幅整理

窄幅整理是指近一段时期价格维持在一定幅度之内。
(HHV(CLOSE,20)−LLV(CLOSE,20))/CLOSE<0.08;

HHV(CLOSE,20)－LLV(CLOSE,20)表示 20 日收盘价振幅,即 20 日内价格振幅在 8%以内波动。

(四)均线多头排列

移动平均线(MA)是将一段时间的期票价格用数理统计的方法加以平均,再将这些平均价标于图上并用线连接起来即可。它可以用来观察期价的趋势。均线多头排列可以看作是上升趋势行情的表现。

5 日、10 日、60 日均线分别表示为:
MA5:＝MA(CLOSE,5);
MA10:＝MA(CLOSE,10);
MA60:＝MA(CLOSE,60);
均线多头排列可写成:MA10＞MA5&&MA60＞MA10(注意不要写成连等形式)

(五)前期高点及其位置

前期高点价格可以写成:HHV(HIGH,20);//表示 20 日最高价。

前期高点位置:HHVBARS(HIGH,20);//表示 20 日内最高价到现在的周期数,若 HHVBARS(HIGH,20)等于 6,则表示前期高点出现在 6 日前。

60 天前到 40 天前之间的最高价:用 HHV 函数只能得到当天以及前若干天的最高价,若对本问题进行分析可以得到,它实际上就是一个 20 天最高价,只不过是计算 40 天前的 20 日最高价,所以公式可以写成:REF(HHV(HIGH,20),40)。

(六)动态平均

指数平滑移动平均是一种常用的平均线求法,其宗旨是将当日数据乘以权值 a 与上一天平均数乘以权值 b 相加,这两个权值相加等于 1,因而指定权值 a 就可以确定计算方法。如:

EMA(X,N)权值 $a＝2/(N+1)$;
SMA(X,N,M)权值 $a＝M/N$;

而对于 DMA 动态平均,其权值 a 不是一个常数,例如可用成交量作为权重计算均线: SMA(CLOSE,VOL)。

(七)点到面转化

有时我们需要判断过去发生的事件。例如最近 20 日内是否发生大涨等。因为该事件仅在当天可计算出来,所以需要用点到面转换将该影响延续成一段时间:

TTTT:＝CLOSE/REF(CLOSE,1)＞1.02;//表示涨幅大于 2%
COUNT(TTTT,20),该函数统计 20 日内大涨的天数,若发生大涨则会对将来 30 天产生影响。COUNT、SUM、HHV、LLV 等函数均有点到面转化的作用。

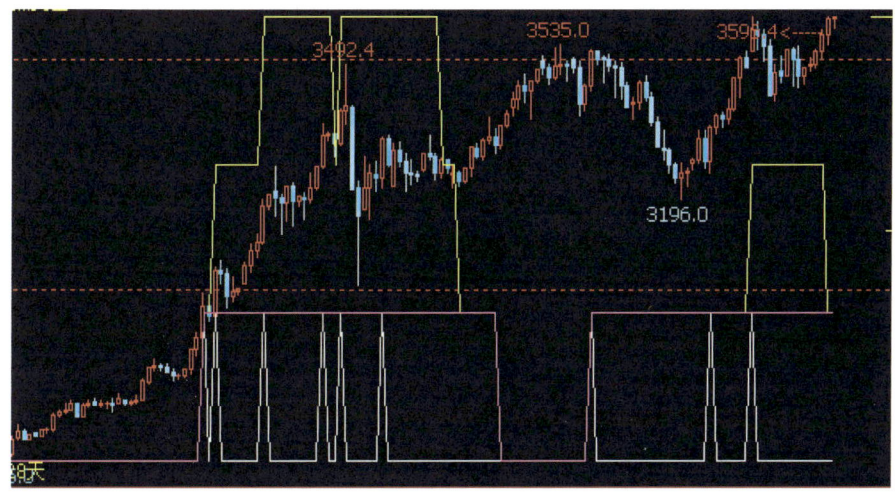

图 7-1　点到面转化

图 7-1 分别显示 TTTT、HHV(TTTT,20)两条曲线的相对位置关系,我们看到,每当发生大涨时,TTTT 就为 1,否则就为 0;HHV(TTTT,20)只要 20 天以内发生过大涨就为 1,否则为 0,它利用了发生情况时数值最大这一特点将求最大值转化为求指定值;而 COUNT(TTTT,20)则表示了 20 天之内发生过多少次指定事件,应该说对于本问题,这个函数用得最适合。

(八)面到点转换

有时我们需要反过来做面到点转换,例如当 RSI 高于 80 表示期价处于超买阶段,应该卖出。但由于超过 80 是一个阶段,如果这个阶段中每天都发出卖出信号就不太好了,需要一个将连续区间转化为一个信号的函数,即面到点的转换。

CROSS(RSI,80),表示 RSI 向上穿越 80,对于一个阶段来说,穿越只会发生一次,从而完成了面到点的转换。

(九)线性回归

线性回归是统计学中最常用的方法之一,它用一条直线来近似描述一条曲线。直线可用起点和斜率来表示,因此可以更为简便地描述当前期价的趋势。线性回归函数有两个:FORCAST 和 SLOPE,分别表示起点和斜率。FORCAST 的作用与均线类似,有对未来趋势的预测作用,指标较均线更为灵敏;SLPOE 表示该线性回归的斜率,即事件每增加 1 天,价格的变动情况,它可以表示一段时间内的平均价格变化率,可以用它来描述近期价格的涨跌趋势及强度。

例如:SLOPE(CLOSE,10)/REF(CLOSE,10)>0.05,表示近期有每日平均 5% 的升幅趋势。

(十)之字转向

每当期价涨跌幅度超过指定界限并发生趋势方向变化时,之字转向将产生一个转折点,将所有转向点用线段连接就成为之字转向,之字转向能够很好地描述期价的大体走势,对于相态分析有一定的作用。

转向点分为波峰和波谷两类,分别表示向下转向和向上转向,与之对应的我们有四个函数用于描述它们的价格和位置:

(1)PEAK 和 TROUGH 表示波峰和波谷的价格;

(2)PEAKBARS 和 TROUGHBARS 表示波峰和波谷距现在的周期数。

这四个函数都有一个参数用于描述向前数第几个波峰,用这个特性我们就可以在测试 W 底时比较上一个波谷和前一个波谷的位置和大小,进而规范了一个 W 形底的描述。

二、线形态描述模型

K 线图又称阴阳线,最初是日本米商用来表示米价涨跌状况的工具,后来引入期市,并逐渐风行于东南亚地区。K 线图以其直观、立体感强的特点而深受投资者欢迎,实践证明,精研 K 线图可以较准确地预测后市走向,也可以较明确地判断多空双方的力量对比,从而为投资决策提供重要的参考。

K 线图的画法与分类:画 K 线图前应先准备一张坐标纸,按一定的比例标明期价(指数)的相应位置。它将市场每天(周、月)的开盘价、最高价、最低价和收市价画在统计图上以反映市场的波动情形。

K 线图共由三部分组成,即上影线、下影线和实体三部分,上影线为最高价,下影线为最低价,实体由收盘价和开盘价构成。

当收盘价高于开盘价时,用阳线或红线来表示,当开盘价高于收盘价时,用阴线或黑线来表示。

它有十二种基本形态:A 阳线、B 阴线、C 光头阳线、D 带帽阳线、E 带尾阳线、F 光头阴线、G 带尾阴线、H 带帽阴线、I 平盘线、J 十字星、K 丁字线、L 倒丁字线,由这些的组合形成了所有的 K 线形态,由于组合的多样性和不确定性,从而也有了许多意见相左的 K 线分析。

(一)大阳线

首先我们编制一个简单的单根 K 线的公式,一根 K 线由四个价格组成,即开盘价、收盘价、最高价、最低价,所以对它的描述只需要能够做到清楚地描述这四个价位中的相关值即可。

观察其特点:

开盘即为最低:

BB:=LOW=OPEN;

收盘即为最高:

AA:=CLOSE=HIGH;

假设量化的结果是阳线长度上涨幅度大于 4%,

CC:CLOSE/OPEN>4%;

所以

BB:=LOW=OPEN;

AA:=CLOSE=HIGH;
CC:=CLOSE/OPEN>1.04;
综合判断条件
AA&&BB&&CC;

(二)穿头破脚

穿头破脚由两根 K 线组成,表示行情将要转向,穿头破脚第二支蜡烛烛身部分长于第一根蜡烛且蜡烛颜色相反;若是上升行情则第二支蜡烛为阳线,若是下跌行情,则第二支蜡烛为阴线,并且包含了前一根。

量化:如果只是一般意义上的满足以上条件的 K 线组合,则信号的含义并不强,所以可以通过强化一些条件或者补充一些条件来加强信号的内涵。例如在本例中我们规定当前 K 线的开收至少有 4% 的差值,如果是向上穿头破脚的类型,那么该 K 线应该收阳,同时当前 K 线的最高价和最低价要包住前一根 K 线。

K 线形体描述:开盘价要高于收盘价的 4% 以上
A1:=REF(CLOSE,1);
A2:=REF(OPEN,1);
今日的 K 线形体:
B1:=OPEN<A1;
B2:=CLOSE>A2;(高于昨天的开盘)
BB:O/C>1.04;
综合判断条件:
BB AND B1 AND B2;
最终的公式为:
A1:=REF(CLOSE,1);
A2:=REF(OPEN,1);
BB:O/C>1.04;
B1:=OPEN<A1;
B2:=CLOSE>A2;
综合判断条件
BB&&B1&&B2;
如果是向下的穿头破脚,只需要改动几个数值的方向即可!

(三)吊颈

吊颈与锤头形态相同,只是吊颈出现在上升行情中,表示将见顶回落。吊颈出现在上升行情中,有较长的脚部,蜡烛实体部分很短,并在顶部出现。同样可以有阳线实体的吊颈和阴线实体之分,以下将以阴线实体的吊颈为例。

量化:开盘所得即为当天最高价。
AA:=OPEN=HIGH;
阴线实体的长度小,量化后我们选择以整个线体进行对比,满足条件,其长度小于整个线体的 1/3：

B1：=OPEN−CLOSE；

B2：=HIGH−LOW；

BB：=B1/B2＜1/3；

另外对线型的绝对长度做出规定，选择整个线体的长度大于最高价的 5％，意义在于加强线体的含义，以免出现极小的、出现在弱市中的信号。

CC：=B2/HIGH＞0.05；

公式组为：

AA：=OPEN=HIGH；

B1：=OPEN−CLOSE；

B2：=HIGH−LOW；

BB：=B1/B2＜1/3；

CC：=B2/HIGH＞0.05；

综合判断条件：

AA&&BB&&CC

（四）低开大阳线

低开大阳线出现在拉升初期或者整理的末期的概率较高，当天的开盘明显低于昨天的 K 线，但是整个线体呈现为一根长阳，气势逼人！

量化：今日低开，小于上一周期的最低价，并且开盘时的跌幅达到了 2％ 以上。

A1：=REF(CLOSE,1)；

A2：=REF(LOW,1)；

A3：=OPEN＜A2；

A4：=OPEN/A1＜0.98；

收盘长阳，收盘价高出开盘价至少 4％ 以上：

B1：=CLOSE/OPEN＞1.04；

所以公式组为：

A1：=REF(CLOSE,1)；

A2：=REF(LOW,1)；

A3：=OPEN＜A2；

A4：=OPEN/A1＜0.98；

B1：=CLOSE/OPEN＞1.04；

综合判断条件：

A3&&A4&&B1；

（五）跳空缺口

跳空缺口就是两条 K 线的高低价出现不衔接的情况，由两条 K 线组成，是日后支撑和压力点的参考价位。当一个跳空缺口出现时，可以假设一个沿着原来跳空方向上的趋势的加速已经开始了。

量化:由两条K线组成,两条K线间存在明显的间隔;跳空分为向上和向下两种情况,以下为向上跳空的例子:

本周期的最低价高于上一周期的最高价:

A1:=REF(HIGH,1);

A2:=LOW>A1;

跳空缺口越大,则信号越强烈!所以加入辅助条件缺口的长度至少要求有两个点位:

B1:=LOW/A1>1.02;

所以公式组为:

A1:=REF(HIGH,1);

A2:=LOW>A1;

B1:=LOW/A1>1.02;

综合判断条件:

A2&&B1;

三、技术指标模型

(一)均线指标

1. MA(金叉),普通金叉

用 CROSS 表示 MA5 日均线向上穿过 MA10 日均线,函数 CROSS(X,Y)的含义从函数表中可以得出为指标线 X 向上穿过指标线 Y。

首先我们用两个中间表达式表达两条指标线 X、Y 分别为 5 日均线和 10 日均线,最终使用 CROSS 即得。

MA5:=MA(CLOSE,5);

MA10:=MA(CLOSE,10);

综合判断条件:

CROSS(MA5,MA10);

MA5 和 MA10 在 30 日均线之上运动,并当日发生了金叉:

"在 MA10 和 MA30 之上",可以简略地描述为"大于"即可,其他的条件套用。因此,我们先表达出两个条件分别用 AA 和 CC 表示:

AA 是:

MA5:=MA(CLOSE,5);

MA10:=MA(CLOSE,10);

AA:=CROSS(MA5,MA10);

CC 是:

MA30:=MA(CLOSE,30);

CC:=MA5>MA30 AND MA10>MA30;

最后将两个综合的条件用逻辑与函数连接成为一个表达式,要注意在条件选的公式中只能存在一个逻辑判断式,所以我们以后经常会使用一些逻辑连接符连接多个条件。

综合判断条件：

AA&&CC；

2. 三条均线多头排列

由于所谓多头排列没有一个具体的量化的概念，所以需要根据自己平时经验来选取一个比较有效的标准来衡量。例如我们在下面的公式中的模型是：MA5＞MA10＞MA30，维持时间3天作为多头排列的定义。

注意请不要使用连等或者连续的大于号，就像上面的"MA5＞MA10＞MA30"不可以直接出现在公式组当中，用"AND"连等符将两个连接判断式连接起来！

MA5：=MA(CLOSE,5)；

MA10：=MA(CLOSE,10)；

MA30：=MA(CLOSE,30)；

CC：=MA5＞MA30 AND MA10＞MA30；

综合判断条件：

EVERY(CC,3)=1；

3. 均线死叉

方向刚好相反，用同样的表达方式，但是注意CROSS函数使用时两条均线的位置已经颠倒了，思维方式换一下，CROSS(X,Y)本身的含义为X上穿Y，反过来当要表达X向下穿过Y的时候——其实也就是Y向上穿过了X。

CROSS(MA10,MA5)

4. 当日成交量放大2倍的金叉

成交量放大两倍作为一个辅助条件出现，很多的交易者都习惯用成交量来验证均线走势的可靠性。其中需要量化一点的是，选用一个参照系来描述成交量的变化，我们选用了与上一周期的成交量进行对比的方式。

MA5：=MA(CLOSE,5)；

MA10：=MA(CLOSE,10)；

AA：=CROSS(MA5,MA10)；

BB：=VOL/REF(VOL,1)＞2；

综合判断条件：

AA AND BB；

（二）KDJ指标

回顾公式基本买卖原则：

K值由右边向下交叉D值作卖，K值由右边向上交叉D值作买；高档连续两次向下交叉确认跌势，低档两次向上交叉确认涨势；D值20％超卖，D值80％超买；J值100％超买，J值10％超卖；KD值于50％左右徘徊或交叉时，无意义，投机性太强的不适用。

K向上交叉D，并且D小于20

首先，简单导入KDJ的指标数据，我们有两种方法：第一种是在条件选当中点击"引入指标公式"，然后选中KDJ，好处在于同时也引进了参数，方便在条件选参数优化的过程当中调整适当的参数，在快速入门中我们已经进行了比较完整的介绍，这里就不再赘述了。

第二种：将原来的 KD 指标转化为中间表达式，然后写出逻辑判断式：
RSV:=(CLOSE−LLV(LOW,N1))/(HHV(HIGH,N1)−LLV(LOW,N1))*100;
K:=SMA(RSV,N2,1);
D:=SMA(K,N3,1);
综合判断条件：
CROSS(K,D)&&D;

(三) RSI 指标

回顾公式基本买卖原则：

短期 RSI 值在 20 以下，由下向上交叉长期 RSI 值时为买入信号；短期 RSI 在 80 以上，由上向下交叉长期 RSI 值时为卖出信号；短期 RSI 值由上向下突破 50，代表期价已经转弱，短期 RSI 值由下向上突破 50，表示多头转强。

N1[2.0.7] N2[2.0.14]
LC:=REF(CLOSE,1);
RSI1:SMA(MAX(CLOSE−LC,0),N1,1)/SMA(ABS(CLOSE−LC),N1,1)*100;
RSI2:SMA(MAX(CLOSE−LC,0),N2,1)/SMA(ABS(CLOSE−LC),N2,1)*100;

(四) WR 指标

回顾公式基本买卖原则：

威廉指标计算公式与强弱指数、随机指数一样，计算出的指数值在 0~100 之间波动。当 WR 线达到 20 时，市场处于超买状况，期价走势随时可能见顶。因此 20 的横线一般称为卖出线，投资者在此时可以伺机卖出；相反，当 WR 线达到 80 时，市场处于超卖状况，走势可能即将见底，80 的横线被称为买入线。

N[2.100.14]
WR:100*(HHV(HIGH,N)−CLOSE)/(HHV(HIGH,N)−LLV(LOW,N));
综合判断条件：
CROSS(WR,80);
CROSS(WR,20);

(五) MACD 指标

回顾公式基本买卖原则：

DIF、MACD 在 0 以上，大势属于多头市场，可做买，若 DIF 向下跌破，MACD 只可做原单的平仓，不可新单进场；DIF、MACD 在 0 以下，大势属空头市场，DIF 向下跌破 MACD，可做卖，若 DIF 向上突破 MACD，只可做原单的平仓，不可新买单入场：

L1[1.40.12] L2[1.100.26] L3[1.60.9]
DIFF:EMA(CLOSE,L2)−EMA(CLOSE,L3);
DEA:EMA(DIFF,L1);
MACD:2*(DIFF−DEA),COLORSTICK;

(六)BOLL 通道

回顾公式基本买卖原则：

BOLL 又称布均线指标,是利用统计学原理,先规定一个标准差,再算出一个上下限波动区间,其应用原则如下所述。

必须配合其它技术指标共同分析,当布林通道由宽变窄时,说明期价逐渐向中值回归,期市进入一个整理区间,投资者应以观望为主；当布林通道由窄变宽时,意味着行情开始发生变化；如果期价逼近或穿过上限值,表明超买力量增强,期市可能会短期下跌,此时应卖出期票,反之,当期价逼近或穿过下限值时,表明超卖力量增强,期市可能会反弹向上。

N[5.300.26] M[1.100.26] P[1.10.2]

MID:MA(CLOSE,N);//求 N 个周期的收盘价均线,称为布林通道中轨

TMP2:=STD(CLOSE,M);//求 M 个周期内的收盘价的标准差

TOP:MID+P*TMP2;//布林通道上轨

BOTTOM:MID−P*TMP2;//布林通道下轨

(七)多空指数(BBI)指标

1. 指标原理

多空指数指标英文全名为"Bull And Bear Index",简称 BBI,是一种关于不同日数移动平均线的综合指标,长期以来理论界一直为中短期的移动平均线采用多少天数而争论不休,从而衍生出了 BBI 指标。多空指数就是通过几条不同日数的移动平均线加权平均的方法来解决这一问题。多空指数是将 3 日、6 日、12 日、24 日 4 种平均期价(或指数)相加后除以 4 得出的数值。

计算方法:BBI＝(3 日 MA＋6 日 MA＋12 日 MA＋24 日 MA)/4；

2. 编写要点

(1)中间表达式之一

MA 的表达方式如下,假设我们需要引用一条均线,但是不需要显示出来,所以在冒号后面加上等号将它们表达为中间表达式。

MA5:=MA(CLOSE,5);

(2)中间表达式之二

当一条指标线有了名字以后,其后面的指标线就可以将该指标线作为一个函数来使用。请看下例,求收盘价的 5 日移动平均价的 10 日移动平均线,写成:

MA(MA(CLOSE,5),10);

若给收盘价 5 日移动平均线取个名字,我们又能这样写：

MA5:MA(CLOSE,5);

MA(MA5,10);

与前者不同的是,后者同图绘出两条指标线。软件中的计算符号同一般算术符号相通,所以 BBI 计算如下:

指标内容和使用解析

MA3:=MA(CLOSE,3);

MA6:=MA(CLOSE,6);
MA12:=MA(CLOSE,12);
MA24:=MA(CLOSE,24);
BBI:(MA3+MA6+MA12+MA24)/4;

(八)乖离率(BIAS)指标

1. 指标原理

BIAS 是运用期价指数与移动平均值的比值关系,观测期价偏离移动平均线的程度,以此决定投资者的买卖行为。

计算方法:((当日收盘价-当日 MA 均线值)/当日 MA 均线值)*100

2. 编写要点

在参数表内设定好相应的 3 个参数,从最大值到最小值为参数的变动范围,缺省值为当前指标的取值。

注意:(1)在软件中百分比的表达方式不可以是"%",而是"/100"。

(2)以下的表达式中的函数嵌套关系的表达方法,不存在大括号、中括号等,全部是用小括号相互嵌套而成。

BIAS 指标内容和使用解析

BIAS1:((CLOSE-MA(CLOSE,L1))/MA(CLOSE,L1))*100;
BIAS2:((CLOSE-MA(CLOSE,L2))/MA(CLOSE,L2))*100;
BIAS3:((CLOSE-MA(CLOSE,L3))/MA(CLOSE,L3))*100;

应用原则:偏离率与移动平均值一致时,偏离率为0,偏离率为正值时,偏离率在移动平均线上方,说明期市呈上升趋势;偏离率为负值时,偏离率在移动平均线下方,说明期市有下跌趋势;Y 值偏离移动平均线的界定范围大体在 15%至-15%,即:当 Y 值在 0-(-15%)时,可适当卖出期票,期价有可能反跌,当 Y 值在 0~15%时,可适当买入期票,期价有可能反弹。

(九)OBV 指标

1. 指标原理

OBV 的英文全称是 On Balance Volume,中文名称直译是平衡成交量,有些人把每一天的成交量看作海里的潮汐一样,形象地称 OBV 为能量潮,OBV 是由 Granville 于六十年前发明并广泛流行的。我们可以利用 OBV 验证当前期价走势的可靠性,并可以由 OBV 得到趋势可能反转的信号,对于准确预测未来是很有用的,比起单独使用成交量,OBV 比成交量看得清楚。

计算方法:OBV 构成的基本原理,是根据潮涨潮落的原理。每一天的成交量可以理解成潮水,但这期潮水是向上还是向下,是保持原来的方法,还是中递回落? 这个问题就由当天的收盘价与昨天的收盘价的大小比较而决定。

(1)如果今收盘价≥昨收盘价,则这一潮水属于多方的潮水;

(2)如果今收盘价<昨收盘价,则这一潮水属于空方的潮水。

2. 编写要点

第一步,如果今收盘价＞昨收盘价,那么成交量为正:
AA:=IFELSE(CLOSE＞REF(CLOSE,1),VOL,0);
第二步,如果今收盘价＜昨收盘价,那么成交量为负:
BB:=IFELSE(CLOSE＜REF(CLOSE,1),-VOL,0);
第三步,将所有的成交量加和:
CC:=AA+BB;
第四步,统计所有的周期上的成交量即得 OBV。
OBV:SUM(CC,0);

上面编写的例子使用了 IFELSE 函数,AA 计算了多方力量同时将空方的成交量忽略为 0,同样在计算空方成交量的同时,我们又忽略了多方的力量,将两者加和就得到了我们所需要的 OBV。

四、技术指标模型

技术指标模型也就是期票价格走势和成交量两大要素之间配合的选期方案。价格、成交量被形容为期票运动的基本元素,同时也被技术分析派认为是技术分析的最根本和最小的技术单位。由两者在一段连续的时间内的相互构造可以派生出其他所有的技术分析方法和技术指标。所以也有许多的投资者选用了价量作为研究对象,力求从最简单的分析组合、最基础的分析对象来把握对复杂市场运动的准确描述。

(一)放量创出新高

概念很简单,成交量放大的同时走出一个新的高点,但是同样需要一个具体量化的过程,成交量放大到多少?和哪一天的成交量进行比较?——以上问题的解决是建立选期模型的前提。

"5 日成交量均量较前一周期放大一倍,同时收盘价创下了 30 天内的新高":
AA:=MA(VOL,5);
BB:=REF(AA,1);
CC:=HHV(CLOSE,30);
综合判断条件:
AA/BB＞2&&CLOSE=CC;

以上是我们测试中的一个例子,它符合我们的选期条件,但是后来的事实又说明它是一个失败的信号,之所以把它选择出来,是因为通常人的心理是报喜不报忧,这里提出的原因是我们希望投资者多观察,注意防范风险,三思而后行!

(二)阶段涨幅

选出 N 日以来的个期涨幅大于 M% 的期票,参数设置如表 7-1 所示。

表 7-1　参数设置

参数名	缺省值	最小值	最大值
N	24	5	100
M	20	5	100

AA:=REF(CLOSE,N);
C/AA>1+M/100;

(三) 持续放量走高

连续的成交量放大同时期价攀高:
量化:
连续三天:5 日均量依次放大,价格步步攀高,那么,建立的模型就是连续 3 天 MA(VOL,5)和 CLOSE 保持上升,当然我们将 5 日的均量指标标注的话,效果会更加明显:

AA:=MA(VOL,5)>REF(MA(VOL,5),1);
BB:=COUNT(AA,3)=3;
CC:=CLOSE>REF(CLOSE,1);
DD:=COUNT(CC,3)=3;
判断条件:
BB&ⅅ

(四) 突破长期整理平台

它描述了期货的价格在一定的范围上下波动,如果有庄家主力在悄然建仓,直到某一天期价突破整理平台! 我们寻找各种特征,建立以下的模型:"长期",150 天;"横盘",设为期价在 150 日均线上下 15% 波动;放量,设为比昨日成交量放大;创下 150 天以来的历史新高! 比昨日成交量放大 2 倍:

V1:=MA(VOL,5);
V2:=VOL/REF(V1,1);

长期盘整,分别取得当天 150 日均价,150 日最高价,150 日的最低价,设为期价在 150 日均线上下 15% 波动,也即高低落在 15% 的幅度之内:

PZ1:=MA(CLOSE,M);
PZ2:=HHV(HIGH,M);
PZ3:=LLV(LOW,M);
PZ4:=(PZ2−PZ1)/PZ1;
PZ5:=(PZ1−PZ3)/PZ1;
PZ:=REF(PZ4,1)<0.15 AND REF(PZ5,1)<0.15;
今天成为新的高位!
TP1:=HHV(HIGH,M);

TP:=HIGH=TP1;
综合判断条件：
V2&&PZ&&TP;

（五）创下历史新低

新高和新低是投资者经常关注的变化，因为它们通常寓意着一些重要的信息，尤其是历史的新高或者新低，其意义更加重要。如果细心的话，在软件的函数介绍当中，屡次提到了如果 HHV、LLV、MA 等引用类函数的时段为 0 的话，那么该函数的计算范围是本地所有的数据，下面的例子以历史低点为计算目标。

量化的结果：

当日期价曾经到了历史的最低价之下，也就是"当天的最低价为上市以来所有交易日的最低价"：

AA:=LLV(LOW,0);
LOW=AA;

刚好相反的历史新高编写如下：

AA:=HHV(HIGH,0);
HIGH=AA;

（六）跌破 30 生命线

我们先量化这个概念：是收盘价线当日下穿了 30 日的均价线。

AA:=CLOSE;
BB:=MA(CLOSE,30);
CROSS(BB,AA);

五、盘中动态编写模型

技术派的拥护者秉承"盘面反映一切"的观点，相信尽管期票市场变化多端，影响期价波动的因素错综复杂，但是，这些因素对于期价的影响都会通过盘面表现出来，例如国家政策、经济形式、各种消息、上市公司的经营状况、市场主力动向以及中小散户的心理等，一切都会通过价格的波动和成交量的变化呈现在您的面前。

（一）尾盘大单拉升

无论怎样，在尾盘的时间内经常出现一些出人意料的走势，让人叹为观止，也是主力庄家的一种做盘的手法，其具体的含义也因为不同的事件、不同的形态、不同的基本面有不同的解释。

量化模型一：

尾盘拉升是指收盘前十分钟内的成交量达到当天均量的 3 倍手数以上，并且拉升的幅度要求大于 2%。

AA:=TIME>=1455;
BB:=SUM(VOL,240)/240;//当天均量

CC:=SUM(VOL,10)/10;//10分钟内的成交均量
DD:=REF(CLOSE,10);
AA&&CC/BB>3&&CLOSE/DD>1.02;

这其中的量化模型可以有很多,因人而异,例如尾盘2分钟内,14:58—15:00的时段分析行情。

(二)盘中巨单向上成交

有的时候盘中会突然出现很大很大的成交量,出现了十分明显的异动,例如一旦价格拉升了3%,甚至于直接拉到涨停板的位置,如何描述这种形态呢?

分析和量化:

首先选择合适的分析周期,既然描述的是单笔的变化,当然是选用分笔成交分析周期合适!

本笔和上笔的价差达到3%以上,单笔成交量达到了2000手以上。

AA:=REF(CLOSE,10);
CLOSE/AA>1.03*VOL>2000;

(三)买卖五档寻找机会

盘口是反映市场的第一窗口,往往我们能从盘口五档行情中找到许多交易机会,比如突然盘口的买方挂单量激增,我们就可以抓住这一机会顺势而为。

ASKVOLL:ASK1VOL+ASK2VOL+ASK3VOL+ASK4VOL+ASK5VOL;
 //盘口买量前五档
BIDVOLL:BID1VOL+BID2VOL+BID3VOL+BID4VOL+BID5VOL;
 //盘口卖量前五档
ASKVOLL*3>BIDVOLL;

六、趋势类模型编写模型

(一)均线类

1. 均线排列模型
关键函数:MA
建议使用周期:任意
模型说明:MA5,MA10,MA20多头排列时做多,空头排列时做空。编者以一个周期内这三条均线的大小关系为判断标准举例,大家也可以使用多个周期的比较来判断多/空头排列关系。
//中间变量
MA5:=MA(CLOSE,5);
MA10:=MA(CLOSE,10);
MA20:=MA(CLOSE,20);

//交易系统（条件，指令）
MA5＞MA10&&MA10＞MA20,BPK;//买平开
MA5＜MA10&&MA10＜MA20,SPK;//卖平开
//过滤函数
AUTOFILTER;
容易犯的编写错误：
（1）对于三个数的比较，大家往往习惯写成 MA5＞MA10＞MA20 这样，而在软件的模型编写中，目前只能两个变量之间进行比较，也就是说此类三个以上变量连续比较需要像模型中那样拆分来写：
MA5＞MA10&&MA10＞MA20；
（2）缺少计算函数。
如：求均线时，写为 MA5:(CLOSE,5)，而缺少了 MA。

2. 均线金死叉模型

关键函数：MA、EMA、EMA2、CROSS。
建议使用周期：所有 K 线周期。
模型说明：短期均线上穿长期均线（金叉）做多，短期均线下穿长期均线（死叉）做空。
参数设置如表 7-2：

表 7-2 参数设置

参数名	缺省值	最小值	最大值
N1	5	0	100
N2	30	0	100

A.简单移动平均线：   B.指数加权平均线：   C.线性加权平均线：
//中间变量   //中间变量   //中间变量
P1:=MA(CLOSE,N1);   P1:=EMA(CLOSE,N1);   P1:=EMA2(CLOSE,N1);
P2:=MA(CLOSE,N2);   P2:=EMA(CLOSE,N2);   P2:=EMA2(CLOSE,N2);
//交易条件   //交易条件   //交易条件
TMP1:=CROSS(P1,P2);   TMP1:=CROSS(P1,P2);   TMP1:=CROSS(P1,P2);
TMP2:=CROSS(P2,P1);   TMP2:=CROSS(P2,P1);   TMP2:=CROSS(P2,P1);
//交易系统
TMP1,BPK;//平空操作
TMP2,SPK;//平多操作
//过滤函数
AUTOFILTER;

注：3 个指标交易条件不同，交易系统写法相同。故此处分别列了 3 个指标的中间变量、交易条件，只写一个交易系统。

3. 均线结合 MACD 模型

关键函数：EMA。

建议使用周期:日线。

模型说明:利用 DIFF 和 DEA 的比较和收盘价的 15 日指数加权和最新价的比较作为买卖依据进行交易。

//中间变量
DIFF:=EMA(CLOSE,12)-EMA(CLOSE,26);
DEA:=EMA(DIFF,9);
EMA15:=EMA(CLOSE,15);
//交易条件
TMP1:=DEA>DIFF&&EMA15>CLOSE;
TMP2:=DIFF>DEA&&CLOSE>EMA15;
//交易系统
TMP1,BPK;//平空操作
TMP2,SPK;//平多操作
//过滤函数
AUTOFILTER;

(二)通道类

1. 唐奇安通道模型

关键函数:HHV、LLV、REF、CROSS。

建议使用周期:日线。

模型说明:突破前 20 天最高价做多,突破前 20 天最低价做空。

参数设置如表 7-3:

表 7-3 参数设置

参数名	缺省值	最小值	最大值
X	20	1	100

//中间变量
XH:=REF(HHV(HIGH,X),1);//X 周期高点,X 是参数,自行调整
XL:=REF(LLV(LOW,X),1);//X 周期低点,X 是参数,自行调整
//交易条件
TMP1:=HIGH>XH&&开仓时间;//开多平空条件
TMP2:=HIGH<XL&&开仓时间;//开空平多条件
//交易系统
TMP1,BPK;
TMP2,SPK;
//过滤函数
AUTOFILTER;

容易犯的编写错误:

最高价高于前 20 周期最高价。应写为 HIGH>REF(HHV(HIGH,20),1),常见错误

是直接写为：HIGH＞HHV(HIGH,20)。

2. 布林通道结合阴阳 K 线模型

关键函数：STD、CROSS、ISUP、ISDOWN。

建议使用周期：日线。

模型说明：收盘价向上突破布林通道下轨并且当根 K 线收阳做多，收盘价向下突破布林通道上轨并且当根 K 线收阴做空。

参数设置如表 7-4：

表 7-4 参数设置

参数名	缺省值	最小值	最大值
N	26	1	100
M	26	1	100

//中间变量
MID:=MA(CLOSE,N);
TMP2:=STD(CLOSE,M);
TOP:=MID+2*TMP2;
BOTTOM:=MID-2*TMP2;
//交易条件
TMP1:=CROSS(CLOSE,BOTTOM)&&ISUP;//平空开多条件
TMP2:=CROSS(TOP,CLOSE)&&ISDOWN;//平多开空条件
//交易系统
TMP1,BPK;
TMP2,SPK;
//过滤函数
AUTOFILTER;

七、振荡类模型编写模型

(一)主动买和主动卖模型

关键函数：CROSS、VALUEWHEN、TIME。

模型说明：现价大于当日开盘价并且主动买大于主动卖时买平开，现价小于开盘价并且主动卖大于主动买时卖平仓。

建议使用周期：分钟线。

//中间变量
AA:=SCALE*VOL;//主动买
BB:=(1-SCALE)*VOL;//主动卖
//交易条件

TMP1：=CLOSE>OPEN&&CROSS(ZB,ZS)&&AA>BB；
TMP2：=CLOSE<OPEN&&CROSS(ZS,ZB)&&AA<BB；
//交易系统
TMP1,BPK；
TMP2,SPK；
//过滤函数
AUTOFILTER；

(二)ROC(变动速率)与价格趋势变动背离

关键函数：REF、CROSS、MA、HHV。
建议使用周期：所有 K 线周期。
模型说明：价格创新高，ROC 未配合上升，显示上涨动力减弱；价格创新低，ROC 未配合下降，显示下跌动力减弱。
参数设置如表 7-5：

表 7-5 参数设置

参数名	缺省值	最小值	最大值
N	24	5	100
M	20	5	100

//中间变量
ROC：=(CLOSE-REF(CLOSE,N))/REF(CLOSE,N)*100；
ROCMA：=MA(ROC,M)；
//交易条件
TMP1：=C>REF(HHV(C,N1),1)&&ROC<ROCMA；
TMP2：=C<REF(LLV(C,N1),1)&&ROC>ROCMA；
//交易系统
TMP1,BPK；
TMP2,SPK；
//过滤函数
AUTOFILTER；

(三)三减六日乖离模型

关键函数：REF、MA、HHV、LLV。
使用周期：所有 K 线周期
模型说明：乖离值为正数时，未能突破前期高值，卖出；反之，买进。
参数设置如表 7-6：

表 7-6 参数设置

参数名	缺省值	最小值	最大值
N	24	5	100

```
//中间变量
B36:=MA(CLOSE,3)-MA(CLOSE,6);
B612:=MA(CLOSE,6)-MA(CLOSE,12);
//交易条件
TMP1:=REF(B36>REF(HHV(B36,N),1),1)&&B36<REF(B36,1);
TMP2:REF(B36<REF(LLV(B36,N),1),1)&&B36>REF(B36,1);
//交易系统
TMP1,BPK;
TMP2,SPK;
//过滤函数
AUTOFILTER;
```

第二节 复杂模型编程技巧与案例分析

一、跨指标模型

模型中跨指标是将多个指标交易思想结合在一起进行看盘断势。

关键操作符:..(独立坐标方式显示线型)

在编写跨指标模型前,我们先来深入了解一个操作符——".."。

当我们需要把多种条件放在一起进行判断时,会遇到这样一个问题,由于每个变量计算结果差异较大,当加载到主图时线型会被压缩,如图 7-2 所示。

```
RSV:=(CLOSE-LLV(LOW,9))/(HHV(HIGH,9)-LLV(LOW,9))*100;
AA:HHV(H,20);
BB:LLV(L,20);
DD:(AA+BB)/2;
M:SMA(RSV,3,1);
```

这种情况下,我们就需要使用".."操作符来定义变量,用".."操作符定义的变量,线型会被显示出来,并且各线型之间坐标相互独立,不会发生挤压的情况。如图 7-3 所示:

```
RSV:=(CLOSE-LLV(LOW,9))/(HHV(HIGH,9)-LLV(LOW,9))*100;
AA:HHV(H,20);
BB:LLV(L,20);
DD:(AA+BB)/2;
M..SMA(RSV,3,1);
```

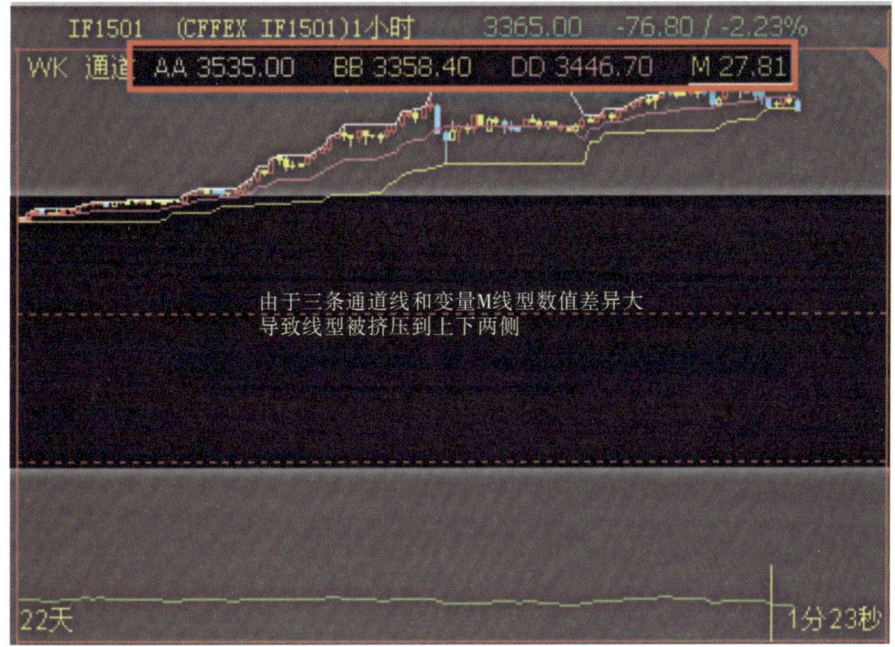

图 7-2 案例操作 1

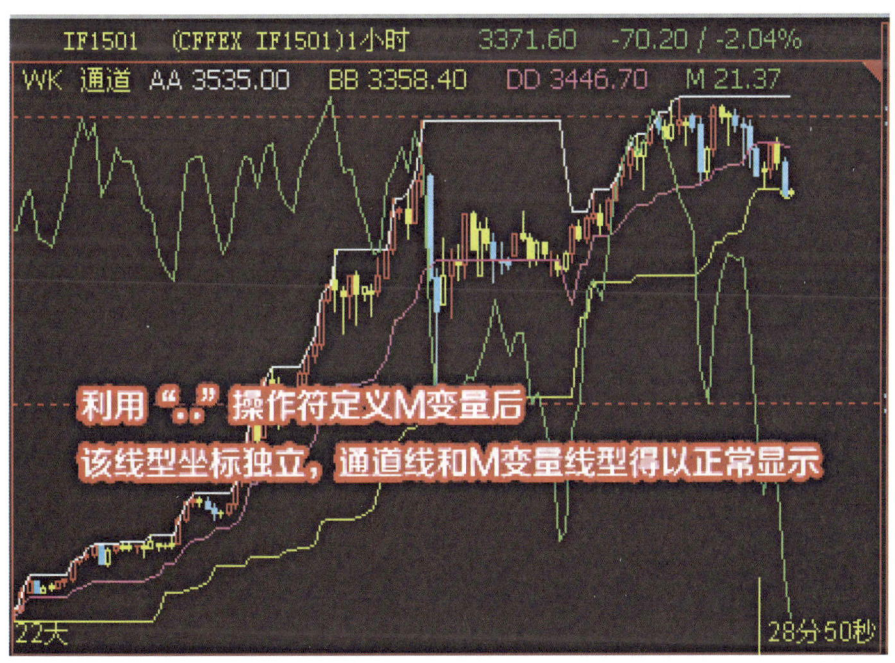

图 7-3 案例操作 2

趋势判断与精细分析相结合范例：

关键函数：CROSSUP、CROSSDOWN。

建议使用周期：各周期。

模型说明：利用跨指标模型，可以将趋势判断模型和摆动分析模型结合起来，用趋势模型判断方向,用摆动模型找入场点,从而达到趋势判断与精细分析相结合的目的。

1. 确定要整合的指标

(1)MA 均线模型

MA5:MA(C,5);

MA10:MA(C,10);

CROSSUP(MA5,MA10),BK;//MA5 上穿 MA10,买入

CROSSDOWN(MA5,MA10),SP;//MA5 下穿 MA10,卖出

(2)MACD 模型

DIFF:EMA(CLOSE,SHORT)－EMA(CLOSE,LONG);

DEA:EMA(DIFF,M);

2*(DIFF－DEA),COLORSTICK;

CROSS(DIFF,DEA),BK;//DIFF 上穿 DEA,买入

CROSS(DEA,DIFF),SP;//DIFF 下穿 DEA,卖出

2. 整合两指标变量和交易条件,完成跨指标模型编写

//中间变量

MA5:=MA(C,5);

MA10:=MA(C,10);

DIFF:=EMA(CLOSE,SHORT)－EMA(CLOSE,LONG);

DEA:=EMA(DIFF,M);

//交易条件＋交易系统

MA5＞MA10&&CROSSUP(DIFF,DEA),BK;
　　　　　　　　　//5 日均线大于 10 日均线并且 MACD 金叉买入

MA5＜MA10&&CROSSDOWN(DIFF,DEA),SP;
　　　　　　　　　//10 日均线大于 5 日均线并且 MACD 死叉卖出

AUTOFILTER;

二、跨周期模型

关键函数:♯IMPORT。

函数语法:

♯IMPORT [PERIOD,N,FORMULA] AS VAR

A1:VAR.A;

PERIOD 表示需要被引用的 K 线周期级别;

N 表示被引用的具体 K 线周期;

FORMULA 表示被引用的指标(模型)名称;

VAR 表示给被引用指标起一个新名字;

引用其他周期 FORMULA 指标中的变量 A。

注:PERIOD 支持如下周期级别:SEC(秒周期),MIN(分钟周期),HOUR(小时周期), DAY(日周期),WEEK(一周),MONTH(一月),QUARTER(一季度),YEAR(一年);N 为

大于等于1的整数,支持自定义周期;FORMULA 被引用指标名称不能包含汉字和符号;VAR 定义变量名不能与函数名重复,可以和被引用指标名称相同;♯IMPORT 函数是没有分号结尾的。

运行原理:跨周期函数每笔数据都会运行一次,因此所引用的数据跟随实时行情变动,这种计算方式不存在任何未来函数性质,是真正意义上的跨周期引用,更准确。(图 7-4)

图 7-4 案例操作 3

瑞奇期货编写范例:

1. 在 5 分钟周期引用昨天日 K 线的收盘价

模型说明:跨周期模型从编写到加载共需要三步,首先要建立要引用的指标,其次建立跨周期模型,最后将模型加载到应用的周期上。

//Step1:建立指标 A
CC:REF(C,1);
//Step2:建立指标 B
♯IMPORT[DAY,1,A] AS A1
C1:A1.CC;
//Step3:将指标 B 应用到 5 分钟 K 线图

2. 多周期共振判断行情

模型说明:1 小时周期均线多头排列,5 分钟 KD 指标金叉,做多;1 小时周期均线空头排列,5 分钟 KD 指标死叉,做空。

//Step1:编写被引用的均线指标 MM

M1:MA(C,5);

M2:MA(C,10);

M3:MA(C,20);

//Step2:新建模型 DKMA

♯IMPORT[HOUR,1,MM] AS MM

MA1:MM.M1;

MA2:MM.M2;

MA3:MM.M3;//调用 1 小时 K 线周期的均线指标

RSV:=(CLOSE−LLV(LOW,9))/(HHV(HIGH,9)−LLV(LOW,9))*100;

K:=SMA(RSV,3,1);

D:=SMA(K,3,1);//增加 5 分钟周期的 KD 指标

MA1>MA2&&MA2>MA3&&CROSS(K,D),BPK;

MA1<MA2&&MA2<MA3&&CROSS(D,K),SPK;

AUTOFILTER;//编写开平仓条件

3. 跨合约引用数据

关键函数:♯CALL。

函数语法:

♯CALL [CODE,FORMULA] AS VAR

A1:VAR.A;

CODE 表示被引用合约文华码;

FORMULA 表示被引用指标(模型)名称;

♯CALL 函数也是没有分号结尾的!

模型说明:当文华 CCI 价格破 20 日新高,主力合约均线金叉,做多;当文华 CCI 价格破 20 日新低,主力合约均线死叉,做空。

//Step1:新建突破指标 HL

HH:C>HV(HIGH,20);

LL:C<LV(LOW,20);

//Step2:新建模型 HLMA

MA5:MA(C,5);

MA10:MA(C,10);

♯CALL[7186,HL] AS HL1

H1:=HL1.HH;

L1:=HL1.LL;

H1&&CROSSUP(MA5,MA10),BPK;

L1&&CROSSDOWN(MA5,MA10),SPK;

AUTOFILTER;

三、分组指令模型

传统模型编写平仓条件没有对不同的开仓条件加以区分。分组指令可以对开平条件分成 n 个组,某个组的条件开的仓位只有某个组对应的平仓条件才能平,其他组的平仓条件满足不会出信号,也就不会委托。

(一)过滤模型分组指令编写

关键函数:BK('A')、SK('A')、SP('A')、BP('A')。
建议使用周期:所有 K 线周期。
模型说明:不同的开仓条件想以不同的平仓条件来平仓,可以使用指令分组来实现。
编写案例如图 7-5 所示。

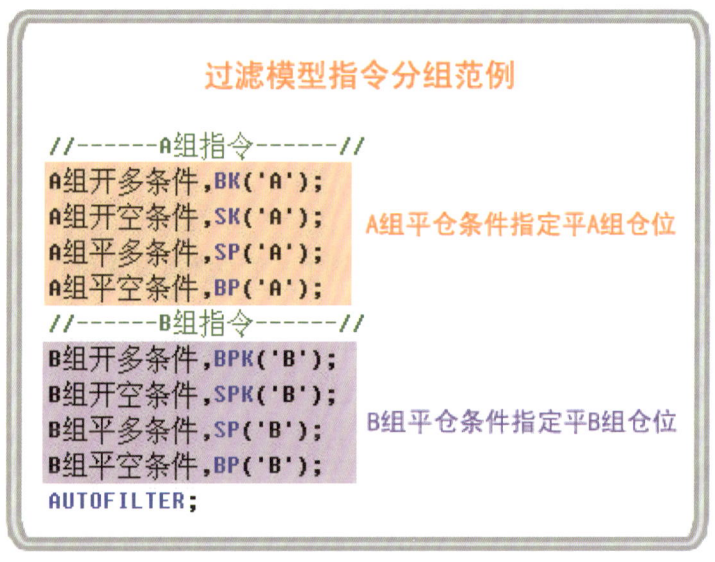

图 7-5 过滤模型分组指令案例

(二)非过滤模型分组指令编写

关键函数:BK('A')、SK('A')、SP('A')、BP('A')。
建议使用周期:所有 K 线周期。
模型说明:首次入场策略与加仓策略不同,想以不同的止损平仓策略来平仓,可以使用指令分组来实现。
编写案例如图 7-6 所示。
需要注意的地方:
1. 过滤模型
如果上一根 K 线信号是 A 组发出的开仓信号(BK SK BPK SPK),当前 K 线只能是 A 组的平仓信号;如果上一根 K 线信号是 A 组发出的平仓信号(BP SP),当前 K 线可以是任

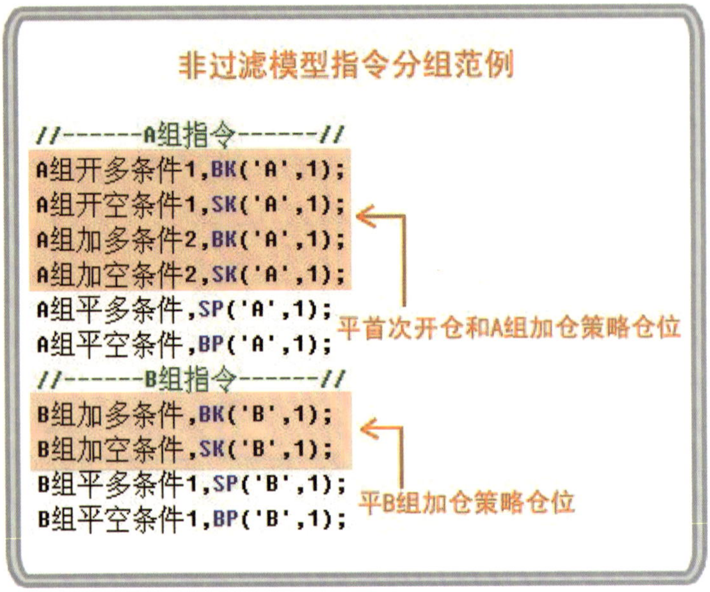

```
非过滤模型指令分组范例

//------A组指令------//
A组开多条件1,BK('A',1);
A组开空条件1,SK('A',1);
A组加多条件2,BK('A',1);
A组加空条件2,SK('A',1);
A组平多条件,SP('A',1);       平首次开仓和A组加仓策略仓位
A组平空条件,BP('A',1);
//------B组指令------//
B组加多条件,BK('B',1);
B组加空条件,SK('B',1);
B组平多条件1,SP('B',1);      平B组加仓策略仓位
B组平空条件1,BP('B',1);
```

图 7-6　非过滤模型分组指令案例

意组的开仓信号(以信号出现的顺序取第一个开仓信号)。

注:不分组的平仓条件只能平不分组的开仓条件。

2. 非过滤模型

如果上一个信号为 A 组发出的开仓信号,则下一信号必须为 A 组的加仓信号或平仓信号;如果上一个信号为 A 组的平仓信号并且 A 组持仓为 0,下一信号可以为任意组的开仓信号;如果 A 组持仓大于 0,则必须为 A 组的开仓信号或平仓信号。

注:不分组的平仓条件只能平不分组的开仓条件。

四、日内模型

(一)今天信号不受前日影响

关键函数:DAYTRADE1。

建议使用周期:分钟周期。

模型说明:当我们做日内周期,只想以当日数据来运行模型,并且希望昨日的信号和今日的信号间相互独立,这时就需要用到 DAYTRADE1 函数。

策略举例:5 周期均线上穿 10 周期均线,买开仓,5 周期均线下穿 10 周期均线,卖开仓;亏 10 个点止损,收盘前 1 分钟清仓,只用日内数据进行计算。

```
//中间变量
MA5:MA(C,5);
MA10:MA(C,10);
//交易条件＋交易系统
CROSSUP(MA5,MA10),BK;//5 周期均线上穿 10 周期均线,买开仓
```

CROSSDOWN(MA5,MA10),SK;//5周期均线下穿10周期均线,卖开仓
C<BKPRICE－10*MINPRICE,SP;//亏损10个点平多
C>SKPRICE＋10*MINPRICE,BP;//亏损10个点平空
CLOSEMINUTE<=1,CLOSEOUT;//收盘前一分钟,清仓
AUTOFILTER;//过滤模型
DAYTRADE1;//分钟周期上,只用日内数据进行计算

关键函数说明:

DAYTRADE1:分钟周期上只用日内数据计算。

用法:

DAYTRADE1模型中写入该函数,以避免行情跳空导致指标数据失真。

注:

①该函数适用日线以下周期。

②不同函数对当天数据的引用不同,使用时需注意函数用法,如:MA(X,N)函数 N 的取值:当天如果 K 线小于 N 根,则返回空值。如果 K 线大于等于 N 根,则取 N。HHV(X,N)函数 N 的取值:当天如果 K 线小于 N 根,则返回实际根数,如果 K 线大于等于 N 根,则取 N。

(二)开盘价突破模型

关键函数:REF、VALUEWHEN、TIME、CROSS、DATE。

建议使用周期:5分钟。

模型说明:五分钟周期开盘第一根 K 线的收盘价与当日开盘价比较及最新价和当日开盘价的比较作为买卖依据进行交易,尾盘平仓不留隔夜单。

//中间变量
A:=VALUEWHEN(TIME=0905,CLOSE);
B:=VALUEWHEN(DATE<>REF(DATE,1),OPEN);
//交易条件
TMK1:=A<B&&CROSS(CLOSE,B)&&TIME<1450;
TMP1:=(A>B&&CROSS(B,CLOSE))||TIME>=1450;
TMK2:=A>B&&CROSS(B,CLOSE)&&TIME<1450;
TMP2:=(A<B&&CROSS(CLOSE,B))||TIME>=1450;
//交易系统
TMK1,BK;
TMP1,SP;
TMK2,SK;
TMP2,BP;
//过滤函数
AUTOFILTER;

容易犯的编写错误:

①所选周期与所用模型时间上不统一

如5分钟周期最小能取到的时间点就是5分钟,如1455,1450,1445这样,所以其最后一根K线是1455这根。而如果使用的是3分钟周期,那么1455就不是最后一根K线了,因为3分钟周期上所能取到的时间点为每3分钟,如1454,1457,那么就需要做出相应修改,如"平空条件:=TIME=1455"就需要修改为"平空条件:=TIME=1457"。

②开仓漏写时间控制

进行日内交易时注意时间函数的使用,不仅平仓条件中需要使用时间函数控制,有时开仓条件也需要使用时间函数来进行控制。

例如:上面的模型,14:50进行平仓,不仅需要在平仓条件中写入时间1450,还需要写入开仓条件,否则可能会在1450平仓后,继续开仓进行交易。

③使用这种VALUEWHEN(TIME=AA,DATA)格式的交易模型,一定要注意限制开仓时间在时间AA之后,否则在开盘到AA之前,对比的是昨日的DATA值。

(三)开盘后前30分钟最高最低价突破模型

关键函数:REF、VALUEWHEN、TIME、DATE、HHV、LLV、BARSLAST。

建议使用周期:5分钟。

模型说明:以最新价与开盘后前30分钟内的最高最低价进行比较开仓,在收盘前平仓。

```
//中间变量
NN:=BARSLAST(DATE<>REF(DATE,1))+1;
B:=VALUEWHEN(TIME<=0930,HHV(HIGH,NN));
D:=VALUEWHEN(TIME<=0930,LLV(LOW,NN));
//交易条件
TMK1:=CLOSE>B&&TIME<1455&&TIME>0930;
TMP1:=TIME=1455;
TMK2:=CLOSE<D&&TIME<1455&&TIME>0930;
TMP2:=TIME=1455;
//交易系统
TMK1,BK;
TMP1,SP;
TMK2,SK;
TMP2,BP;
//过滤函数
AUTOFILTER;
```

(四)单均线模型

关键函数:MA、TIME。

使用周期:1分钟K线。

模型说明:开盘后15分钟再根据均线与收盘价之间的关系进行日内买卖,尾盘平仓。

```
//中间变量
MA15:=MA(CLOSE,15);
```

//交易条件
TMK1:=TIME>=0915&&TIME<1455&&CLOSE>MA15&&BARSLAST(CROSS(CLOSE,MA15))>=3;
TMP1:=TIME>=1455||(CLOSE<MA15&&BARSLAST(CROSS(MA15,CLOSE))>=3);
TMK2:=TIME>=0900&&TIME<1455&&CLOSE<MA15&&BARSLAST(CROSS(MA15,CLOSE))>=3;
TMP2:=TIME>=1455||(CLOSE>MA15&&BARSLAST(CROSS(CLOSE,MA15))>=3);
//交易系统
TMK1,BK;
TMP1,SP;
TMK2,SK;
TMP2,BP;
//过滤函数
AUTOFILTER;
注:加入 BARSLAST 函数过滤,避免短时间段内频繁交易。

五、TICK 模型

在学习 TICK 模型编写之前,我们先了解一些盘口的概念:
主动买:买开、卖平;
主动卖:卖开、买平;
增仓:持仓量的增减;
现手:成交量。
价格和数量反映了目前多空双方达成一致的均衡:
(1)价格不变化或者变化很小,市场正处于横盘小幅震荡的走势——交易不活跃。
(2)价格在很大范围内上下变化,市场正处于剧烈震荡中——交易不活跃。
(3)价格不断升高,上涨行情,反之下跌行情——交易活跃。
(4)价格变化缓慢,缺乏动力——交易不活跃。
(5)价格不断跳动,有走出趋势行情的动力——交易活跃。
(6)价格迅速跳动,价格均速变大,价位连续,稳健趋势行情的特征,后期可能加速。
(7)价格迅速跳动,变化不连续,呈跳跃性,表示放量突破的行情。
……
TICK 模型需要一类特殊函数来编写,这类函数叫作 TICK 函数,如图 7-7 所示。

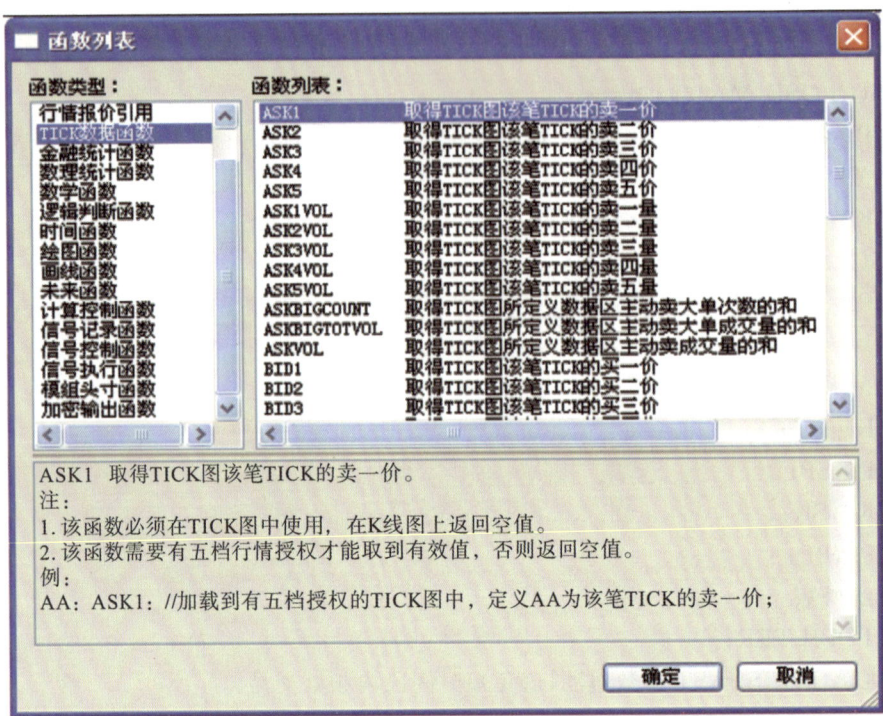

图 7-7 函数列表

(一)TICK 趋势模型编写

关键函数:BKPRICE、ISLASTBK、MONEYTOT、SKVOL。
使用周期:TICK 周期。
模型说明:价格一直上行于 10 周期均线之上并且大于 20 周期的最高价,做多,反之做空;0.8 个点位的限价止损,盈利保持 40 个周期出场。
//中间变量
M:=30;
J:MA(C,M);
//交易条件
TMK1:EVERY(NEW>J,10)&&NEW>HV(NEW>,20)&&TIME<151450;
TMK2:EVERY(NEW<J,10)&&NEW>LV(NEW>,20)&&TIME<151450;
TMP1:NEW>BKPRICE+0.8;
TMP2:NEW<SKPRICE-0.8;
TMP3:NEW<BKPRICE-0.8;
TMP4:NEW>SKPRICE+0.8;
TMP5:EVERY(NEW>=SKPRICE,40)&&BARSSK>40;
TMP6:EVERY(NEW<=BKPRICE,40)&&BARSBK>40;
//交易系统
TMK1,BK;

TMK2,SK;
TMP1,SP;
TMP2,BP;
TMP3,SP;
TMP4,BP;
TMP5,BP;
TMP6,SP;
TIME>=151450,CLOSEOUT;
//过滤函数
AUTOFILTER;

当我们编写熟练时，可以将交易条件和交易系统合并，那么模型就可以写成这样：
M:=30;
J:MA(C,M);
EVERY(NEW>J,10)&&NEW>HV(NEW>,20)&&TIME<151450,BK;
EVERY(NEW<J,10)&&NEW<LV(NEW>,20)&&TIME<151450,SK;
NEW>BKPRICE+0.8,SP;
NEW<SKPRICE-0.8,BP;
NEW<BKPRICE-0.8,SP;
NEW>SKPRICE+0.8,BP;
EVERY(NEW>=SKPRICE,40)&&BARSSK>40,BP;
EVERY(NEW<=BKPRICE,40)&&BARSBK>40,SP;
TIME>=151450,CLOSEOUT;
AUTOFILTER;

（二）TICK 盘口策略模型编写

关键函数：BKPRICE、ISLASTBK、MONEYTOT、SKVOL。
使用周期：TICK 周期。
模型说明：调用 10 笔 TICK 数据，通过判断盘口买卖量之间的差异决定交易时机。
DEF_TICKDATA(1,10);
SETBIGVOL(50);
SHE:=ASKBIGCOUNT;
BHE:=BIDBIGCOUNT;
SHE>=4&&RISING(10)=1,SK;
BHE>=4&&RISING(10)=0,BK;
NEW>=BKPRICE-4*MINPRICE,SP;
NEW>=SKPRICE+4*MINPRICE,BP;
NEW>=BKPRICE+4*MINPRICE,SP;
NEW<=SKPRICE-4*MINPRICE,BP;
AUTOFILTER;

六、止损模型

在设计策略的时候,我们可能会想到为模型加入止损止盈语句,但是简单的限价止损是不是足够支持我们的交易了呢?

下结论之前,我们先思考一个问题:

如果还没达到穿越平仓条件,趋势已经反转,能否立即止损减少损失?

如果赢利,能否最大化赢利,让平仓位置跟随行情走高而提高?

很显然,当趋势已经反转时,即使穿越平仓条件还没有满足也应该立即止损减少损失,这是止损的纪律。而盈利最大化当然是我们所希望的,是不是有方法实现呢?答案是肯定的,我们可以利用追踪止盈来实现盈利的最大化。

止损原理介绍:

1. 限价止损、限价止盈原理

传统止损止盈方式,以固定价差做止损止盈。

2. 跟踪止损原理

这是一种动态止损方法,止损价位会随着盈利的增加而变化,这种方法可以最大限度地实现"让盈利奔跑"。做多开仓,设置跟踪止损后的最高价每上涨一个价位,止损平仓价就跟着上涨一个价位,当价格从最高价回撤至设置的止损价差时,触发止损。图7-8为做多跟踪止损示意图,做空则相反。

最高价:此最高价是从设置止损后开始记录的,不一定是开仓后的最高价。

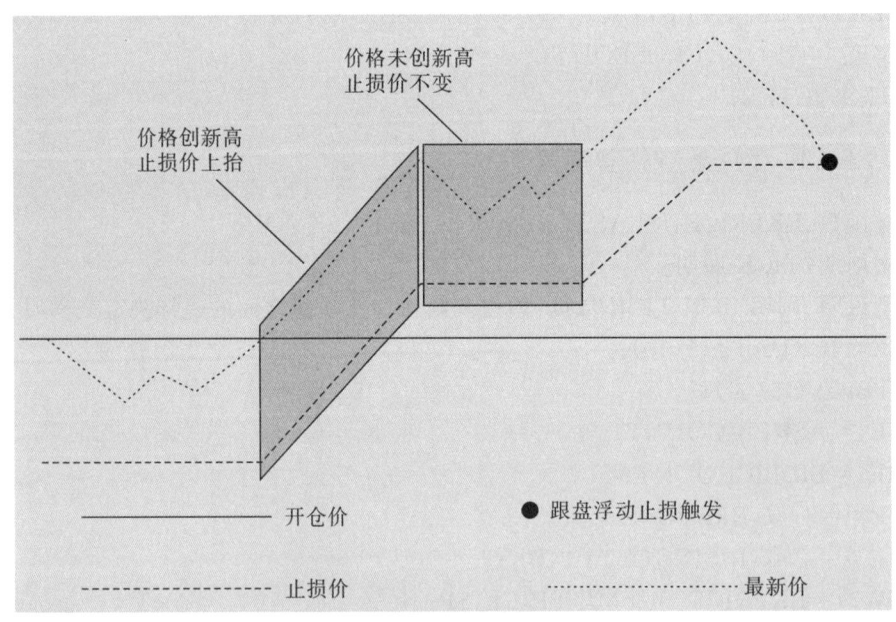

图 7-8 做多跟踪止损示意图

3. 保本策略原理

做多开仓后,在"开仓均价+设置的保本价差"位置产生了一条保本线,最新价超过设置的保本止损线后,再回落到这个保本止损线时才触发止损。这是一种现代人的止损思想——盈利状态下止损,目的是保住赚到的利润,文华软件中通常称之为"保本"。图7-9为做多保本止损示意图,做空则相反。

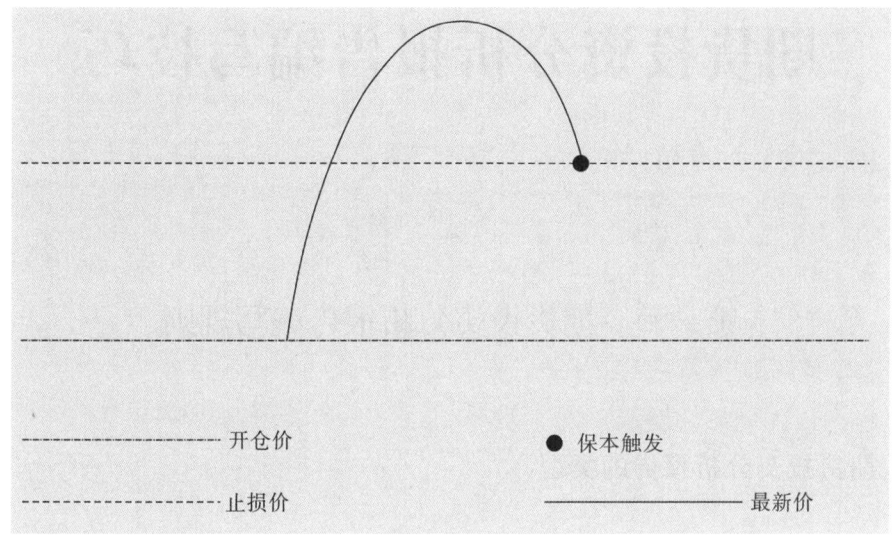

图7-9 做多保本止损示意图

［例7-1］ 福能期货编写范例:双重均线系统模型编写。

关键函数:BKPRICE、BKHIGH。

建议使用周期:所有K线周期。

模型说明:当100日均线穿越350日均线的时候买入或卖出,限价止损＋追踪止盈。

//中间变量

MA1:MA(C,100);

MA2:MA(C,350);//定义双重均线

//交易条件

TMK1:CROSS(MA1,MA2);

TMK2:CROSS(MA2,MA1);

TMP1:CROSS(MA2,MA1)||C<BKPRICE－N||(C>BKPRICE&&C<BKHIGH－M);

TMP2:CROSS(MA1,MA2)||C>SKPRICE＋N||(C<SKPRICE&&C>SKLOW＋M);//限价止损＋回撤止损

//交易系统

TMK1,BK;

TMK2,SK;

TMP1,SP;

TMP2,BP;

//过滤函数

AUTOFILTER;

第八章
期货投资分析报告编写技巧

第一节 期货投资分析报告编写规则

一、期货投资分析报告的类型

期货投资分析报告有多种划分方法,针对不同的时间周期和不同的受众对象,写作格式、分析方法和内容要求不尽相同,关注重点各有侧重。

按照报告内容涉及的时间段和发布时点是否具有限制性要求,分为定期报告和不定期报告。

按照所分析、预测的时间跨度或投资周期的长短分为短期、中期和长期投资报告。

按照是否针对特定环境或投资者而进行个性化的设计,分为分析报告、投资方案和策略报告。

按照报告的篇幅和深度分为评论性报告和深度研究报告。

二、期货投资分析报告的写作要求

(一)要重点突出

为了避免数据图表的简单堆砌和市场因素的平铺罗列,期货分析报告要求对过去和现在影响行情的因素按重要程度进行排序,抓住主要影响因素,并进行有侧重的分析,对未来提供合理的预测。对相反观点或重要不确定因素要挑选并加以分析,提醒投资者注意。

(二)要专业规范

报告展示要有规范、合理的格式,充足的数据基础,美观大方的图表,严密的逻辑结构。综合运用基本面和技术面等分析方法,通过对过去行情发展的总结,发现价格运行的规律,审慎、客观地研判和预测行情,并力求科学、完整和准确。不同深度的研究报告满足不同条件的客户需求。

(三)要客观公正

1. 要以数据为依据

期货投资分析报告区别于一般的文体的特点在于从数据的收集整理中寻找市场运行的动向和规律,并非以主观感情因素的偏好而行文表达,因而,建立市场重要因素的数据库至关重要。专业数据的跟踪、收集和整理,也能给期货分析师提供市场节奏、行情机会的提示。数据库的建设需要持之以恒的精神和毅力,需要耐心细致的认真态度,数据的来源应该选用权威的机构并使用科学的采集方法。例如:数据来源可以选用路透社、新华社和专业媒体网站的权威数据,收集政府机构和专业部门的定期报告和公开数据;采集方法可以通过付费购买专业信息机构的数据库、专职人员人工收集整理数据库和计算机程序化获取和汇总数据库等方式。

2. 要以市场为主题

期货投资分析报告必须尊重市场、客观务实,不能因个人持仓偏好和先入为主的观点而主观地取舍数据和资料,更不能人云亦云、随大流,涨了看涨,跌了看跌,没有自己的独立见解和客观立场。在一段时间内,要求逻辑观点前后连贯,以市场为准绳,以控制风险为底线,实时跟踪数据并合理修正,不可主观臆想、死要面子不服气、跟市场较劲。

3. 以经验为辅助

期货投资分析报告体现了期货分析师的综合素质和专业技能,分析师的从业经验、现货熟悉程度和技术分析功底的不同,运用数据、把握时机、撰写报告的能力也大不相同。期货分析师应该在不断完善自我交易技能和分析技能的同时,努力提高自己在专业理论上的造诣,丰富自己在现货实践中的经验和见闻,见多识广,方可处变不惊、从容应对。期货市场上经常会有历史重演,不断积累从业经验、技术分析经验和现货实践经验,形成自己对行情的研判体系,把握好市场的大势观、阶段观和节奏观,是写好期货投资分析报告的基础。

三、期货投资分析报告的基本格式要求

(一)报告形式

一个公司、一个品种的投资分析报告,在格式上应该讲究统一、符合公司的 CI、VI 的形象设计和标识系统;内容格式和模板应该自成体系、前后一致;报告外观应该讲究图文并茂、生动活泼,让读者容易接受、愿意看。

(二)报告条理

标题鲜明,开宗明义;段落层次分明,小标题言简意赅,前后逻辑连贯。报告措辞得体,交易建议有倾向性和可操作性,同时分寸得当。

(三)报告结论

关于基本面、技术面和市场结构的研判,论据和论点应该统一,论述充分,数据翔实,说服力强,结论自然合理,时效性明确。

(四)风险控制

报告分析和交易建议都不能忽略风险控制,提醒操作风险并对行情的意外发展做出风险预案和准备应急措施是对于分析报告的免责提示,也是分析师自我风险控制的一个方面。

四、期货投资分析报告的常用分析内容

(一)背景介绍

一般以前言形式或首段内容介绍市场环境和背景情况,包括定期报告中的行情走势回顾或交易情况描述(合约及合约间的价格、成交量和持仓量变化以及市场主力动向的描述分析),不定期报告中的经济背景和市场形势小结、市场机会介绍、研究问题的提出和研究方向的描述。对报告受众的定位也可置于前言部分。

(二)当期要点关注及专项分析

要有对定期报告中的市场成因分析和当期热点因素的点评,不定期报告中的必要性分析和意义阐述、新公布数据和突发事件的分析。

(三)市场潜在的重要利多(利空)信息汇总和影响分析

国际市场信息包括世界经济形势、主要生产国和消费国的政治经济局势、供需平衡等因素(产能、需求、库存和进出口变化)、天气和物流因素,以及国外相同品种期货市场的变化等重要影响因素;国内市场信息包括国内财政金融政策、现货市场产销格局、供需平衡表因素、币值、进出口数量和成本、相关品种之间比价关系变化等国内因素。

(四)综合分析

行业品种分析,上下游产业链分析,数据采集及核心数据库的动态更新,统计计量模型分析及其校验等。

(五)技术分析

价格走势图及其连续图,趋势和形态,关键价位和反转信号提示等。

(六)结论及建议

落脚到期货投资的实用和研究问题的解决上,包括后市展望、问题解决方案、应对的交易策略和投资建议以及可行性分析、投资机会分析和风险收益分析,投资计划(入市依据和价位,建仓比例和步骤,目标价位,止盈止损价位)等。

(七)风险条款

后备资金安排,应急预案,止损条件,修正方案;报告适用范围,传播限定;分析师介绍和免责条款等。

五、期货投资分析报告的常见问题和注意事项

期货投资分析报告的质量可以说是分析师的立身之本,以下列出了分析报告中一些常见的问题,供大家在阅读、撰写研究报告时参考。

(1)从总体上看,分析师对市场的分析往往表现出明显的跳跃性与不稳定性,缺乏统一的逻辑关系,这类报告结论的建议部分多采用一些似是而非模糊的语言(大多预测价格和交易信息),常常让投资者感到在操作上无所适从;

(2)有些报告没有根据报告的主要阅读群体来运用相适用的格式和要点来写作,公开信息的重复以及单方面的过于求全求多,导致抓不住主要矛盾;

(3)分析的主要理由的时间频率与研究报告的时间效应不相符,最典型的是用长期因素推断短期走势;

(4)很多分析师不敢面对自己以前的分析失误,其实,只要是合理的研究体系,投资报告的调整属于常态。

第二节　期货投资分析报告编写案例

2018年豆粕期货投资策略分析报告
(定期报告)

一、2017年豆粕行情回顾

2017年豆粕价格总体维持箱体震荡走势,全年在2600~3030元/吨区间波动。年初至2月中旬,受美豆出口旺盛带动,豆粕价格上涨至年内高点3028元/吨。2月中旬至5月底,因南美丰产加上美国种植面积创历史新高位,美豆承压回落带弱豆粕走低,最低回落至2604元/吨。6月至7月底,由于美国产区天气炒作,豆粕随美豆反弹拉高,最高上探2948元/吨。随后,8月至12月中下旬,在美豆出口不及预计及南美干旱延误大豆播种进度背景下,豆粕维持在2700~2930元/吨区间整理,截至12月18日,大连豆粕主力合约报收于2815元/吨,较年初上涨19元/吨。(图8-1)

二、2018年大豆供应形势分析

(一)全球大豆产量2017—2018年度或将迎来拐点

2016—2017年度全球大豆产量3.513亿吨,创下历史纪录高位,较上一年度的3.138亿吨增幅11.97%,已连续三年增产。2017—2018年度美国大豆产量继续丰产,但单产不及预期,较去年大幅回落,增产幅度有限,且南美大豆处于种植期,气象预报今年冬季将迎来弱

图 8-1　2017 年豆粕行情回顾

拉尼娜事件，2017—2018 年度南美大豆生长情况不及去年，因而 2017—2018 年度全球大豆产量再创新高概率不大。

美国农业部（USDA）12 月供需报告预计 2017—2018 年度全球产量为 3.485 亿吨，低于上一年度的 3.513 亿吨，降幅 0.8%，或将结束本轮增产周期，库存消费比回落至 28.52%（上一年度为 29.3%）。因此 2017—2018 年度全球大豆供应由宽松进入略收紧格局。图 8-2 为全球大豆产量走势。

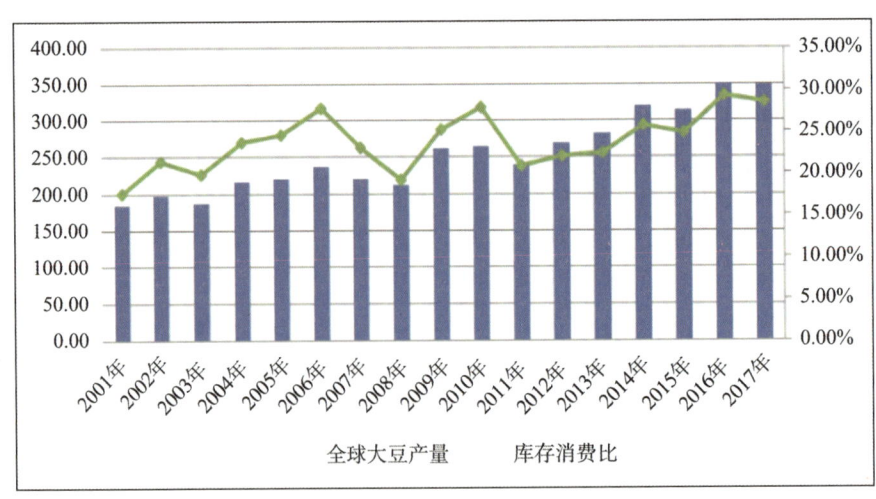

图 8-2　全球大豆产量走势（百万吨）

(二)2017—2018年度美国大豆出口缓慢

2017年10月初,美国大豆的收割工作已经结束,2017—2018年度美国大豆产量基本可以确定。美国农业部12月月度供需报告显示,2017—2018年度美国大豆收获面积为8950万英亩,与11月预计一致;单产为49.5蒲式耳/英亩,与11月预计一致;大豆产量预计为1.204亿吨,与11月份预计一致,高于去年的1.169亿吨,增幅约3%。2017—2018年度12月份最新库存消费比10.34%,低于2016—2017年度的11.7%。因此2017—2018年度美国大豆丰产影响已经兑现,后期关注点在美豆出口上。

由于2016—2017年度巴西大豆丰产,强劲出口挤压美豆出口份额,2017—2018年度美国大豆出口销售进度大幅落后。据美国农业部周度出口销售报告可知,截至2017年12月7日,本年度美豆累计出口装船2430万吨,低于去年的2600万吨;累计出口销售3779万吨,进度为62.41%,低于去年的77.36%,低于四年均值77.52%。从美豆月度出口数据看,截至2017年11月底,本年度美豆累计出口装船2304万吨,低于预计出口的2490万吨,少出口约186万吨。考虑到美豆出口进度大幅落后,且不及预期,市场开始怀疑美国农业部预计的高出口计划的完成性,美国农业部在12月的月度供需报告下调全年预计出口至6056万吨,低于11月的6124万吨,但仍高于去年的5916万吨,美豆期末库存上升至1212万吨(11月为1157万吨)。

根据12月美国农业部供需报告及压榨出口数据,可以粗略计算出截至2017年11月底,本年度美豆可供出口及压榨大豆量有8901万吨,若2018年1—8月,美豆出口依然没有形势好转,且没有新增压榨计划,1212万吨的美豆库存很难像上一年度那样回到820万吨水平,大豆现货市场供应充裕。美豆期末库存预估走势如图8-3所示。美豆出口销售进度如图8-4所示。

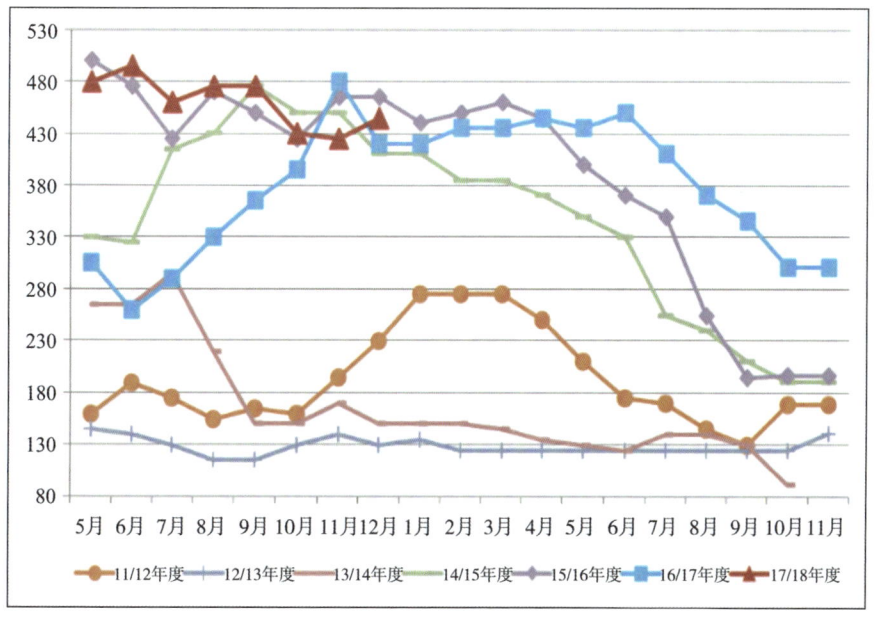

图8-3 美豆期末库存预估走势(百万蒲式耳)

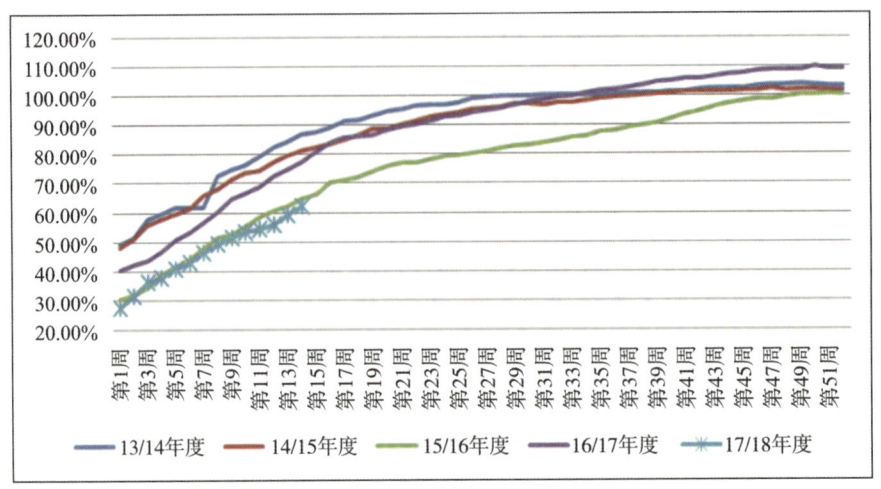

图 8-4 美豆出口销售进度(%)

根据历史数据及季节新规律,每年 10 月至次年 1 月是美豆出口旺季,其出口量占全年的 60% 以上,2017 年 10—11 月,大豆已经出口 1904 万吨,那么今年 12 月至明年 1 月,出口需要达到 1748 万吨才能完成计划,否则本年度出口预期还有下调风险,令全球库存压力增大。

9—11 月是巴西出口淡季,出口正转向美国市场,然而今年巴西大豆出口十分强劲,挤压美豆出口份额。据巴西贸易部数据显示,9—11 月巴西出口大豆 890 万吨,较去年同期增加 614 万吨,增幅 222%。造成巴西大豆出口猛增的原因有两个:一是 2016—2017 年度巴西大豆丰产;二是 9 月初至 11 月中旬,雷亚尔贬值 8.33%,美元兑雷亚尔由 3.0783 升到 3.3468,巴西货币贬值刺激农户大量销售库存。由于巴西央行在 12 月初表示可能会在 2018 年 2 月继续下调基准利率至 6.75%,2018 年雷亚尔货币贬值是大概率事件。2018 年巴西继续货币贬值,还会威胁到美豆出口。图 8-5 给出了近年美国大豆月度出口情况。

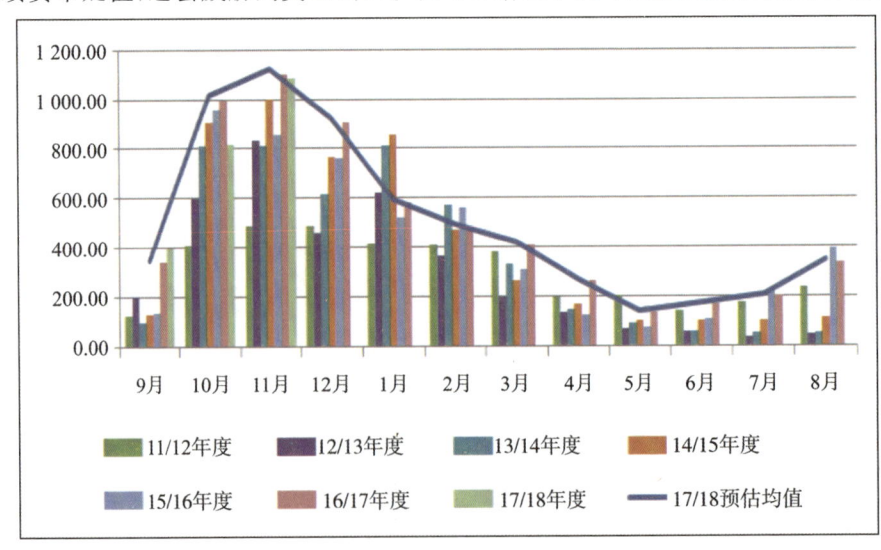

图 8-5 近年美国大豆月度出口情况(万吨)

(三)2018年美豆种植面积增幅下滑

2018年美国大豆种植面积仍有继续增加的可能,主要是基于其国内大豆种植利润依然丰厚,大豆与玉米的比价为2.84,处于历史相对高位,农户种植偏好上更倾向于大豆,但面积增幅将大幅收窄,主要是今年大豆、玉米比价不及去年同期2.88的比价,改种积极性不大。12月15日私营分析机构美国经济信息公司(Informa Economics)预计2018年美国大豆种植面积为9138.7万英亩,高于2017年的9020万英亩,可能创纪录高位,增幅或仅为1.32%。

在2017—2018年度美豆丰产有限背景下,如果2018—2019年美豆种植面积小幅增加或维持不变,并且单产维持在当前水平,美豆2018—2019年度仍有继续增产可能,但若天气发生意外,那美豆将结束本轮增产周期,供应格局开始收紧。图8-6为美盘大豆、玉米价格走势及比价。

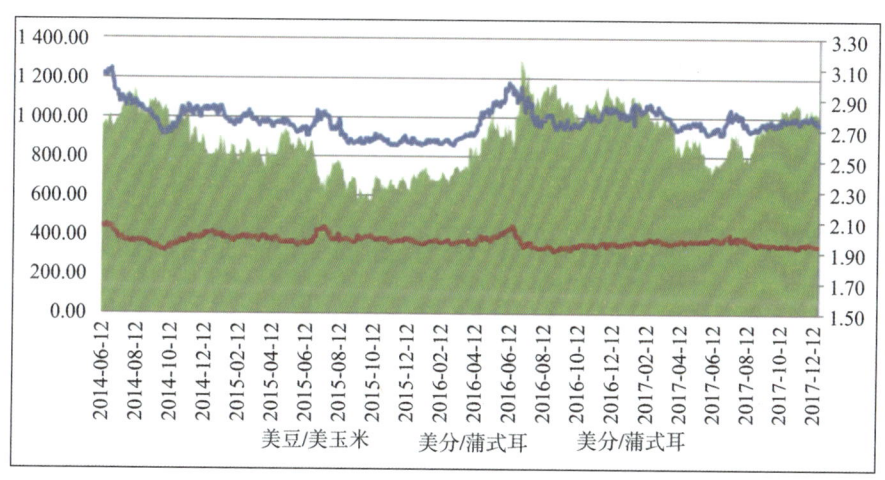

图8-6 美盘大豆、玉米价格走势及比价(美分/蒲式耳,%)

由于美国农业机械化程度高,美豆种植成本逐年变化不大,根据去年平均成本452.85美元/英亩以及最新单产预计49.5蒲式耳/英亩,我们估算出2017—2018年度美国大豆成本价格在915美分/蒲式耳。从盘面上看,今年6月底以来美豆价格没有破920美元/英亩一线,说明成本支撑的有效性,价格主要在965美元/英亩这中轴水平上下30美分波动,大多农户在期货盘面卖出是有利润的,即使利润可能不高。我们预计若2018年平均成本保持在440~460美元/英亩区间波动,单产维持在49.5美元/英亩的水平,美豆889~930美分是较强的成本支撑。

(四)弱拉尼娜——2017—2018年度南美大豆仍有减产威胁

1. 南美种植面积出现下滑

南美大豆主产国2017—2018年度种植面积继续下滑,主要是阿根廷大豆种植面积大幅下降,抵消巴西面积的小幅增长。巴西农业咨询机构AgRural报告称2017—2018年度巴西大豆种植面积预计为3480万公顷,创历史纪录高位,较去年增加90万公顷或增长2.41%。阿根廷布宜诺斯艾利斯谷物交易所12月发布报告称,由于11月份阿根廷作物区天气干旱,可能导致大豆播种预测面积下降,将 2017—2018 年度大豆播种面积预测值下调至 1810 万公顷,低于去年的 1920 万公顷,较去年下降 110 万公顷或称降幅为 5.73%。

2. 巴西 2017—2018 年度大豆产量难创新高

2016—2017 年度巴西大豆产量为 1.141 亿吨,创历史新高位,增幅达 18.78%。由于今年拉尼娜影响,天气状况很难到达去年的理想情况,2017—2018 年度巴西大豆减产风险依然存在。各分析机构给的预计值基本符合目前市场状况,包含一些天气风险因素,但天气暂且正常,升水空间有限。12 月 10 日,咨询机构 AgRural 称,2017—2018 年度巴西大豆产量预计为 1.129 亿吨,高于早先预计的 1.102 亿吨,但低于去年的 1.141 亿吨。巴西农业部下属的国家商品供应公司(CONAB)发布的 12 月度报告,预计 2017—2018 年度巴西大豆产量为 1.092 亿吨,高于 11 月份预测的 1.0754 亿吨,不过低于上年创纪录的 1.141 亿吨,2017—2018 年度巴西大豆单产预计为 3123 公斤/公顷,高于 11 月份预测的 3075 公斤/公顷,不过仍低于上年创纪录的 3364 公斤/公顷。图 8-7 为巴西近些年产量变化图。

图 8-7 巴西大豆产量(万吨)

2017 年 12 月份中旬,2017—2018 年度巴西大豆播种工作基本结束,大豆进入生长时期,来年 1—3 月的天气情况将决定大豆最后单产水平。目前看,虽然今年有弱拉尼娜现象,但巴西大豆生长情况暂未出现不良,还是有希望到达 1.1~1.13 亿吨预估水平。

3. 阿根廷产量下滑是大概率事件

由于农户改种玉米和小麦,2017—2018 年度阿根廷大豆播种面积继续减少,连续第三年下降。布宜诺斯艾利斯谷物交易所 12 月 5 日报告称,由于 11 月份阿根廷作物区天气干旱,可能导致大豆播种预测面积下降,将 2017—2018 年度大豆播种面积预测值下调至 1810 万公顷,低于去年 1920 万公顷,较去年下降 5.73%。据德国汉堡的行业刊物《油世界》最新报告显示,预计 2017—2018 年度阿根廷产量为 5400 万吨,低于美国农业部的 5700 万吨。

受 10—11 月持续干旱天气影响,2017—2018 年度阿根廷大豆播种进度落后于去年水平。12 月 15 日,阿根廷布宜诺斯艾利斯谷物交易所称,截至 12 月 14 日,阿根廷 2017—2018 年度大豆播种进度为 63.5%,较去年同期的 66.5% 落后 3%,但比前一周提高

10.3%。11月以来,阿根廷中部的科尔多瓦、布宜诺斯艾利斯、圣达菲等省份降水偏少,土壤墒情影响播种进度,但一般来说,播种季节炒作干旱时间尚早,后期有较长时间恢复。根据目前状况,播种面积减少确定性高,加上拉尼娜影响,预计阿根廷2017—2018年度大豆减产概率大,预计在5400～5700万吨,低于前一年的5780万吨。图8-8为阿根廷近些年产量变化图。

图8-8 阿根廷大豆产量(万吨)

4. 拉尼娜天气成立——弱拉尼娜影响

澳大利亚气象局12月5日报告称,热带太平洋已经形成弱拉尼娜现象。同时,该局气象模型显示这次拉尼娜持续时间将会很短,有可能持续到南半球的早秋季节,上次发生拉尼娜是在2010—2012年度。12月中旬美国国家气象服务机构——气象预测中心(CPC)在月报告预测中称,拉尼娜出现的概率上升至80%,前一次预测概率在65%～75%,持续时间到明年3月。受弱拉尼娜影响,南美作物地区天气易少雨干旱,对正处于生长关键期的大豆影响较大。因此2017—2018年度巴西阿根廷大豆面临减产概率较大,但今年拉尼娜强度不大,对大豆单产破坏不大,减产幅度或有限。

(五)中国2018年大豆种植面积有望回落

2017—2018年度国内大豆产量有望达到1489万吨,较前一年的1294万吨增长15.07%,为2012年以来最高,主要是面积及单产的双重增加。自2016年以来,政府在"镰刀弯"地区号召缩减玉米种植面积,改种大豆、水稻等作物,加上提高对大豆种植补贴,使得农户大豆种植积极性提高,令大豆播种面积明显增加,2017年大豆种植面积达到819万公顷,较去年720万公顷增加13.75%。由于今年6月以来天气形势十分理想,有利于大豆生长,2017年大豆单产形势乐观,预计为1817公斤/公顷,较2016年增长1.17%。

2016年10月,中国国务院公布了关于印发全国农业现代化规划(2016—2020年)的通知,在第十三个五年规划纲要中,减少玉米种植面积,提高大豆种植面积,到2020年大豆种植面积将增加到1.4亿亩。2017年我国大豆种植面积增加到1.229亿亩(819万公顷),离

2020年1.4亿亩的目标还差1710万亩,按年均570万亩增长水平,预计2018年大豆种植面积在1.288亿亩,较去年增加6.05%。但2018年大豆实际种植情况还是得看农户的种植收益。由于今年大豆丰产,大豆销售价继续下滑,平均价格在1.69~1.72元/斤,较去年的1.75~1.8元/斤下跌0.03~0.11元/斤。初步计算,每公顷大豆种植收益不到2000元,低于玉米的3500~4000元。考虑到今年大豆种植收益低于玉米,因此2018年大豆种植面积继续增加可能性很低,甚至可能出现改种玉米情况。由于2017年大豆种植期天气理想,大豆单产情况好,明年天气很难达到今年的单产水平,因此2018年大豆产量有望回落。

自2015年以来,在国家政策引导及种植收益比较优势刺激农户增加大豆播种面积背景下,国产大豆产量逐步回升,由1000万吨增至1500万吨左右,但我国大豆需求量在1亿吨以上,国内大豆的产量仅能满足食用1000万吨需求,其余供应量需要依靠进口提供,对外依存度高达90%。近几年国内大豆产量有提升,但由于国内可耕种面积有限,不能从根本上改变我国大豆依赖进口事实,仅起到一定调节作用。

三、大豆需求形势

(一)全球大豆需求增长平稳

2016—2017年度全球大豆消费量达到3.3亿吨左右,同比增长4.87%,其中中国大豆消费量1.028亿吨,同比增长8.21%;美国为5552万吨,同比增长1.93%;巴西为4455万吨,同比增长3.01%;阿根廷为4773万吨,同比增长0.36%。

据美国农业部12月月度供需报告显示,2017—2018年度全球大豆消费量预计为3.447亿吨,同比增长4.56%,其中美国预计5664万吨,同比增长2.01%,巴西预计为4570万吨,同比增长2.58%,阿根廷预计4945万吨,同比增长3.60%,中国预计为1.108亿吨,同比增长7.78%。

自2005年至今,全球大豆消费量总体保持稳步增长格局,除2008年由于全球金融危机导致-3.66%负增长,其大多年份保持在4%左右的年增长率。因此2017—2018年度全球大豆消费预计增长在4%左右,中国消费需求增长在6%~7%。

(二)2018年巴西大豆压榨量有增加

巴西全国能源委员会11月9日决定,在2018年3月将生物柴油强制掺混比例提高到10%。巴西植物油协会(ABIOV)称,因为提高掺混比例,2018年巴西生物柴油产量将增加31%,预计2018年生物柴油产量将达到55亿升,高于2017年预计的42亿升,将会新增150万吨大豆压榨量,2018年大豆压榨量预计为4300万吨,创纪录高位,较去年增长3.61%。2018年巴西大豆压榨量的提高,对稳定大豆市场价格有积极作用。

(三)中国大豆压榨需求继续增加

2017年是生猪行业十三五规划的第二年,养殖规模化程度加深,商品饲料用量的增加,提升大豆蛋白粕的消费量,加上禽类养殖行业较为景气,2017年中国进口大豆保持强劲增长,增幅达14%。据海关统计,截至11月底,中国进口大豆量达到8601万吨,较去年同期

7423万吨增长15.87%,12月份预计进口大豆为908万吨,2017年预计进口量达到9509万吨,同比增长14.25%,2016—2017年度大豆进口量达到9349万吨,同比增长12.37%。2017—2018年度大豆进口增速主要还是看豆粕需求增长情况。

我国进口大豆用于压榨消费,其压榨的豆粕主要用于饲料消费。猪饲料和禽类饲料占到豆粕消费95%以上。2017年我国饲料产量保持在2亿吨以上,连续6年位居全球第一,占全球产量的四分之一。据国家统计局数据库显示,2017年1—11月中国饲料产量为26 785.2万吨,同比增长4.8%。12月预计量为3542.6万吨。据中商产业研究院大数据分析,2017年饲料产量预计达到30 327.8万吨,同比增长4.1%,2018年中国饲料产量预计约为30 604万吨,同比增长0.91%。根据农业部12月份的大豆供需报告和近年来豆粕占饲料用量比例,我们大致推算出2017年豆粕饲料需求量为7332万吨,较去年增长7.24%,预计2017—2018年度大豆进口增速在7%~8%。表8-1给出了饲料原材料所需玉米等豆粕占比数据。

表8-1 近年饲料产量及玉米豆粕使用情况表(万吨)

年度	饲料用量	用于饲料玉米	玉米占比	用于饲料豆粕	豆粕占比
2016	29 052	12 101	41.65%	6262	21.55%
2017	30 328	13 303	43.86%	6837	22.54%
2018	30 604	13 835	45.21%	7332	23.96%

1. 生猪养殖规模化进一步深入

2017年生猪养殖行业仍处于去产能周期,存栏量持续下滑,主要原因:一是禁养区产能关闭,二是有能力搬迁的猪场还未重建。农业部公布11月份能繁母猪和生猪存栏数据,11月能繁母猪存栏3466万头,环比下降0.60%,同比下降5.6%;生猪存栏34 886万头,环比下降0.10%,同比下降6.93%。

由于2015年以来,生猪养殖行业淘汰落后产能,加上国务院通知要求在2017年年底前,全国所有禁养区的猪场都要完成关闭或搬迁,2017年生猪存栏和能繁母猪存栏持续下滑。我们可以看到存栏在下降、饲料消费在增加这一矛盾现象。导致这一现象的原因是,2017年是禁养区猪场关闭或搬迁最后一年,当地猪场落实政策行动较快,导致存栏下降,由于关闭猪场的基本是落后产能、养殖不符合规范的小中型养殖户,他们原本使用商品饲料量不大,自然对豆粕需求影响不大,加上规模养殖企业与大型上市公司趁2017年养殖利润好抢占市场份额,他们积极补栏,且正规使用商品饲料,加大饲料豆粕需求量,所以饲料消费呈现增长格局。由于禁养区搬迁产能的陆续恢复及规模化养殖继续深入,2018年饲料需求仍保持积极增长态势。

因此,2018年生猪存栏止跌企稳,饲料用量继续增加,主要从以下三方面体现:

(1)由于禁养区最大淘汰产能在2017年底彻底释放,国内生猪存栏下滑趋势得到抑制,2018年搬迁产能的恢复,为后期存栏上行提高动能,至于上行时间及幅度就看搬迁产能恢复节奏。

(2)2017年我国年出栏在500头以上规模养殖群体达到47%,较2015年增加3%,但与美国规模出栏占比90%以上相比,中国规模化程度还很低。为了完成"十三五"规划,计划在2020年实现出栏500头以上规模养殖户占52%的目标,规模养殖群体在2018年仍将继续增加,大型企业为扩大生产,抢占市场份额的,也需要增加补栏。

(3)2016年生猪养殖行业的龙头上市公司提前产能布局。2017—2019年三年内,温氏股份计划出栏7000万头,牧原股份计划出栏2300万头及新希望企业计划达到1000万头出栏量。新希望企业基本在2017年底以前完成1000万吨产能布局,温氏股份和牧原股份也已经完成一半的布局。

从出栏指标看,龙头企业产能扩张计划也得到落实。2018年,温氏股份预计出栏达到2300万头,同比增加17.95%,牧原股份预计出栏800万头,同比增加60%,新希望企业预计出栏500万头,同比增长150%。

表8-2　2017—2019年企业生猪出栏头数(万头)

生猪出栏	温氏	牧原	新希望
2017年	1950	500	200
2018年	2300	800	500
2019年	2750	1000	300
合计	7000	2300	1000

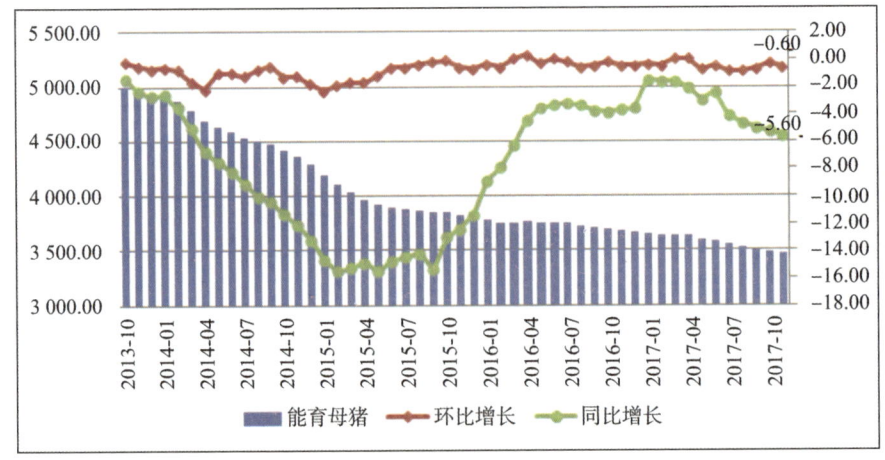

图8-9　能育母猪存栏量及同比

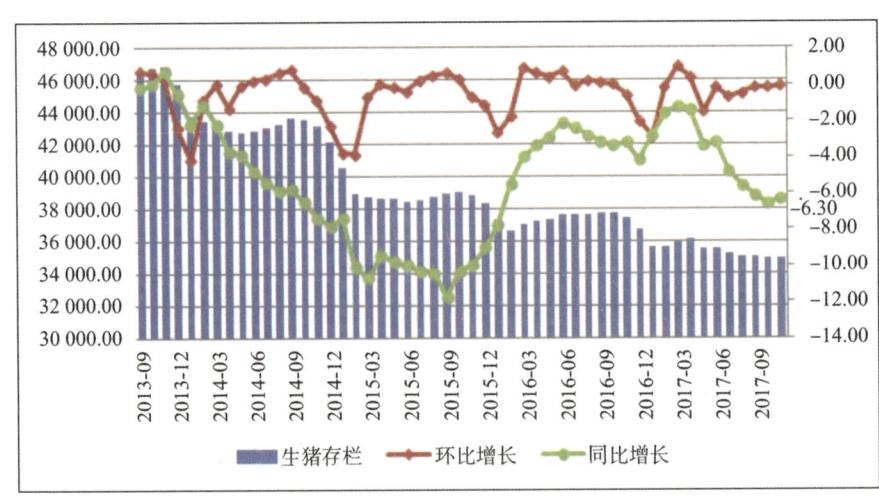

图8-10　国内生猪存栏量及同比(万头,%)

2. 禽类行业景气

受禽流感疫情影响,2017年上半年大量宰杀、焚烧、掩埋病鸡,肉禽类养殖存栏量出现大幅下降,部分区域存栏下降至60%~70%。下半年来,受供应偏紧影响,市场普遍认为终端价格将上涨,养殖利润好转,禽类虽有一定补栏,但量不大,导致全年饲料需求不及去年。由于存栏下降,今年家禽产量仅微增,禽蛋产量出现下滑。据统计局数据,截至2017年9月底,全国家禽出栏86.8亿只,比上年同期增加1594万只,增幅0.2%;禽肉产量为1323万吨,增幅0.5%;蛋产量2169万吨,下降0.7%。2017年肉禽、蛋禽供应偏紧,市场普遍看好价格的上涨,养殖利润好转,刺激后期农户的补栏,总体上2018年肉禽类养殖将明显增加,处于恢复性补栏。

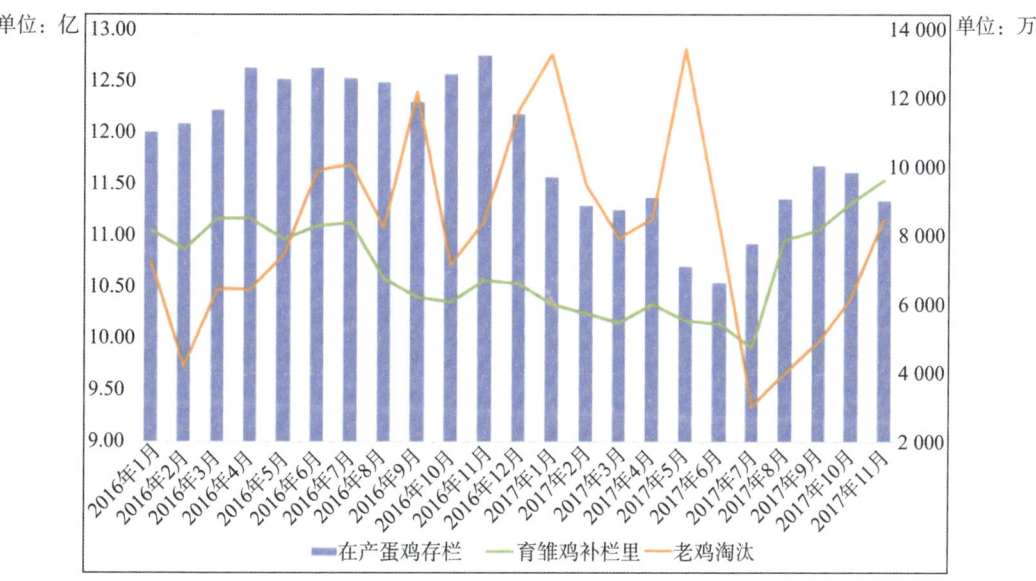

图8-11 在产鸡蛋存栏(亿只,万只)

综上,由于猪场搬迁产能的恢复,生猪规模养殖继续提高,上市公司产能扩张以及禽类补栏增加,提高饲料蛋白需求量,因此2018年豆粕需求增长仍较乐观。

四、替代影响

近3年来,豆粕在国内总粕类的消费比例由73%上升至81%。我们认为比例提高的主要原因有:

(1)低价优势。全球大豆丰产,大豆价格持续弱势回落,导致豆粕价格回落到2800元/吨以下。

(2)替代进口DDGS。2016年9月以来,商务部对进口美国DDGS征收反倾销和反补贴关税,导致进口量大幅萎缩。

由于低价及替代边际效应的衰减,2017—2018年度豆粕替代空间基本达到饱和程度,增加幅度受限。

表 8-3 近年各类粕消费占比(%)

消费量占比	2013/14	2014/15	2015/16	2016/17	2017/18
豆粕	66.29	73.04	76.42	81.34	82.34
菜粕	9.05	7.56	7.23	6.53	6.08
棉粕	4.89	4.85	3.58	3.30	3.21
花生粕	4.77	4.03	4.05	4.40	4.18
DDGS	11.19	6.70	5.02	0.87	0.77
其他蛋白粕	3.80	3.82	3.70	3.56	3.43
总计	100.00	100.00	100.00	100.00	100.00

菜粕是国内第二大蛋白粕用量,当豆、菜粕价差出现极值,存在一定的替代关系。近3年来,由于全球大豆连续丰产,豆粕价格持续走低,导致豆、菜粕价差回落至350～900元/吨区间波动。

由于菜粕消费具有季节性,豆、菜粕价差走势有一定周期性。

一般来看,每年2—4月,水产养殖开始增加,菜籽粕价格一般会上涨,豆、菜粕价差易回落,可以做缩价差。5—8月,国产油菜籽开始集中上市,菜籽粕新增供给量增大,菜籽粕价格常常出现下跌,可以做扩价差,在新季油菜籽供应能力最强的6—7月价格往往跌至年内低点,价差容易出现阶段性高点。8—10月,国产油菜籽榨季陆续结束,菜粕供应能力趋于减少,水产养殖却进入对菜籽粕需求的旺季,呈现供应预期减少和需求增加的供需格局,国内菜籽粕价格上涨趋势较为明显,豆菜粕价差易回落。11月到来年2月,水产养殖行业采购旺季结束,国内菜籽粕价格一般呈现稳定或小幅下降,豆、菜粕价差弱势震荡回落。

2014—2017年期货盘豆、菜粕主力合约价差维持在区间350～900元/吨内运行,价差低点出现在4—5月,高点出现在9—10月。我们认为当豆、菜粕价差处于900元/吨上方或350元/吨下方时,豆、菜粕替代效应最强,价差容易回归,套利风险小。因而我们建议当价差处于900元/吨上方,可做空价差套利,即多菜粕空豆粕;当价差处于350元/吨下方,可做扩价差套利,即多豆粕空菜粕。

图 8-12 近年豆、菜粕价差走势(元/吨)

五、2018 年豆类投资机会展望

2017—2018 年度全球大豆供应开始回落,需求增速加大,库存消费比下滑,大豆市场供应由宽松格局开始收紧。我们认为 2018 年大豆价格夯实底部,震荡上行,整体重心上移。

受巴西大豆出口挤压,2017—2018 年度美国大豆出口进度落后往年水平,使得 2017—2018 年度结转库存压力增大,在 2017—2018 年度南美大豆上市前,全球大豆供应基本充裕,现货大豆市场压力大,缺乏新增需求支撑,从盘面看,美豆近月合约价格在 980～1000 美分区域压力很大,主要是套利盘卖压沉重,下方强支撑在 910 美分一线,价格破此位后很难大跌,主要是成本线的支撑。

2018 年 1—3 月,美豆远月价格走势还是看南美天气。由于年底至明年早春弱拉尼娜天气确立,南美大豆生长还是存在风险,考虑到拉尼娜强度弱,时间短,南美大豆暂未受到实质性影响,在明年 3 月前远期合约价格应存在一定天气升水,下方强支撑在 930 美分一线,具体升水幅度要看天气情况。3 月后南美大豆陆续出口,现货供应宽松,美豆有望震荡回落整理。3 月底市场关注对 2018—2019 年度美豆种植面积预测。进入 6 月后美国大豆种植期天气炒作,远期合约易涨难跌,是逢低做多好时机。

国内方面:2018 年禁养区猪场搬迁产能陆续恢复,上市公司产能扩张,为国内生猪补栏量提供动能,存栏有望止跌回升,提振豆粕消费需求。我们预计明年中国豆粕饲料需求保持 7% 的增速,将支撑全球大豆的出口。

综上分析,2018 年美豆震荡筑底后上行概率大,下方强支撑在 880～910 美分一线;2018 年豆粕价格先抑后扬概率较大,整体重心保持上移,回落幅度在 8% 以内,下方支撑在 2570～2600 元/吨附近,上涨幅度在 18% 以上,目标在 3300 元/吨附近。

六、投资机会

2017—2018 年度国产大豆丰产,令价格大幅下挫,考虑到农户急于在春节前卖完手中大部分库存豆,回收资金过年,并准备开春后新的种植计划,估计大豆价格在春节前后难有较大的反弹力度,维持弱势震荡走势。但由于今年大豆销售价格低迷,国内大豆种植效益不及玉米,农户改种玉米意愿增强,2018 年大豆实际种植面积下滑概率大,国产大豆有减产风险,远期黄豆一号合约有阶段性反弹行情,待 2018—2019 年新豆上市,供应增加,价格有望回落整理。综上,2018 年国产大豆价格维持区间宽幅震荡概率大,在 3200～4000 元/吨区间波动。

七、风险提示

南美天气十分理想,美豆 2018 年种植面积大增、出口下调;国内 6—9 月天气极端异常,种植面积大幅增加。

参考文献

[1]上海文华财经资讯股份有限公司.文华赢顺期货交易软件v6.7功能说明[Z].2018.
[2]华投.看盘方法与技巧大全[M].北京:中国华侨出版社,2012.
[3]翁富.主力行为盘口解密[M].北京:地震出版社,2015.
[4]周翔.期货交易核心技术实战精髓[M].北京:地震出版社,2013.
[5]斯坦利·克罗.期货交易策略[M].太原:山西人民出版社,2013.
[6]永良.均线战法入门与技巧[M].上海:立信会计出版社,2016.
[7]约翰·墨菲.期货市场技术分析[M].北京:地震出版社,1994.
[8]中国期货业协会.期货投资分析[M].北京:中国财政经济出版社,2012.
[9]陈金生.期货日内交易实战技法[M].北京:经济管理出版社,2013.
[10]范江京.实战看盘[M].北京:中国宇航出版社,2010.
[11]韩冬.期权就这么简单[M].北京:中国纺织出版社,2015.
[12]麦克米伦.期权投资策略[M].北京:机械工业出版社,2010.
[13]上海文华财经资讯股份有限公司.程序化交易高级教程[Z].2016.
[14]江恩.如何从商品期货贸易中获利[M].李国平,译.北京:机械工业出版社,2010.
[15]付上金.农产品期货[M].北京:中国宇航出版社,2017.